용동궁등록龍洞宮謄錄

탈초본脫草本

연구진(가나다 순)
고민정(高旻廷, Ko, Min-Jung) 강원대학교 사학과 강사
안혜경(安惠敬, Ahn, Hye-Gyeong) 지역문화연구소 연구위원
양선아(梁善雅, Yang, Son-A) 한신대학교 학술원 연구원
조영준(趙映俊, Cho, Young-Jun) 한국학중앙연구원 한국학대학원 사회과학부 조교수

용동궁등록(龍洞宮謄錄) 탈초본(脫草本)

초판 인쇄 2015년 2월 10일 **초판 발행** 2015년 2월 20일
엮은이 고민정 · 안혜경 · 양선아 · 조영준
펴낸이 박성모 **펴낸곳** 소명출판 **출판등록** 제13-522호
주소 서울시 서초구 서초중앙로6길 15, 1층
전화 02-585-7840 **팩스** 02-585-7848 **전자우편** somyong@korea.com **홈페이지** www.somyong.co.kr

값 31,000원 ISBN 979-11-86356-03-6 93910

이 저서는 2008년 정부(교육과학기술부)의 재원으로 한국연구재단의 지원을 받아 수행된 연구임
(NRF-2008-361-A00007)

규장각학술총서
09

용동궁등록(龍洞宮謄錄)
탈초본(脫草本)

Square Standard Style Transformation of Cursive-Written-Records Yongdonggung-dŭngnok

고민정 · 안혜경 · 양선아 · 조영준

소명출판

| 책을 내면서 |

조선 후기 사회와 경제를 이해하기 위해 두루 활용되어 온 『용동궁등록』은 꽤 널리 알려진 자료로서, 그 성격에 대해서 재차 설명할 필요는 없을 것이다. 1982년에 정문사(正文社)에 의해 영인(影印)된 뒤 학계에 두루 보급되었지만, 거의 전부가 초서(草書)로 기록되어 있어서 접근성은 여전히 높지 않았다. 하지만 반복되는 내용과 투식(套式)이 차지하는 비중이 높아서 여러 스터디 그룹에서 교재로 활용하는 등 초서 학습의 입문서로서 인기를 누리기도 했다. 최근 진전되고 있는 한국학 자료의 디지털화 추세를 감안하면, 『용동궁등록』이 영인 이후 30여 년이 경과한 이제야 활자화된다는 점은 늦은 감이 없지 않다. 책의 내용에 대해서는 정문사나 규장각의 해제(解題)에 이미 소개되어 있으므로, 『용동궁등록』과 더불어 『용동궁공사책』을 탈초(脫草)·정서(正書)하여 출판하게 된 경과만 간략히 밝혀 두고자 한다.

처음부터 출판의 의도를 가지고 『용동궁등록』을 읽어 나가려 했던 것은 아니다. 『용동궁등록』 자체에 대한 관심보다는 초서 판독력의 강화가 목적이었기 때문이다. 하지만 강독회를 본격적으로 구성하여 진행하자마자 탈초, 전산화, 공유의 필요성이 동시에 제기되었다. 또한 느리지만 꾸준히 반복적으로 학습하는 것이 무엇보다 중요하다는 공감대가 자연스럽게 형성되었다. 물론 장기적으로는 『용동궁등록』, 『용동궁공사책』, 『수진궁등록』, 『수진궁도서책』으로 연결될 수 있으리라는 막연한 기대도 있었다. 보잘 것 없는 실력으로 무모하게나마 시작한 것이 2010년 봄이었고, 5년이 지난 지금 『용동궁등록』과 『용동궁공사책』의 탈초본을 출판하게 되었다.

강독회를 구성한 네 명의 연구자가 자료를 읽고, 워드 프로세서에 입력하고, 매월 1~2회 함께 모여 다시 읽으며 교정하고 토론하고, 부족한 부분은 수시로 이메일을 통해 확인하는 과정을 장기간 동안 지속할 수 있었던 데에는 규장각으로부터의 지원이 절대적인 기여를 하였다. 우선 2011년 2월부터 같은 해 8월까지 7개월 동안 7회에 걸쳐 『용동궁등록』을 강독하는 'HK집담회'를 개최할 수 있었고, 이는 강독회의 장기적 운영에 추진력을 제공하였다. 그렇게 탄력을 받은 이후 『용동궁공사책』까지 포함하여 출판하기에 이른 것은 2012년 6월부터 이듬해 6월까지 12개월 동안 진행된 '인문한국사업 저술지원 과제' 덕분이었다.

연구진이 각자 분주하게 본업을 수행하면서 별도로 시간을 내어 적극적인 참여를 하였던 것만큼, 5년 전에 비해 초서 판독의 실력이 조금이나마 향상되었음을 스스로 느끼고 있다. 하지만 여전히 부족한 부분이 많음을 절감함과 동시에, 더욱 큰 장벽에 가로막혀 있음을 실감한다. 앞으로도 꾸준히 반복하여 읽고 또 읽으며 연마하는 것만이 자신감을 가질 수 있는 길일 것이다. 또한 강독회를 구성하던 초기에 함께 하지는 않았지만, 『용동궁등록』의 탈초를 위한 참고 자료를 제공해 주신 조미은 선생님께 감사한다. 그리고 연구진에 의해 판독되지 못한 부분이 여전히 많이 남아 있었던 『용동궁등록』 및 『용동궁공사책』 탈초본의 최종 원고를 감수하고 가르침을 주신 양진석 선생님의 도움이 없었다면 출판은 불가능했을 것이다. 다른 일을 제쳐 두고 우선적으로 작업해 주신 데 대해 다시 한 번 감사의 말씀을 올리고 싶다.

2015년 1월

조영준

| 차례 |

일러두기

- 일반 독자의 가독성을 높이기 위해 원문의 이체자・고자 등은 대표자 또는 어느 한 쪽으로 통일하였다. 예를 들어, '舡'은 '船'으로, '盖'는 '蓋'로, '畊'은 '耕'으로, '舘'은 '館'으로, '恠'는 '怪'로, '旧'는 '舊'로, '羣'은 '群'으로, '仝'은 '同'으로, '畧'은 '略'으로, '厘'는 '釐'로, '並'은 '幷'으로, '烟'은 '煙'으로, '塩'은 '鹽'으로, '襍'은 '雜'으로, '灾'는 '災'로, '点'은 '點'으로, '趂'은 '趁'으로, '剏'은 '創'으로, '軆'는 '體'로, '冣'는 '最'로, '称'은 '稱'으로, '豊'은 '豐'으로 바꾸어 놓았다.
- 원문의 오탈자는 수정하지 않고 그대로 두는 것을 원칙으로 하였다.
- 원문에서 결락되었거나 판독이 불가능한 부분은 모두 '▨'로 표기하였다.
- '/'는 행이 바뀜을 가리킨다.
- '欄外'는 인찰선 바깥에 기재된 내용을, '籤紙'는 별도의 종이에 적어 부착된 내용을, '追記'는 인찰선 내부에 부기된 내용을 가리킨다.
- 영인본의 부실한 부분은 마이크로필름(M/F) 및 원본을 직접 확인하여 보완하였다.
- 단락의 구분은 편의상 처리한 것이며, 쪽의 구분은 원본에 의거하였다.

용동궁등록 제1책(天)

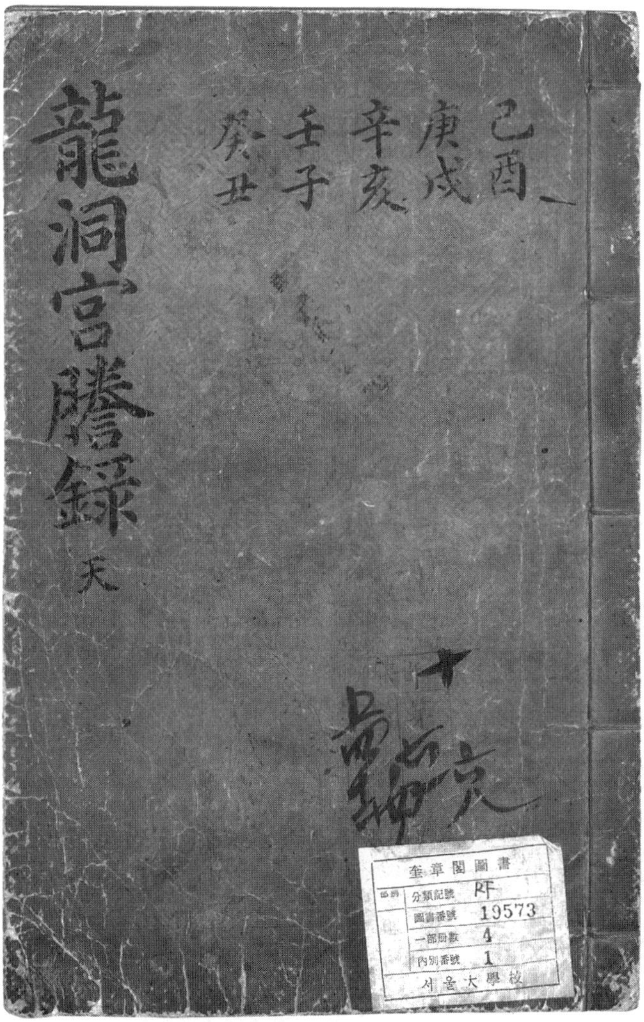

1852년(임자)

壬子正月　日　扶安三公兄處

無他本縣格浦所在堰畓今自本宮給價買得是在
如良中堰築昨年海溢盡爲毁破許多堰畓仍爲
1 廢棄可惜乙仍于自本宮出財屢千金今方改築是
如乎此非但宮庄所重屯民輩賴此堰畓而資生則
公私緊重與他自別到卽別定校吏宮監眼同董
飭軍人俾無疎忽良貝之地宜當向事

康津三公兄處　自南寧宮所請　癸丑二月有答關

無他本宮庄土在於本縣境內而隨土地所出一分以供宮
納一分以應結役一分以爲民食其來久矣忽自庚戌以
以後災結二結六十七負八束私錢四十餘兩移徵於本庄
2 庫直處以致上納之欠縮若此不已則宮庄所出盡歸
災結而將有無餘之患矣此事由於該色輩作奸所
致是如乎所當行關嚴處是矣姑爲安徐玆以申
飭爲去乎庚戌辛亥兩年橫徵條依導掌所告一一
還推以給庫直處爲旀昨年作民之未收爲三十
餘石之多云一幷捉致督捧俾無遲滯之弊事幷

---

1 【欄外】載寧自鵝 / 九垌及大小自 / 願垌役價 / 拒納呈訴 / 于壽進宮 / 自鵝鄭夢 / 友自願魯 / 德亮除汰 / 後以魯學 / 基差定 / 舍音

2 【欄外】初七日 /　景慕宮歲 / 謁擧動 // 初十日 /　祈穀大祭 / 親臨 // 十三日陳 /　賀

只告本官惕念擧行後形止文報宜當向事

壬子正月二十四日信川郡三公兄處

無他本郡加串坊所在本宮庄水門即屢百石灌漑

之咽喉也而昨年懷襄之災破傷漂失無復餘存

迨此東作之時更爲設置斷不可已故今方鳩聚財

力經紀始役而監董之節專委鄕監爲去乎屯

屬及作人中若或有惰慢不率敎之類一依該屯

所告這這懲勵俾竣矩役俾完民業事告本官

着實擧行宜當向事 自導掌處書來踏照以給

二房 稟目

本房所掌儀仗差備下典女伶令秋曹待令事已有

所仰稟矣以司謁口傳 下敎內儀仗差備下典女伶抄

集於閭閻每多騷擾今番則以各宮房婢子使之擧

行之意 分付亦敎是置儀仗差備五十名以各宮婢子

各別抄擇鮮明服飾待令而小名成冊預先報來之

意捧甘內需司何如

壬子正月日內司粘甘

右甘結爲知悉擧行事今因二房稟目後錄發甘

爲去乎萬一違越甘罪不辭

載寧前舍音鄭夢友魯德亮處上年役

價拒納事汰去後同上納租不日上送事照牌子成送

魯學基處九垌及自願垌舍音差出之帖子成給

壬子正月日　通津柴場都山直金守業處

內需司爲牒報事節　啓下敎司單子內粘連龍洞宮手本

是白有亦宮亦云云移報備局何如　啓依　允敎是

置　啓下內辭意奉審施行爲只爲合行牒呈伏請　以下如式

1849년(기유)

龍洞宮謄錄

己酉三月日擇日

新宮庫舍開基始役吉日三月初二日卯午時　先始南方

定礎同月十五日巳時先定南礎

立柱上樑同月十七日巳時　先立南柱

宮內諸處修改吉日三月初四日巽時　先始南方

舊宮頹圮行廊毁撤吉日二月二十日 ┐ 巽時先始南方
二十一日 ┘

己酉七月　日　總衛營革罷後

龍洞宮　長興來德等七島及陸畓

壽進宮　楊州拜峰鎭田畓

明禮宮　黃海道豊川獐項德岩

於義宮　豊川離峴離島

己酉十一月二十五日

月廊聽　傳敎內　龍洞宮次知鄭 喜常

明禮宮次知申 寬吉　相換

無他金永哲都山直差定時汝矣身懸保望報則
永哲之逋欠將於誰徵乎所當汝矣身捉上嚴治
督捧是矣姑觀來頭次特貸其罪以汝矣身都山
直差定爲去乎凡諸等事着實擧行未收柴木
八百同星火裝載上送爲於永哲所逋旣已夥然
則不可無徵族之擧矣依後錄各別督捧是矣
若有頑拒之類是去等一一指名報來以爲發關嚴
處之地宜當向事　後錄則依金守業所報書給

壬子二月　日　南海屯監官李琪郁處
無他本屯收稅米卽屢百年支定上納而豊不加
歉不減是去乙忽者昨冬汝矣身偃然災減之報
者此何意思以物久之致欲爲幻弄嘗試之計乎所當
卽其時發關懲治是矣十分參酌玆以牌飭爲去乎
更勿以災減之說復售偸鈴之計爲於設有自意
災給之事一幷勿施是遣米色之麤劣比前尤甚
此皆由於不謹捧納之致也自今另加申飭各別以
精白米擇捧爲乎矣若視以文具依前慢忽則所
當別般變通矣知悉惕念宜當向事

崔支綱處

無他宮屬南海所在永作宮屯庫子吳萬孫除
下代汝矣身差定爲去乎凡諸等事着實擧行爲於
汝矣身役及煙戶雜役段置以此圖署告本官依事
目憑考頉免宜當向事

順天三公兄處
無他本宮所管本府所在屯稅米近以代錢收捧者式
出於公私兩便之意而至於昨年同上納錢施至終
歲莫重宮用因此而良貝烏在其從便之義乎今
年段代錢與本色間依宮監指揮從便令飭於當
納民人等處斯速收捧上送爲乎矣若有拒納之類
是去等這這懲治督捧俾無遲滯之弊事告本官惕
念擧行宜當向事

南海三公兄處
無他宮屬本縣所在永作宮屯稅米收捧次宮監下
送爲去乎自本官傳令嚴飭於該面風約及當納
民人等處斯速收捧裝載上送爲乎矣若有頑拒
之類是去等依宮監所報這這嚴治督捧俾無遲
滯之弊事告本官惕念擧行宜當向事

3 壬子八月　日金海三公兄處

無他宮屬本府所在蘆田麀良中收稅上納次京監下送爲
去乎作民中如有拒納作梗之類是去等依京監所告這這
4 懲治督捧俾無遲滯之弊事告本官惕念擧行宜當
向事

梁山三公兄處

無他宮屬本郡所在蘆田麀良中收稅上納次京監下送
爲去乎自本官傳令嚴飭於當納民人等處斯速收捧上
送爲乎矣作民中如有頑拒作梗之類是去等依京監所
告這這懲治督捧俾無遲滯之弊事告本官惕念
擧行宜當向事

中和　通津

無他宮屬本府所在田畓麀良中收稅上納次京監下送
爲去乎作民中如有頑拒作梗之類是去等依京監所報
這這懲治督捧俾無遲滯之弊事告本官惕念擧行
宜當向事

安岳

無他宮屬本郡所在安谷禿山兩坊堰畓及蘆稅收捧次

---

3 【欄外】現夢雙龍 / 記二十八卷膽 / 入事有 / 　敎
4 【欄外】堂上大監 / 分付內陰竹 / 下往一人連 / 往數年須 / 欠於收刷 / 自今年爲始 / 自上輪回而 / 今年爲始 / 吳掌務守根 / 下往明年 / 以次下往也

京監下送爲去乎作民中如有頑拒作梗之類是去等依
京監所告這這懲治督捧俾無遲滯之弊事告本官
惕念擧行宜當向事

信川三公兄處

無他宮屬本郡加串坊所在田畓庶良中收稅上納次京監
下送爲去乎作民中如有頑拒作梗之類是去等依京監所告
這這懲治督捧俾無遲滯之弊事告本官惕念擧行
宜當向事

龍仁

無他宮屬本縣直洞所在田畓庶良中收稅上納次京監
下送爲去乎作民中如有頑拒作梗之類是去等依京監
所告這這懲治督捧俾無遲滯之弊事告本官惕念
擧行宜當向事

甕津　洪州

無他宮屬本邑所在田畓庶良中收稅上納次京監下送
爲去乎作民中如有頑拒作梗之類是去等依京監所
告這這懲治督捧俾無遲滯之弊事告本官惕
念擧行宜當向事

昌原

無他宮屬本府所在田畓庶良中收稅上納次京監下送

爲去乎自本官傳令嚴飭於當納民人等處期於
三月內上納爲乎矣作民中如有頑拒納作梗之類是去等
依京監所告這這懲治督捧俾無遲滯之弊事告本
官惕念擧行宜當向事

康津

無他宮屬本縣所在田畓庫良中賭地收捧次京監下
送爲去乎作民中如有頑拒作梗之類是去等依京
監所告這這懲治督捧俾無遲滯之弊事告本
官惕念擧行宜當向事

順天

無他宮屬本府依山六面所在火粟收稅上納次京監下送
爲去乎自本官定色吏眼同京監逐庫踏驗從實執
卜上送爲乎矣作民中應納稅錢如有遷就拒納之
類是去等依京監所告捉致督捧上送俾無遲滯
之弊事告本官惕念擧行宜當向事

順天

無他宮屬本府富饒面所在田畓庫良中收穧上
納次京監下送爲去乎自本官傳令嚴飭於該面風
約及當納民人等處斯速上納爲乎矣作民中如有頑
拒之類是去等依京監所告這這嚴治督捧俾無遲
滯之弊事告本官惕念擧行宜當向事

5 長興三公兄處

無他本宮所管本府所在來德等七島及陸畓收稅
次京監下送爲去乎作民中如有頑拒作梗之類是去等
依京監所告這這懲治督捧俾無遲滯之弊事
告本官惕念舉行宜當向事

瑞興

6 無他宮屬本府所在宣禧宮於義宮納加火田稅粟六百
六十六石零依邑例十月內趁卽出給於下去宮差處
俾無遲滯之弊宜當向事

鳳山

無他宮屬本郡所在田畓應良中收稅上納次宮監下送
爲去乎作民中如有頑拒作梗之類是去等依宮監
所告這這懲治督捧俾無遲滯之弊事告本官惕
念舉行宜當向事

扶安

無他宮屬本縣三間坪格浦所在堰畓收稅次宮監下
送爲去乎昨年海溢垌堰潰決出物力旋卽改築
而屯民輩不知宮庄所重乘此災歲草創之時不無

---

5 【籤紙】銀丁加上渿今四月二十二日未時 / 二十四日未時 / 二十六日巽時 / 二十八日未時 / 來五月初一日辰時 / 初三日巽時 / 初五日未時 / 初七日未時 / 初九日巽時 / 十一日未時

6 【欄外】明年則 / 依定式 / 代錢出 / 給次探 / 問後書 / 給次

夤緣作奸之慮是如乎垌堰隨毁修築之節屯民
勸農起墾之責一依宮監所報各別申飭毋至疎
忽之地事并只告本官惕念擧行宜當向事

古阜[7]
無他宮屬本郡所在田畓收稅次宮監下送是在果作
民中多年未收夥然以致上納之遲滯豈有如許
道理乎未納諸作人依宮監所報這這懲治督捧俾
無遲滯之弊事告本官惕念擧行宜當向事

黃州　淸原坊土亭里措語同
無他宮屬本牧中興洞所在田畓麤良中收稅上納次
宮監下送爲去乎作民中如有頑拒作梗之類是去等
依宮監所報這這懲治督捧俾無遲滯之弊事告本
官惕念擧行宜當向事

黃州
無他宮屬本牧所在綠莎浦口收稅次宮監下送爲
去乎浦內如有作梗起鬧之弊是去等依宮監所報
這這懲治俾無紛紜之弊事告本官惕念擧行
宜當向事

7　【欄外】德林面

載寧三公兄處

無他宮屬本郡所在巳所浦田畓鹿良中收稅上納次宮監下送爲去乎作民中如有頑拒作梗之類是去等依宮監所報這這懲治督捧俾無遲滯之弊事告本官惕念擧行宜當向事

牙山三公兄處

無他本縣白石浦旣係本宮基址則其所禁雜與他自別是去乙卽聞商船往來之際多有他浦之中間爭占致有相訟起鬧之境故今方圖署申飭於巡營是在果汝矣等視若尋常無所禁斷申飭之擧云若此不已則浦民自歸渙散矣聞不勝驚駭若更有無賴輩作梗於浦內之弊是去等依監官所告一一査出懲治俾無紛紜之弊事告本官惕念擧行宜當向事

平澤三公兄處

無他牙山白石浦卽本宮所管基址也其所禁雜與他自別是去乙卽聞商船來泊之際所謂蘆山浦主人云者遮截中流暗地突出欲奪白石浦入來之船是如可現露於本浦而敢生荷杖之心反稱渠浦入來之船爲白石浦之所奪是如誣訴本縣兼官溫陽官理屈見落而惡習未悛至於議送營門之境云世豈有如許無恥頑悖之漢乎今方圖署申飭於巡營是在果須念公納所重更査訟理曲直嚴治蘆山

浦主人搆誣起訟之習以杜後弊爲旀白石浦主人無
他所犯而多月滯囚未知何故是喩卽爲放送事
告本官惕念擧行宜當向事

忠淸監營營吏處

無他道內牙山縣白石浦卽本宮所管基址也其所禁雜
與他自別是去乙卽聞商船來泊之際所謂平澤蘆
山浦主人云者遮截中流暗地突出欲奪白石浦入來之船
是如可現露於本浦而敢生荷杖之心反稱渠浦入來之
船爲白石浦之所奪是如誣訴本縣兼官溫陽官理
屈見落而惡習未悛至於議送營門之境云世豈有如許
無恥頑悖之漢乎大抵商船到泊自有境界雖私浦
有不敢紛紜爭奪是去等況宮家基址指的定向之船
豈可中間勒奪是旀又何敢搆誣議送乎若不嚴
加懲勵牟利之輩接踵而起將至公納見失之境
乙仍于玆以圖署申飭爲去乎到卽關飭平澤
縣嚴治蘆浦主人搆捏誣罔之習以杜後弊之地
事告營門惕念擧行宜當向事

載寧大小自願及九垌舍音盧學基處　照牌子

無他前舍音鄭夢友昨年役價當納租一百五十石魯德
亮當納租五十石內鄭夢友只以二十石魯德亮只以六石
每石價折五兩式塞責備納者是可成說乎本坪如果
失稔無有掛鎌則無怪於呼寃而至於昨秋渠

矣等所管畓庫雖不大登不至於此境而如干災

減一不擧論於上納及私耕而獨於役價如是全減此必

前舍音輩不知役價之宮納所重無難稱託極爲無

嚴所當行關嚴處是矣姑爲安徐玆以分付爲去乎

鄭魯兩漢之今年傳授私耕一一收納爲乎矣若有違

越之弊則報營嚴治新反而汝矣身擔當備納矣

知悉爲旀汝矣所管坰眼同前舍音這這尺量後即

爲馳報宜當向事

白川三公兄處　照牌子

無他宮屬本郡所在甕井坰等七堤堰作畓處收穧

次京監下送爲去乎奸細輩沮戱作挐之餘不無貪

緣起鬧之端是如乎作民中如有拒納作梗之類是

去等依京監所告這這懲治督捧俾無遲滯之弊事

告本官惕念擧行宜當向事

忠州三公兄處　照牌子

畓庫打量及周柳德面舍音軍役頉下事及

申飭牌子成給

壬子八月初九日　內司甘結內

右甘結爲知悉擧行事今月二十日　明陵幸行

敎是時侍衛燭籠假別監依例發甘爲乎矣其日

待破漏一齊來會于本司直房以爲點考之地爲

旀同成冊卽爲修正來納以爲　啓目之地爲有矣萬一
遲緩甘罪不辭　龍洞宮一人書員朴再興

壬子八月二十日
明陵擧動寅初出　宮　弘陵津寬歷臨二更後還宮

8 壬子八月二十二日
弘濟院墓所鈴原府大夫人廉氏墓所擧動　午後慕華館親臨
大閱申後還　宮　再昨日夜深不能歷臨更爲出令　假別監依例擧行

壬子九月初八日　金海梁山導掌金濟德白活據
題音內圖署成給向事

東萊三公兄處
無他本宮所管蘆田在於金海梁山等地而卽接該
9 導掌所告則以爲己酉庚戌兩年收稅錢壹千兩本
府居鄭海常處換錢次出給矣白地乾沒延拖拒
納以致上納之多年遲滯云豈有如許無嚴之習
乎所當別般變通是矣姑爲安徐玆以分府爲去乎
到卽海常漢捉治官庭各別嚴治以今十月內沒
數督捧出給導掌處爲乎矣若或一向頑拒是去
等卽爲定將差着枷上送以爲嚴刑遠配之地事

8 【欄外】二十四日陰竹 / 下去吳掌務
9 【欄外】兩年上納則 / 導掌依例 / 來納

告本官惕念擧行俾無漫忽抵罪之弊宜當向事

壬子九月　日　通津柴場山直張漢甲逃亡代
金德信　朴宗岳有頉代朴貴同　差帖圖署成給

壬子八月二十七日
10 戶甘內道內群山倉漕運田稅雖已畢納至於各宮
房免稅之同爲上來者或載或否宮人所許課日踏
至此果初不裝載而然與抑或中間乾沒而然歟
事來前有萬萬駭然乙仍于玆以發關爲去乎到卽
11 另查委折爲先馳報爲旀免稅段考諸勘合
參以受尺隨其不納星火裝送毋至無限葛藤大
段生梗事該鎭良中嚴飭知委形止回移宜當向事

壬子八月二十八日　內司甘結
12 右甘結卽因戶甘玆以發甘爲去乎以此知悉擧行
13 爲乎矣萬一違越甘罪不辭

壬子九月　日雅青苧布袱三件　內下下送龍珠寺[14]

---

10 【欄外】本宮則全州 / 稅米未納故 / 群山色吏 / 林廷器拘 / 留而無呈 / 所事
11 【欄外】九月　日全州米 / 以代錢畢納色 / 吏放送 // 代錢則外置料 / 分給
12 【欄外】租價四兩四五戔 / 九月十九日陰竹租 / 一百三十石入庭
13 【欄外】九月二十二日四宮空 / 垈田菁根十一石 / 白菜十一石　內入
14 【欄外】銀器裏次

　　瓮津三公兄處

15 無他本府漁化島等諸島　進上石花醢所重何如

而島民輩每事拒納以致　進上之欠縮豈不萬萬

駭然乎嚴治督納次玆以牌飭爲去乎卽發將差

依後錄各別傳令嚴飭俾無如前減縮之弊事

告本官惕念擧行宜當向事

　　後　龍威島　六十斗內　未納三十斗　荒島　十七斗內　未納七斗

　　　　沙串浦　三十斗內　未納十三斗

16 　　壬子九月三十日　堂上大監聽

差備分付內掌務尹茂性除本仕事有

敎敎是矣

17 　　壬子十月初一日

內需司爲相考事節呈龍洞宮手本內癸丑條朔　膳價

木先爲磨鍊上下輸送之意司以移報宣惠廳爲良然

手本是置有亦手本內辭緣相考施行爲只爲

行下向敎是事

咸豊二年十月　日　典需　副典需　典會　典貨
　　相考　　　　　別坐　別提　　典穀　典貨

---

15 【欄外】石山菁根上 / 年停退條 / 今年捧上 / 韓掌務景憲 / 出去

16 【欄外】壬子十月初一日 / 宗廟經 / 宿學動

17 【欄外】藥材價米二百 / 石自內司都捧 / 後知委本宮 / 輸來之意口 / 傳下敎是如自 / 惠廳及內司私通 / 來到故本宮 / 下敎文蹟入鑑 / 于　堂上前本 / 宮則不必混入於 / 內司捧上之意 / 累次相持是如 / 可今年姑依前 / 捧上明年則以 / 一千石全船劃捧 / 後分給本宮云云 / 自內司私通來 / 到 // 九月　日初以稷山 / 劃送矣尋以 / 恩津移納九 / 月二十七日入庭

通津柴場山直千就先處　今名孫岩回　丁丑差定

無他汝矣身山直擧行已爲四十年之久而今以田畓舍音見差是如山直之役肆然告退以若年久擧行之餘曾不以可合人薦代只爲利己之計而不顧宮場乎事甚痛駭所當別般嚴處是矣十分參酌玆以

18 圖署還下送爲去乎同山直之役恪勤擧行爲有矣若或有頑拒之弊則所謂舍音之役一邊汰去後毁家出送矣除尋常愓念擧行宜當向事

壬子十月　日內司甘結

右甘結爲知悉擧行事　自典洞移安

月廊聽　令敎是分付內淑善翁主房祠宇今月十一日巳時移奉于明洞新舍時各宮房侍陪全數擧行事分付敎是置玆以發甘爲去乎萬一違越甘罪不辭　掌務文鍾業　稤宮文世鎭　奴子十五名

壬子十月　日備局甘結

右甘結粘連狀啓及成冊相考施行爲有矣堤堰冒耕築洑貽弊魚鹽商船收稅等事之屬於某宮某衙及創始年條段觀於後錄及成冊可知其梗槪是矣至於創始來歷　啓下文蹟有無則必有可考於該宮該衙者矣今此後錄及成冊各須謄去逐條懸錄其事實消詳報來而內司則問於各該宮房後一體報來以爲

---

18 【欄外】租價四兩五錢 / 十月初四日陰竹 / 再巡租一百四十石 / 租三十石春米 / 二十石 // 二十日畢租九十石 / 內十五石春米十石 / 各員分兒 // 二十四日陰竹入來

憑處之地爲有矣萬一遲緩甘罪不辭

一海州段花陽坊自景祐宮築洑去壬戌爲始收稅正
租七十四石四斗是如是白齊

一甕津段西面所江獐項箭德岩箭自於義宮辛亥
爲始定送鄕監結箭收稅直上納而數爻年各不同
是如是白齊

南面龍威島漁化島沙串浦猉麟島自明禮宮壬
子爲始定送京監凡網船稅每船十五兩式直捧是
如是白齊

西面西京浦西五里浦院山里浦自昌寧尉宮辛亥
爲始定送京監鹽每石口文五分式直捧是如是白齊

一延安段南大池西邊頭禽山下有一坪此所謂新坪而
間有一字形築堰堰若分界池是連幅也今年五月
分自　恩彦宮新坪起墾次遣司官築垌始役二日
因備局關卽令撤罷是白齊

一白川段本郡堤堰乃是七處而六處則修築儲
水年年蒙利是乎遣其中柳川坊所在甕井堰段
壬子因備局關還屬龍洞宮作畓收稅而姑未定
數是白齊

19 一金川段助浦漁鹽收稅自龍洞宮甲申爲始鹽
竈則每石八分式每年三百五十兩漁竈則以什一
稅每年一百五十兩是如是白齊

---

19 【欄外】 壬子十一月初一日巳午 / 日蝕盡 / 月蝕仝月十五日 // 十九日申時 / 上 / 　尊號問　安 / 爲之

詩洞前後浦起墾處自辛亥因內需司公文順和

宮始爲收稅　田畓幷二結七十五負六束　卜租一百

二十六石十一斗二升內　二十七石十三斗六升加田加畓元結條除

實九十八石十二斗六升　內需司收稅

高城西面伴亭坪明禮宮田畓去己酉因本宮

公文私畓中創開水洫

二十七日內司甘結內

右甘結爲星火擧行事今因備局甘玆以後錄發

甘爲去乎其設始來歷及　啓下文蹟有無逐條

懸錄其事實消詳修成冊報來是矣萬一遲緩

甘罪不辭

壬子十月　日金川江陰七浦白川廢堤堰七處來歷成冊

白川郡所在大也垌等七堤堰本是廢棄處爲奸民輩

之所冒耕矣丙申年分自敦寧府請得後移屬本宮

而七堤堰中冒耕者所當一一屬公是矣特從寧失之義

冒耕物力一一出給後自本宮出財數千金起墾作畓無

弊上納矣己酉年分該邑居民李柱豊安正默爲名漢

稱以堰外民畓混入於堰內是如慫恿愚氓誣訴籌司

及營邑欲爲沮戲宮庄中間射利之計矣自本宮入

啓手本後報備局行關本邑懲治兩漢後改尺量量案

修正上送矣忽於庚戌自忠勳府聽信奸細輩之抑說

謂以七堤堰中瓮井垌本是府土是如有論報籌司欲爲

勒奪故昨冬自本宮更爲入
啓枚報備局今春行關本邑而取見關子辭意則以爲宮
府互相來報者非止一再則其在息擾之道不可無一
番查決勳府文蹟卽辛未年行關本營擬墾而
未行者而已龍洞宮則有丙申量案而起墾收稅今爲
十六年則其在事理誰果爲主是乼喩一張關紙徒
歸空文踏印量案終成左契以此爲說不難辨決是
遣至今十餘年之間何無勳府之一言是加喩以此推之
亦不可曰勳府之所管依前屬之該宮云云是白乎所此
堰果是儲水蒙利處則本宮初無請得之擧是遣
中間奸細輩起鬧之時必將作爲口實而沮戲是白
乎矣此是積年廢堤堰故初無儲水蒙利之說是白
遣忠勳府之稱謂府土時做出儲水蒙利之說多月相持
是如可因備關而中止是白如乎七堤堰自丙申同爲付屬
起墾而其中甕井垌昨年與勳府爭詰是如可依
前屬之本宮而上納則每年一百兩是白乎事
金川江陰七浦本是轉相賣買處而甲申年自本宮入
稟後給準價買得鹽稅每年三百五十兩漁稅每年
一百五十兩式三十年無弊上納是白遣初無
判下文蹟而如干完文節目在於本浦漁鹽監官處
是白乎事

壬子十月　日　備邊司
啓曰卽見江華留守李源達狀　啓則備陳穡

事失稔之狀仍請本府之倉與各宮各鎭堡今秋
當納還米中最尤甚面尤甚戶三分一之次面尤甚戶
尤甚面之次戶四分一之次面之次戶稍實面尤甚戶
五分一以相當穀準折代捧訓禁御三留營當捧
還米一例施行推奴徵債限明秋防塞事幷令廟
堂稟　旨分付矣島農之有違始料果如狀辭
還穀代捧雖非經法歉歲民情難責本色依
狀請分數代捧三留營還穀亦令依此施行而推
徵防塞一體許施何如　允

壬子十月二十九日　內司粘甘
右甘結爲知悉擧行事今據備局文蹟玆以發甘爲去
乎萬一違纏甘罪不辭

壬子十月二十四日
差備分付內　宣惠廳朔　膳木中今年爲始別置四同
春秋兩等二同式　內入明年則四五月間輸來以備
內入事有
敎

壬子十一月　日　備邊司
啓曰卽見平安監司李鶴秀分等狀　啓則其一
各宮房各衙門及奎章閣所屬屯田從實執摠
而其中各屯之在於靑北者一一籌摘俾無寃徵

事也　其一還捧尤甚邑四分一之次邑五分一以相當穀
代捧待明秋還作本色事也　啓曰卽見黃海監
司金緯災實分等狀　啓則　其一各宮房各司火田
令各該邑從實執卜事也　三條所請旣多已施之
例幷依此施行　啓曰卽見京畿監司曺錫雨災
實分等狀　啓則其一各衙門各宮房屯土從實
收稅事也

十一月初九日　內司粘甘
右甘結爲知悉擧行事今據備局文蹟玆以發甘爲
去乎萬一違繾甘罪不辭

壬子十一月　日　內司甘結內
右甘結爲知悉擧行事今此
上號敎是時儀仗差備婢子各其宮衣服鮮明如妓女
服色來月初五日本司點考時來待以爲點考之
地爲旀小名成冊其日修正來納是矣萬一違越
甘罪不辭

壬子十二月初一日　內司甘結內婢子數爻修正成冊
來納事　龍洞宮十四名

瑞興三公兄處
無他卽見本府所在加火粟代錢收捧宮差所報

則以爲上納錢收捧僅爲六百三十兩而其餘卽遷就
時月不知何時畢捧是如爲臥乎所大抵此上納
每於七八月間收捧十月內無遺上納卽不易之定式而
至於今年臘月將届未納尙爲七百餘金之多此果
未捧於民間而然耶必是監色輩從中幻弄莫
重宮納如是愆期拒納烏在其定式之本意哉
此非但宮納而已　宣禧於義兩宮分納其所緊重
尤爲自別乙仍于玆以牌飭爲去乎到卽不日內無遺
出給以爲罔夜來納之地爲旀若復如前緩期當該
監色斷當報巡營嚴刑督捧除尋常惕念
擧行之意告本官施行宜當向事

恩津三公兄處　照牌子

無他本宮所管江景浦上納卽六七月間收捧而特因　廟堂
之定式每年十一月內定限者也挽近以來一事遷就以至宮
差下送之境而累度牌飭視爲文具今又拖至臘月而不
爲來納汝矣等所爲萬萬痛惡若有一分嚴畏之心莫
重宮納如是幻弄遲滯乎所當行關別般變通是矣姑
爲安徐宮差下送爲去乎同上納到卽具陳省罔夜來
納爲乎矣若有頑拒之弊是去等該色吏眼同宮
差捉上以爲移法司督捧之地宜當向事

金德信處

無他宮屬金川江陰七浦鹽主人兼監官汝矣身差定爲

20 去乎自今爲始收稅上納等事着實擧行俾無不謹罪責
之弊爲旀汝矣身役及煙戶雜役段置以此圖署告本官憑
考頉下宜當向事

壬子十二月十七日金得一處
無他宮屬高陽石山所在菜田舍音汝矣身差定爲去乎自
今爲始同田庛乙着實看檢每年九月內菁根六十三駄式上
納俾無不謹罪責之弊宜當向事

金得一處
無他宮屬陽川所在鐵串坪直汝矣身差定爲去乎自今爲
始同坪內着實看檢每年九月內郊草二百十同式載運上納
21 俾無不謹罪責之弊宜當向事

導掌房有司處
無他　判付據歲初依例犒饋拳撫餠七百二十箇所入柴油價
及作末軍雇價四十三兩二錢內三分一十四兩四錢官上下是遣三分二
二十八兩八錢段各導掌處從結數分排星火收合俾無不謹
罪責之弊宜當向事

龍洞宮手本

---

20 【欄外】十二月十四日 / 稼宮崔英欽 / 掌務陞差事 / 有　慈敎 / 堂上分付
21 【欄外】癸丑正月初三日 / 經　宿擧動宗廟 // 初五日翌日問　安 // 初七日　上 / 　尊號陳　賀 / 問安爲之宮參四人 // 初十日景慕宮 // 十三日景祐宮 / 自　內擧動 // 十九日儲慶宮 / 永禧殿 / 大院君宮 / 擧動

右手本爲　判付據歲初犒饋所入熟牛肉二百四十斤進排次
屠牛二隻之意司以移報刑曹爲只爲行下向敎是事
　　壬子十二月　日書員姓名

22 癸丑正月初九日內司甘結

右甘結爲戶曹甘結據各宮免稅邑號釐定事玆以發甘爲去乎知悉擧行事

龍洞宮　綾州所在畓五十結　移定長興

恩津三公兄處

無他本縣所在江景浦旣係本宮所管則其所禁雜與他自別是去乙卽聞昨春本縣熊浦居片士希爲名漢不顧宮納所重敢生叵測之計遮截中流暗地突出本浦人來北魚船一隻恣意勒執卸下于渠家論其稅錢洽爲三百餘兩之多以致上納之欠縮云豈有如許頑悖不法之漢乎大
23 抵商船到泊自有境界雖私浦有不敢紛紜爭奪是去等況宮家浦口指的入來之船無難勒奪究厥所爲曾是强盜之一般是遣熊浦又是本縣境內而任其跳踉一不禁斷汝矣等烏得免坐視之罪乎從當行關巡營如法嚴勘是在果同稅錢三百餘兩爲先刻期徵捧準數上納爲乎矣若有頑拒之弊是去等汝矣等以此意告本官片漢卽爲定將差捉上以爲移法司照律刑配之地爲旀擧行

---

22 【欄外】癸丑正月十八日 / 尙宮一內人七出來 / 本宮 / 役只 // 十八日早飯申入 / 夕飯 // 十九日早飯 / 朝飯 / 晝茶啖公費 / 夕飯 // 二十日早飯 / 朝飯 / 守宮幷十一床式 / 役只掌務趙容九 / 韓景憲

23 【欄外】正月二十三日 / 堂上分付內掌務 / 吳守根年滿座 / 高入番除役事

24 形止卽爲文報宜當向事

25 　　癸丑正月二十日　統長傳　敎又摠戎廳執事

下敎內龍珠寺　總攝依

26 正廟朝受　敎定式北漢摠攝輪回差定事　分付

<table>
<tr><td>通津山直裵永寬代金定天</td><td rowspan="2">差帖圖署</td></tr>
<tr><td>朴宗學有頉代朴順龍</td></tr>
</table>

27 　　癸丑二月初六日　玉果三公兄處

28 無他宮屬本縣立石一面所在有土免稅四十九結六十七負八

束壬子條稅米收捧上納次宮監下送爲去乎以稍實

戶各別擇付勿爲遲滯趁早畢納之意面任處傳

令嚴飭俾無慢忽之弊事告本官惕念擧行

宜當向事

　　癸丑二月十一日南海三公兄處　十二日韓掌務景憲 / 色掌奴聖吉

29 無他宮屬本縣所在永作宮屯稅米收捧次宮監下往

---

24 【欄外】奉元寺住丈 / 善沈

25 【欄外】十八日出來尙宮 / 入去後以身病 / 以二十四日色掌 / 內入出來木 / 二疋錢二十兩爲誠

26 【欄外】二十七日色掌內 / 入又出來神 / 堂進炙所入 / 自　內辦出點 / 心夕飯明日早 / 飯自公費供饋 / 明早入去

27 【欄外】二十六日藁俑 / 一體造入

28 【欄外】三十日尹尙宮黑 / 石里出去時扶病 / 歷過守宮拜祝 / 神堂而去二月初 / 五日夕成造捧持事 / 分付更以四日夕分 / 付 // 初三日景慕宮 / 經宿　擧動 // 初五日問　安

29 【欄外】癸丑二月初四日 / 改高飛時 / 疋緞則改備 / 高飛仍用 / 小次知入去看 / 審奉安 / 夜成造奉安 / 後神堂神祀 / 過行至初五日 / 辰時方撤 / 夜進小次知趙 / 掌務李圭興 / 崔英欽 / 文鍾業

爲去乎自本官傳令嚴飭於該面風約及監官庫
子等處以精白米各別擇捧趁早裝載上送以爲及
時　內用之需爲乎矣作民中如有拒納者是去等依
宮監所報這這嚴治督捧上送俾無遲滯之弊事
告本官愓念擧行宜當向事

順天三公兄處　韓掌務景憲下往

無他宮屬本府所在有土免稅米收捧次宮監下往爲去
30 乎自本官傳令嚴飭於當納民人等處依大同時直
代錢捧上爲乎矣挽近以來輒事遷就甚至有越
歲之境豈有如許無嚴之習乎今番段各別申
31 飭于拒納民人等處更無如前遲滯之弊事告本
官愓念擧行宜當向事

32 全羅監營營吏處

無他本宮所管道內康津縣所在田畓卽　判下折受
之地也三分一賭地定稅無弊上納者其來久矣卽
接該導掌所訴則以爲忽於昨年作人未納結卜二
結六十七負八束米五石十斗三升四合代錢四十五兩六錢七分
自本邑移徵於宮納賭稅中侵責宮庄庫直云豈有

/ 入直文禧元 / 李奎達 / 稤宮文世鎭 / 書員朴再興 / 役只趙容九 / 掌務韓景憲

30 【欄外】初五日追後神祀 / 自巳至午而撤 / 此因尹尙宮身病 / 所入自　內出送 / 尙宮一 李尙宮尹尙宮病代 / 內人四 色掌幷 / 房子三 / 巫女一 / 所率十一名兼床五床

31 【欄外】初四日朝飯夕飯 / 夜啖 // 初五日早飯朝飯 / 點心二床韓色掌

32 【欄外】初十日德物山千尙宮進

如許道理乎雖或陳廢處作者之結役擔當
33 斷不可已是去乙況已耕食作人當納結卜之移徵
本宮事未前有萬萬駭然忩除良若此不已則
莫重宮場盡歸烏有乙仍于査實釐正次
宮監下送爲去乎卽爲措辭關飭于該邑所
侵結役還爲移錄於當納作人等處更無橫徵
之弊事告營門惕念擧行後形止文報宜當向事

內司甘結內　今二十日　書員朴再興進
綏陵幸行敎是時假別監一人十九日來待于直房事

癸丑二月十五日　內司甘結
十六日　淸璿郡主祠宇自淸道以還　安于本宮敎是
34 時依例侍陪來待于石隅事

癸丑二月十八日備甘
右甘結粘連報狀及　題辭相考施行爲有矣以懸房
市民捄弊事各年受　敎定式近年　筵稟提飭
非止一再靡有餘蘊而弊復如前又有此條列論
報者此實由於有法而不能修明有式而不能遵守故

---

33 【欄外】正月十八日尹尙 / 宮出來衣襨 / 造成時神堂 / 不爲拜謁入去 / 矣自入闕之翌 / 日猝得身病 // 三十日黑石里强 / 疾出去時二月 // 初四日神祀之意 / 分付伊日行祀 / 時尹尙宮必死 / 之意巫女喊喝 / 尹尙宮病勢彌 / 篤大小便不利徧 / 體浮症食飮 / 不下百藥無效 // 二十四日自備神祀 / 又神堂伊後病 / 勢次次差減幾 / 至平復三月初四 / 日報謝神祀自 / 備過行 // 初五日宮

34 【欄外】二月二十一日宮人 / 方氏生女當日 / 淑儀封爵事 / 承傳

也若自各司稍存操束倘有一分禁戢之效則　朝令之弁髦豈或一至於此極乎誠不覺寒心亦可見頹綱之一端乙仍于玆又發甘爲去乎從今以後一依後錄凡属釐弊矯正之際一一通革前謬是矣此皆申明舊式初非創新之擧是在果如是甘飭之後又或有不悛舊習之弊則當該下屬移法司刑配除良不飭之郞官及該宮次知斷當草記論勘矣各須知悉永久遵行爲有矣萬一違越甘罪不辭

35 一各懸房一屠之應役多至三四十兩也每因市業之凋廢市民輩惟知姑息不思後弊或歇價賣貢或朔條出債於諸處而賣貢出債者率皆逃躱無其人而有其房新入其房者未免擔着各處徵索之人謂以買貢一從文劵不計廢撤一一責納而若或愆期則禍厄立至故挽近十餘懸房末由支保以至一年二年之全廢而莫可更設是如乎到今矯捄之方惟有一道各項貢物朔條流納計納日收等名色幷量宜減削各懸房以一屠之費限二十兩的定是矣廢撤時朔條與舊齋及新創出食毋錢手本錢段永爲蕩減使莫重公庖毋至奮緣永廢之地何如爲乺喻

---

35 【欄外】如是發甘之 / 後私賣肉價比前 / 翔貴籌司 / 令飭可謂 / 嚴矣 // 泮人視備局 / 如渠之官府 / 任意發甘中 / 間權利而 / 無燭奸之人可嘆

一外各宮貿易之弊也蓋懸房進排之規除非

五　殿宮外各該宮房則不得貿易從市直買用自
是應行之例是去乙挽近以來各該宮房奴子輩
不遵令飭往來懸房依例貿易便同茶飯假令
進排所用爲三分則渠輩售利洽爲七分甚至生
色於姻族和賣於比隣少咈其意則奇禍立
至此誠爲泮民痼瘼之大者也請令自今外各宮
貿易之弊永爲防塞而其中　祭享宮房之朔望
及　祭享之所用明禮宮壽進宮於義宮龍洞宮四宮之
朔望告祀時所用內需司之　擧動時所用並許其貿
易外此日用則從市直貿用之意申明舊式嚴加知
委使之切勿私貿俾懸房得無失業之歎何如是
乎喩

一依報辭捧甘各司是在果至於各懸房每屠
時定以二十兩事段節目成給時區別負債多
寡俾免無債之輩因此呼寃之弊宜當向事

同日內司粘甘

36 右甘結卽因備甘玆以後錄發甘爲去乎萬一違越甘
罪不辭

癸丑三月初三日扶安三公兄處

---

36 【欄外】三月初一日問　安 / 宮參二人

無他宮屬本縣三間坪所在田畓附近三里之屯民蠲除還上

雜役使之專意赴役於垌堰修築之節其來久矣而今聞

下屬輩不有宮庄所重一事侵責使歉歲殘民不得安

堵究厥所爲極爲無嚴而前後申飭不啻截嚴是

去乙視若尋常終無其效使此土廣人稀之地作

民輩擧有荷擔渙散之志雖有沃野千里無民

則將何所賴而耕作乎若此不已則非但宮庄之廢棄

於邑保民之政亦豈不良貝乎事係公私俱失故玆以

圖署分付爲去乎同三里之民所侵還上雜役依定式一

幷還收俾無生梗之弊事告本官惕念擧行宜

當向事

古阜舍音朴三得除下代辛文逸差定　照牌子

癸丑三月　日導掌房有司處

37 無他年例內入熽造太壹百貳拾石輸運馬貰各

導掌依例分排星火收捧俾無遲滯罪責之弊

宜當向事

38 癸丑三月十五日

差備分付內姜重錫稤宮差下仍爲除本仕事有[39]

---

37 【欄外】熽太下帖

38 【欄外】三月二十二日 / 差備分付據 / 姜重錫許參 / 條六百兩貸下 / 而不足條二百十 / 兩自廳中周旋 / 事　分付 / 以他上納充數 / 後鄕味條次次 / 備納 // 四月二十一日奉元 / 寺畢役告目入

39 【追記】十七兒二十七日廳會日定爲 / 許參四月初二日齊會時招 / 致上來　許參以前則鄕 / 味不給

慈敎敎是矣　聽　令　堂上大監

錢文三千兩　內下　別置米一百石官庫移來

錢文五十兩　奉元寺祭閣修補所入下　以上同日聽　令

朔紙都下事一體　分付

40 　　癸丑三月十八日內司甘結

右甘結爲知悉擧行事月前懸房任掌等呈訴

41 於籌司而肉種進排之節各

殿宮一日供上之外無論某宮房憑公私貿則生

弊受害不少之致如是呈訴籌飭果何如截嚴

而貿奴輩不悛舊習一樣生弊則懸房將至撤

業渙散之境而又如是更訴旣有朝家申飭

是去乙不知法意所重誠極駭然玆以發甘爲去

乎自今以後更有如前私貿之弊則竟必有大段

生梗矣以此意知悉擧行爲有矣萬一違越

甘罪不辭

恩津三公兄處　照牌子

42 無他江景浦上納旣以三月內定限似無過限之弊而

莫重宮納無端越歲之習難保其趁期來納

平康玉果新溪

40 【欄外】四月初一日問　安宮 / 參二人

41 【欄外】此專爲　君 / 公翁主房 / 而發矣四 / 宮曾有此 / 弊否

42 【欄外】正月　日新延 / 吏房上來時 / 自宮捉囚矣 / 上納中五百兩 / 京主人擔當 / 納在五百兩則 / 吏房下去後 / 三月內上送事 / 捧侤音矣今 / 因京主人所請 / 宮差下送 / 上納則前等吏 / 房乾沒云

玆以宮差下送爲去乎同上納錢到卽準數馱送
上納俾無遲滯抵罪之弊事告本宮惕念擧行
宜當向事

通津三公兄處
無他卽接宮屬本府所在柴場山直等所訴則以爲忽
於昨年自本官稱以戶柴名色無端侵責於山直
等處科外橫徵云豈有如許道理乎山直等
物故逃躱之闕尙未盡充數餘存無幾而又有
此侵漁之弊擧有渙散難支之勢莫重宮
場將至廢棄之境乙仍于玆以圖署分付爲去乎
所謂山直等戶柴名色更勿侵責使之專意擧
行之意告本官惕念擧行宜當向事

癸丑三月二十日
和平翁主房長湍免稅中　福溫公主房推來條稅
錢每年一百七十七兩七戔六卜丙申十二月日自磚洞宅給價一千
二百兩買得納于別置矣乙巳以壬子至八年條未納一千四百
二十兩零本價錢幷合二千六百二十兩
福溫公主房所屬載寧所在海倉來臨所舊作至位
南草尾合五處自本宮別置送價五千兩作導掌
以來而本房上納則每年四百兩是遣本宮上納則姑未
了定矣　五十兩輸送時未納及本價二千六百二十兩除之
實二千三百八十兩送之　長湍還退文記三張幷送

載寧五處辛亥壬子草成冊持來　作導掌圖署
入于文書庫

癸丑四月二十日內司甘結
右甘結爲知悉擧行事今此因　傳敎內辭意各宮
房所任以下庫直奴婢子至內人抄入成冊詳細修納
爲乎矣如有以有爲無懸錄是如可追後入聞現發之
弊則斷當施以刑配之擧是旀奴婢子中元有私
賤名色而妄希所賴冒錄者亦當施以刑配之典矣
以此分付是遣成冊則今二十五日內修正報來事
此亦中私賤奴婢子私賤名下懸註事

二十三日內司　各宮輪直內人抄入捧甘有日而尙
不來納成冊事甚漫忽㐾除良番番申飭輒歸文
具按例懸錄者法綱所在極爲駭然今番則除尋常
惕念擧行而不踰明日成冊修來是矣此是直呈
御覽件也各別精書云云　以敎厚紙冊書送

同日內司甘結
右甘結爲惕念擧行事今番內人抄入事已承嚴飭
傳敎知委捧甘矣又因　月廊聽令據未成冊
前更爲申飭亦是置懸錄中隱其年長者冒錄
襁褓之弊是去乃如或衆知之有隱匿不錄則
斷當依法典刑配矣除尋常據實懸錄今日

內修成冊來納爲乎矣如是另飭之後自有探問
之道事[43]

　　癸丑四月二十九日內司輪通　今番內人抄入成冊
段特因　傳敎屢次另飭之下各宮房奴子中間
有私賤冒錄入上者究厥所爲萬萬痛駭是如乎
各宮房庫直招致弊司問其來歷詳細抄錄
更爲入鑑之意委通當該庫直卽日起送事
庫直進去內司則　壽昌寬植後吉奉祿私賤
與否詳查以報云　卽爲錄送曰詳細査實則都是
良女所生本非私賤

　　同日內司甘結
右甘結爲知悉擧行事內人成冊今方點下而自四歲
以十八歲至依後錄預先等待至來月初十日待令
點考爲於其餘二三歲兒則着實收養待後抄
擇入之意知悉擧行事　初十日　待令于金虎門
44 龍洞宮　掌務　金東爀女四歲　五月初六日身死私通于內司
奴子　壽昌妹十歲　五月二十九日甘結治裝件記下
七月初十日　待令事捧甘矣　寬植女四歲　病未入
八月初十日　待令事知委　後吉女七歲　退
八月二十日　待令事甘結

43 【追記】初以二十五日內成冊修納再以不踰明日又云 / 今日內者果今飭之有信也
44 【欄外】豆浦稅燻 / 造今年 / 又爲半減 / 壽洞宅請

奉祿妹六歲　治裝件記下

內需司爲相考事節呈龍洞宮手本內甲寅年朔

膳木依例磨鍊預先輸送之意司以移報宣惠廳爲良結手本是置有亦

手本內辭緣相考施行爲只爲合行牒呈伏請

癸丑五月初十日內司甘結

右甘結爲卽接戶曹捧甘內法聖聖堂倉漕船一

隻去月十九日至交河深會山前洋致敗中

淑善翁主房納咸悅稅米五石龍洞宮納南原

壬子條稅米十一石幷入臭載是如極劣米段

待秋成代錢上納之意知委來到以此相

考擧行事

癸丑五月十八日戶曹甘結

右甘結法聖群山兩倉漕船今已點檢矣　國稅法

意何等嚴重而近聞元穀上納前各宮房免稅先爲卸

下云豈有如許紀綱如許事體乎玆以先事捧甘爲去

乎今番段依法典元稅穀上納後各宮免稅始爲捧上

出給無至如前襲謬之弊爲於稅穀之船上卸下

時及入倉之際擁利偷竊之弊各別禁斷是矣若

有此事之有所入聞者則當別般嚴處除尋常惕

念擧行事

同日內司粘甘

右甘結爲戶曹捧甘內辭意相考施行爲乎矣萬一違越甘罪不辭

癸丑五月十八日　方淑儀出　闕侍陪內司口傳知委

45 癸丑五月二十二日

鑄錢所甘結內本所設鑄後邊手以下諸匠色毋得推捉事事目　啓下是在果初至以後雖停火本錢等改鑄次諸般匠色不離等待是如乎無論邸役與私債等事畢鑄前依事目一切勿侵是矣如是甘飭之後若或有侵責之弊則當該擧行員役斷當別般嚴處矣除尋常惕念擧行爲旀各宮與五部段自京兆內需司着實知委爲有矣萬一違繬甘罪不辭

同日內司粘甘　今據鑄甘發以後錄發甘事

癸丑五月二十三日

月廊廳令　龍洞宮書員朴再興安峴宮稤宮差下
　　　　　安峴宮所任白鳳爀龍洞宮掌務差下

45 【欄外】七月翼宿 / 房慧星尾 / 長數丈初昏 / 西沈至八月初 / 不見

癸丑八月　日內司甘結

右甘結爲今初十日　昌陵幸行敎是時侍衛燭籠

假別監依例發甘爲去乎所着服色務極鮮明今初九日申

時量一齊來待于本司直房以爲點考之地爲於同成冊卽

爲來納以爲　啓目修正之地事　掌務文鍾業

通津三公兄處　照牌子

無他卽聞本府所在柴場山直朴貴同所告則以爲自本官

侵責軍役云每以此等事申飭不啻鄭重而視以文

具終不畏戢一事侵虐之狀萬萬痛駭若此不已則

山直輩擧皆渙散無餘宮納柴木無以辦出事之寒

心莫此爲甚所當別般處置是矣十分參酌玆以牌飭

爲去乎到卽朴貴同所侵軍役更勿侵責使之專意

上納之地告本官惕念擧行宜當向事

措語

46 癸丑八月　日　紙順天　火粟順天　昌原　下往圖署成給

堂上分付據金雲瞻處柴草載運船勿侵牌子成給沙工差定

癸丑八月初六日　內司甘結

右甘結爲知悉擧行事侍衛燭籠假別監擧行何等所

47 重而近來法綱解弛多有中路落後之弊又或有初不

待令點考之人番番有幾乎生事之境豈不竦然今番

46 【欄外】初十日　昌陵 / 破漏牛出宮 / 津寬重興洞 / 杳洞　歷臨 / 擧火還　宮

47 【欄外】因分付 / 陰竹下去 / 金掌務喜城 / 見上壬子八月

則自別監房至有論難申飭之擧故玆以甘飭爲去乎
如是申飭之後若有如前襲謬之弊則斷當有別般
嚴處矣知悉擧行爲乎矣萬一違繑甘罪不辭
此亦中如有初不待令自下扳去中路落後者及點考
時懸闕之假別監本役除汰事入　稟論罪矣一
體知悉向事
金海　梁山　洪州　長興　信川　龍仁　甕津　安岳
通津　中和

48　順天三公兄處
無他本府所在本宮納有土免稅米之以錢代納特出於民
情便宜之意而年年無弊趁期順納數年以來不有定
式專事拒納拖至秋冬終不畢納若此不已則莫重宮
用將何以排備乎此必由於監色輩中間操縱無難拒納
之故也所當報巡營査實嚴治督納是矣遠外事實
亦不可不念乙仍于玆又宮監下送爲去乎到卽不日內
準數出給以爲罔夜上納之地爲乎矣又復如前則
斷當別般嚴治惕念擧行俾無生梗之地爲旀代
錢旣如是年年良具則來頭無窮之弊有不可勝言
今秋爲始稅米依前以本色預爲發令趁限收捧待明
春宮監下去卽地出給裝載上送之意幷只告本官施
行宜當向事

48 【欄外】韓掌務景憲 / 更下去

金海三公兄處

無他本府南伐員所在本宮蘆田監官丁南斗積
年欠縮宮納数甚夥多今春宮監之下去又此漫漶
者揆諸法意極爲無嚴此與等閒稅納有異者每年
秋間刈取青草許賣各人等處隨即捧價上納曾無
違越拒納之弊人心漸不如古莫重宮納無難愆滯者
究厥所爲極爲無嚴似此頑習漸不可長乙仍于一幷牌
飭巡營使之嚴關督捧是遣別定宮監下送爲去乎
同未納諸漢一一捉囚嚴治督捧成陳省定色吏罔
夜上送俾無如前緩期之弊爲有矣又復如前則斷
當　禀達後別般處置除尋常惕念擧行之
意告本官施行宜當向事

慶尙監營營吏處

無他金海府所在本宮蘆田上納積年未收數甚夥
多不可一向任置故今方別定宮監下送收刷是如乎
此與等閒收稅納有異者每年秋間刈取青草折價
許賣於各人等處隨卽捧價上納實是物件賣貿
之故曾無違越拒納之弊挽近以來人心漸不如古不知宮
納所重頑民輩物件持去之後專事漫漶以不納爲能
事如是年年生弊究厥所爲極爲無狀似此頑習如不
別般嚴治則萬無收捧之路乙仍于玆以圖署牌飭爲去乎
到卽自營門嚴辭申飭該府使之刻期督捧俾無如
前緩期之地告營門擧行宜當向事

黃州綠莎浦　中興洞明年則兩/處合一張　載寧蛇所浦　鳳山

順天三公兄處

無他宮屬本府依山六面所在火粟收稅次京監下送爲去乎作民輩如有拒納之類是去等這這懲治督捧爲旀昨年收稅時該色吏擧行十分怠忽以致上納之遲滯豈有如許道理乎所當別般變通是矣姑爲參酌玆以分付爲去乎今年段各別嚴飭恪勤擧行同上納期於十月內收捧京監趁卽上送更無遲滯之弊爲有矣又復如前慢忽則斷當行關嚴處矣惕念擧行之意告本官施行宜當向事

玄啓祐處

無他黃海道鳳山西湖坊等各處田畓買得時効勞旣多故同田畓以汝矣身作導掌以給爲去乎收稅上納等節着實擧行爲有矣稅錢段秋收翌年五月內一千二百兩式備納俾無違越抵罪之弊爲旀導掌之役段傳子孫任意區處宜當向事　六月

高致行處

無他黃海道黃州德面金光里所在田畓汝矣身處給價柒千兩買得後同田畓結卜仍爲作導掌許給是如乎看檢收稅之節着實擧行爲有矣稅錢段秋收翌年三月晦日內柒百兩式毋論豊歉定式備納

爲於導掌之役段傳子孫子任意區處宜當向事

黃州三公兄處

無他本牧德面金光里所在田畓今自本宮給價買得是如乎別定監色京監眼同同田畓逐庫尺量定四標 御覽量案修正上送以爲入 啓之地爲於既作宮庄則所謂結役自有定例依法典結卜外科外侵漁之弊一切禁斷俾無紛紜之弊爲有矣作人中如或有當納而拒納者一依京監所報這這嚴飭督捧之地幷只告官擧行宜當向事

鳳山西湖坊等 措語上同

康津三公兄處

無他本宮所管田畓作導掌收納矣所謂導掌卞哥漢不過一時分導掌名色來往幾年幻弄宮庄之弊不一其端故所謂導掌之役還收卞哥仍爲逐送後別定宮監下送摘奸則田畓自在量案昭然可考而近來民習獰頑不顧宮納所重符同宮差作弊多端乙仍于自今秋宮監下送看秋收納是如乎屯民輩如或有當納而拒納者一依宮監所報嚴飭督捧俾無如前緩期之地告本官擧行宜當向事

瑞興三公兄處

無他宮屬本府所在　宣禧宮於義宮納加火田稅粟
六百六十六石零依定式十月內代錢出給於下去宮差處
俾無遲滯之弊爲旀以昨年上納言之鄕吏輩中間乾
沒拖至周年終不畢給揆以事體極爲無嚴所當
報營嚴刑懲勵是矣且觀來頭次姑爲安徐玆又牌
飭爲去乎同未收三百餘金不日督捧出給俾無葛藤生
事之弊爲有矣若復如前推托則斷當別般處置
除尋常愓念擧行之意告官施行宜當向事

扶安三公兄處

無他本宮所管縣內三間坪格浦田畓附近三里屯民除
役之意更成節目無弊遵行矣不有定式昨今兩
年以來煙戶雜役無難侵漁如干餘存屯民擧皆
渙散將至廢庄之境如有一分忌憚則若是作梗乎
官家雖未及洞悉節目勒侵煙役汝矣等熟知節
目則何不提告乎此皆由於汝矣等沮戱宮庄期欲抛棄
而然也所當査實重繩是矣姑觀來頭玆又牌飭爲去
乎到卽依前勿侵更無紛紜之弊爲有矣又復如前侵
漁則斷當報巡營作弊之類嚴刑遠配矣除尋常
告本官愓念擧行後形止爲先文報以爲憑考之地
宜當向事

全羅監營營吏處

無他道內扶安縣所在三間坪格浦兩處空虛之地自

本宮出立案築堰作畓後附近八里居民蠲除雜役
使之專意修築垌堰許多屯民不可永久免役故五
里還爲出役只以三里依前免役專意作農之意
更成節目無弊遵行矣數年以來奸吏輩不有
宮庄所重一事侵責雜役使此土曠人稀之地作
民輩擧皆渙散莫重宮庄將至廢棄之境紀
綱所在豈不萬萬痛駭乎卽爲措辭關飭于本縣
同三里之民依節目所侵雜役更勿侵責俾宮庄無
弊耕作之地告營門惕念擧行宜當向事

古阜

49 載寧三公兄處

50 無他本郡海倉等五處所所在福溫公主房所管田畓
自今年爲始移屬本宮後收稅上納次宮監下送爲去
乎作人中或有當納而拒納者一依宮監所報嚴治督
捧俾無滯留之弊事告本官惕念擧行宜當向事

長湍月峰山柴場山直梁順男有頃代黃壹晚
黃杜石有頃代車順億
金德辰老除代金命石
差帖

長湍三公兄處 照牌子

49 【欄外】趙小次知下往

50 【欄外】八月二十日 / 翼宗大王 / 王大妃殿 / 憲宗大王 / 孝顯王后 / 大妃殿上 / 尊號議號 / 後陳 / 賀問 安巳時 / 宮參三人

無他宮屬本府所在柴場山直禹萬石白乭石兩漢渠矣
名下上納柴木無端渠納豈有如許無嚴之漢乎卽
爲傳令于兩漢處同未納柴木使之備給于都山直處
是矣若或有頑拒之弊則捉囚嚴治之意措辭申
飭俾無遲滯之地告本官惕念擧行宜當向事

長興三公兄處
無他本府安良面芷川倉本是宮庄收稅都廳也
倉底居民在前殷富之時許多軍役無難堪當
近年以來累經歉荒居民漸次渙散見今時存極
甚零星所謂浦村之數多疊役萬無以如前仰役
辦納是如倉民輩其間呈營呈邑輒蒙查實釐
革之許題終未見實效勢將擧皆渙散而後已
是如千里裹足來訴本宮非但渠輩之矜惻旣屬宮
庄則其所體重與他自別叱除良大抵倉民空虛
則公私良貝當復如何哉言念民情極爲可悶所謂
倉底疊役一一查出量宜釐正後曉喩倉民俾
爲無弊安堵之地告本官擧行後形止公兄文報宜
當向事
扶安三間坪田畓舍音辛寬三舍音差帖又傳令一張

癸丑八月二十五日　月廊聽令　掌務吳守根
龍珠寺祭享所用　紅陽傘二　紅令旗一雙/巡視一雙　旗幅
51 藍令旗一雙/巡視一雙　旗幅　紅紗燈籠二雙衣　花紋席四張

布揮帳二件六幅　以上新備內下

大五方旗五葉　小五方旗五葉　遮日乼四

件十五把　以上營門推來

己酉年　國恤敎是時四次停祭香燭留置寺

中者出給寺中七星閣修補

52 壬子八月日內司私通內藥材價米自今年爲始復舊例以千石

全船京到泊者劃送內司事聽　傳敎矣宮納二百石

待其入倉知委云云　癸丑九月　日惠廳私通宮納米

二百石直送于內司而此是草記停當之事有不可自下

53 擅便云云　本宮私通于內司卽聞藥材價米七百石以

嶺湖南大同捧上而三百石以湖西米捧上云烏在其全一

船捧上之意哉貴司則八百石捧上弊宮則二百石捧上

彼此俱便是去乙何必都納于貴司又輸來于弊宮乎

如此則道路滲漏不少輸來雇價其誰當之乎云云

九月十二日　內司私通內卽者謹因

下敎內藥材價米一千石中龍洞宮例送二百石自今年

爲始直送于　貴宮亦敎是置以此意私通于惠廳云云

藥材零米三百石直納于內司矣九月十三日知委於

船人處移納于本宮浮費船人擔當　以上文書封付樓壁

51 【欄外】九月初五日 / 經宿 / 陳賀 / 兩次問　安

52 【欄外】藥材價

53 【欄外】自己亥 / 下敎以後 / 分納于本宮 / 者而忽於今 / 者自內司欲 / 爲都納于 / 內司未知其 / 緣何委折 / 耳

癸丑九月　日

江華留守爲牒報事今初六日日講入侍時弊職所奏

以爲本府有內司各宮及三留營還米矣內司及各宮還

米合爲一千一百餘石而每當糶糴之時內司別提及各

該宮監幷下來斂散而文簿則自本營照管矣受

戶每多不實納穀輒爲麤劣如斯之際不無害及於

隣里之端此後則內司各宮宮差勿爲下來自本府幷

爲排戶糶糴而待分留成冊從實修送後別提及宮

差中輪回下來反閱則兩皆便好三留擧措則拔去幷以此意知

委於內司各宮及三留營何如　上曰依所奏施行事

批下敎是置幷以牒報爲去乎司敎是以此意捧甘於

內司各宮及訓錬都監禁御兩營以爲永久遵行之地

緣由牒報

題辭內此是　筵奏蒙　允者依所報捧甘知委向事

捧甘內粘連報狀及題辭相考施行爲乎矣萬一違

越甘罪不辭

內司粘甘

右甘結爲知悉擧行事今據備局捧甘與報狀題

辭幷以後錄發甘爲去乎萬一違越甘罪不辭

용동궁등록 제2책(玄)

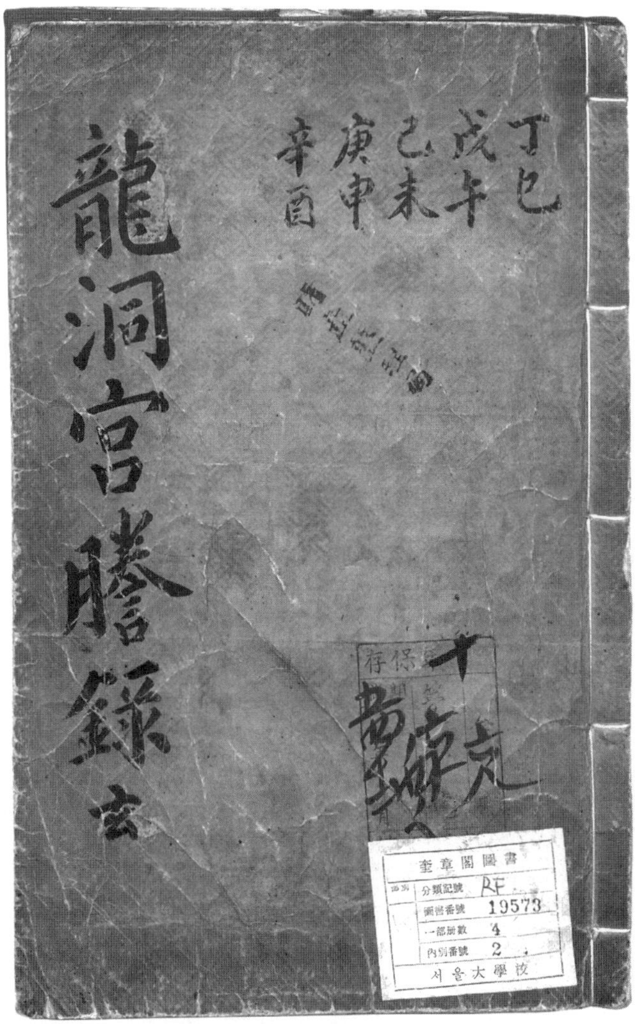
丁巳
戊午
己未
庚申
辛酉
龍洞宮謄錄
玄
奎章閣圖書
分類記號 RF
圖書番號 19573
一部冊數 4
內別番號 2
서울大學校

1857년(정사)

丁巳九月　日　畿營報狀內

因山大役各邑邸吏輩與將校輩之奔走京

鄕擧行莫非緊急各營各司謂以上納愆期推

捉拘囚之弊難保必無是乎如乎公納催促督捧

非不緊急而　陵役事務尤爲莫重今若事

事督責之政不念濶挾之方逢輒催促捉必拘

囚則莫重大事將有許多狼貝之慮故玆以牒報爲

去乎竣事間無論某邑邸吏與吏校姑勿捉囚如有

在囚之人則即爲放釋之意司敎是捧甘各營各

司各宮房及守禦摠理兩營俾無弊使役之地事

云題音內依例捧甘向事

同日　內司甘結

右甘結爲知悉擧行事今因畿營報狀與備局

甘結玆以後錄發甘爲去乎萬一違越甘罪不辭

丁巳九月十四日

備局甘結內各廛物種之毋得自持進排與無價取用

本係　朝飭而今番　國恤時各宮各司之打破廛

房勒奪布物比前尤有甚焉而況稱給價惟事稽

滯下屬從以乾沒且不計升品之粗細時價之高歇

惟以歇價勒給事之無謂莫此爲甚玆以發甘
爲去乎即自各其衙門查出作挐諸漢報于各
司以爲移法司重繩之地爲旀給價一款亦自各其
官員嚴束下隷限十日內依時價盡數計給後成
冊修報已爲給價處形止亦爲報來是矣物價如或
不稱致有廛民呼寃之端是去乃又或延拖時日過限
不給則當該下屬之刑配叱除良不飭之失亦有所歸
各須知悉惕念擧行雖以廛人言之苟或拘於顔私
初不受價而謂以已捧則亦當隨現別般嚴處
矣亦須知悉擧行爲有矣萬一遲緩甘罪不辭

同日　內司粘甘

右甘結即因備局甘結後錄發甘爲去乎物價之有
無即爲修成冊報來是矣萬一遲緩甘罪不辭

丁巳十月　日　開城府營吏處　自/　堂上大監宅起草以來圖署書入

無他本府居民李壽哲德勿山都堂直差定自本
宮圖署帖文成給矣前堂直姜喆伊爲名漢含
其退去之嫌符同營屬多般沮戲至于帖文還
上之境是可成說乎圖署所重自別是去乙外方愚
氓不知事體如是無嚴之習極可痛駭所當各別
嚴懲是矣事係既往故姑爲安徐是遣帖文
與牌旨下送爲去乎此意告于汝矣營門後同李
壽哲處帖文出給使即擧行俾免汝矣等稽忽抵罪

之地宜當向事

白川三公兄處

無他宮屬本郡所在瓮井垌等七處畓鹿收稅上

納次宮監下送矣即聞名不知方哥漢假稱慶平

君房所任無難作弊詑除良上納租中二十五石中間

偷食世豈有如許無嚴無據之輩乎事不可尋常

處之乙仍于玆以牌飭爲去乎到即告本官後即爲捉

致方漢杖囚督捧期於不日內上納爲旀擧行形止亦

即馳報以爲　启禀之地宜當向事

丁巳十月十三日

全羅監司沈敬澤慰諭使李承益狀　启以爲順天所

1 在龍洞宮納火粟田五十五結年汰歲覆至今年巨

浸而更無形址責納無路今年則屯監官收稅時眼

同摘奸從實蠲減事亦是置依　狀請使之從

實執卜從實蠲減之意分付何如　启　允下

同日　內司粘甘

右甘結爲備局甘結據玆以發甘爲去乎以此知悉

擧行爲乎矣萬一違𦆶甘罪不辭

1　【欄外】時起爲八十 / 結而今云五 / 十五結云者 / 大相進庭 / 監司亦不知 / 本意見期 / 於本倅耳

順天三公兄處

無他卽見內需司甘結則因全羅監司慰諭使

狀啓本府所在本宮納火粟田五十五結年汰歲

覆至今年巨浸更無形止責納無路今年則

屯監官收稅時從實蠲減事亦是置依狀

請使之從實執卜從實蠲減之意自備局覆

啓蒙允矣宮庄雖曰所重旣已沙汰無形止則

2 稅納從何以辦出乎其在恤民之政宜有從實執卜

蠲減之擧而火田與野地田畓之成川浦落有異

今年陳廢明年起耕自是火田起耕之例規也若果

脫落無形址則收稅一款非所可論而至於更起陳

廢依舊耕食則亦當自如收稅事之當然今年收

稅時別定幹事吏校宮差與屯監官眼同從實

摘奸可以蠲減者蠲減脫落處尺量後修成冊消

詳懸錄以爲入　啓之地爲有矣如或奸細輩貪緣

作奸有所現發則災結偸弄之罪自有當律隨其

現發斷當報營刑配矣除尋常惕念擧行之

意幷只告本官擧行後形止爲先文報宜當向事

丁巳十一月　日　順天火粟監官申源祚告目

火粟事因各面面報一一逐鹿摘奸後依甲寅年例

精略修　啓蒙減者也宮差雖爲摘奸旣以本官家

---

2 【欄外】宮差下送 / 矣該色 / 稱以今則 / 無以摘奸 / 云還爲上 / 送

的處則更何有摘奸之理乎今年則可無奈何之
道故來下人不得不還即上送而明年八九月間宮內信實
人中下送各面所在火粟田待伊時踏庫還推事
甚便好是乎於餘結火粟二十五結價二百兩推出換給八
兩五戔除實錢一百九十一兩五戔出給來使處云云[3]

丁巳十一月十九日　內司甘結　因備甘
平安道災實分等其一各宮房衙門及奎章閣
所屬屯田從實執摠而其中閣屯之淸北者一一
籌摘俾無寃徵事也　京畿道災實分等
其一各衙門各宮房屯土勿拘定摠從實收稅事也

同日　內司甘結　今此
因山敎是時侍衛燭籠假別監四十人依例發甘爲
去乎服色則生布直領王字布頭巾布帶是遣
自十二月初四日初度習儀初八日再度兼三度習儀
日至于正日着實擧行而各其日進字擧案修
呈爲旀依後錄額數同姓名成冊今二十日內修呈
本司以爲啓下之地爲乎矣萬一遲滯甘罪不辭
龍洞宮三人　代假監送

同日　甘結　即接掖庭署報狀內今此

3 【追記】一百七兩宮納 / 二十兩五戔宮差又自宮 / 先給十二兩

因山隨輿　幸行敎是時凡百擧行自多豫備

是如乎侍衛燭籠差備假監例錢以遠　幸例

磨鍊捧甘今二十日內收送亦是置玆以後錄發

甘爲去乎到卽直送于別監房受標考還俾

無遲滯之弊爲乎矣萬一遲緩甘罪不辭

　後錄二人

內需司爲相考事節呈龍洞宮手本內戊午年朔

膳物膳蔘苦臘肉臘猪等價米木錢與丁巳年排朔

條依例磨鍊爲乎矣木則以二十同以錢邊中依昨年

例磨鍊是遣米六十石代太一百二十石一體磨鍊趁

卽上下輸送之意司以移報宣惠廳爲良結手本

是置有亦手本內辭緣相考施行爲只爲合行牌呈

伏請

照驗施行須至牒呈者

右　　牒　　呈

宣　　惠　　廳

咸豊七年十月　日　典需 別坐　副典需 別提　典會 典穀　典貨 典貨
　相考

龍洞宮　手本

右手本爲戊午年朔膳價依例磨鍊上下輸送之意報宣

惠廳公事一度成帖爲只爲

行下向敎是事　年月　日　稤宮姓名着銜

丁巳十一月二十五日　內司甘結　卽因今此
月廊分付內今此
大行大王大妃殿因山敎是時上下各差備與侍衛武
監守僕員役等往還三日盤纏分定發甘爲去乎
來月初五日良中一齊來納于　崇文堂事
毓祥　宣禧　龍洞　於義　安峴　順和　六宮各
　　五十五兩八戔四卜　三兩五戔還出來

丁巳十一月二十八日　內司甘結
右甘結爲知悉擧行事今此
因山敎是時隨輿　擧動還寢敎是而十二月十七日下
玄宮敎是時動　駕十八日還　宮敎是乎則各宮
假監例錢不可以遠　幸例施行故更以昨年　仁陵
遷奉敎是前例一百兩改磨鍊後錄發甘爲去乎
其或有前甘數爻先收送處是去等卽爲還推次
玆以捧甘爲去乎依此擧行事　後八兩三戔七分

同月三十日更甘內　今此
因山敎是時軍令未滿三司故假別監例錢更依昨
年　還奉例改以一百兩磨鍊矣掖庭署更報內
十六日有　神輦侍衛燭籠先詣擧行是遣十七日
幸行侍衛燭籠擧行則凡百用費自有夥然云
爾則參以事情要其入量不可以此排備故改一百
五十兩磨鍊發甘爲去乎前甘結勿施依此施行事

後十三兩一戔二分

丁巳十二月二十二日

備邊司　啓曰卽見忠淸右道暗行御使徐承輔別單則其一洪州泰安瑞山沔川唐津海美德山平薪等邑鎭所在各宮府收稅以一幷禁斷事頃以此事　筵奏行會諸道所報已爲齊到而間値哀遑未及　稟覆今此繡單摭實若是贍悉爲先以五年以來收稅名色一切革罷之意嚴飭道臣擧行形止斯速登聞事以此條件捧甘內司以爲論飭各宮房之地何如　啓

同日　內司　粘甘

右甘結爲知悉擧行事備局甘結粘連發甘爲去乎依此甘飭擧行爲乎矣萬一遲緩甘罪不辭

丁巳十二月二十八日　備邊司

啓曰因黃海道暗行御使別單中遂安火稅中延齡君房納七百五十二兩零　龍洞宮納三百九兩零內司納三百六十五兩零限折半減給待民戶還集後依元數上納事而火稅卽古所謂再易三易之田也峒峽巉巘土又磽瘠固難責之以平陸膏腴之地而各樣所收至於斯夥略綽通變允爲益下之政關問便否後更爲　稟覆之意捧甘內司何如

同日　內司粘甘

右甘結爲知悉擧行事卽因備局粘連發甘爲

去乎幷須惕念擧行爲乎矣萬一違繣甘罪不辭

4　丁巳十二月三十日內司甘結

右甘結爲因營報戶甘玆以免稅移送安城文書後

錄發甘爲去乎萬一違繣甘罪不辭

免稅案相考則

驪州　龍洞宮免稅十五結

龍仁　貴人房免稅四十結　小次知別逢授會計中所在移入別置

題內依此免稅案釐正捧甘內司　丁巳十二月二十七日

京畿監司牒報中

龍洞宮　陰竹　貴房免稅三十結內　二十結移劃安城 / 十結本邑在　小次知所管條

4　【欄外】十二月三十日 /　宗廟擧動

1858년(무오)

戊午正月初三日內司甘結

右甘結爲惕念擧行事每年正月信漢符之派給法意所重所以防奸僞禁亂雜之意故當初各宮分派章牌皆有依據定數而近來法綱解弛或有某宮房奴婢子減額之事則所受門牌亦隨以減事理當然是去乙不以實告依前冒據甚至有信佩亂雜之類難保其必無法綱所在萬萬駭歎昨冬以章牌濫漫之事已有大臣所奏豈不喩此不可無一切釐正之擧故玆以發甘爲去乎門牌受去各宮良中奴婢子實數具姓名修成冊卽爲來納爲矣信漢符之兵曹所受與內班院所受每年實數區別懸錄于姓名成冊之左卽刻來呈是矣若有一分爽實之弊則當該各宮所任難免重勘矣惕念擧行爲乎矣萬一遲緩甘罪不辭

戊午正月初五日內司甘結

右甘結爲知悉擧行事卽接掖庭署報狀內今正月十七日　仁陵山陵　幸行敎是時雖是當日還宮路程稍遠站數不少是如乎假監例錢以遠行例磨鍊收入亦是置玆以一百兩磨鍊後錄發甘爲去乎依此卽爲入送于別監房爲乎矣萬一遲

緩甘罪不辭　各五兩五戔式此是誤書 / 實爲八兩三戔七卜

初七日更甘內軍令雖是當日還宮站數與路
程有異於比前一日程故假別監例錢以一百兩磨鍊
矣更思之則似有過度故更以七十五兩參酌磨鍊
事　龍洞宮六兩二戔七分

戊午正月十二日內司甘結
右甘結爲知悉擧行事卽因
月廊分付內各宮房已受去　月廊出信漢符元
數中折半式各其宮房修擧案卽刻呈納于　內
班院以爲塡名刻給而未刻門牌折半則再次畫
數刻給矣以此卽刻擧行爲乎矣萬一遲緩甘罪不辭

中和三公兄處
無他本宮所管本府羊毛垈所在田畓旣屬本宮之
後不可不一番打量故別定京監下送爲去乎自
本邑擇定幹事吏校京監眼同逐庫打量四
標尺量字號卜數消詳懸錄量案修正上送以
爲憑考之意告本官擧行宜當向事

完文　崔致琪處　草
無他本宮所關接島及中和羊毛垈所在田畓收稅
監官差定爲去乎作人等處申飭勸農秋收上

納爲乎矣作人中如有不勤擧行之弊各別嚴飭毋
至一毫陳廢之地宜當者

黃州三公兄處

無他本宮所管本州綠沙浦口船人口文收稅等節
以本州居金敬哲差定都所監官使之收捧是如
乎浦底民習素是狡惡商船到泊則亂類輩締
結船人中間掩匿私自買賣口文條仍爲偸食諸般
徭役與上納無以排備似此作弊之類隨現捉致
各別嚴治禁斷外他浦民等口文收稅稱托拒
納之弊隨其監官所告摘發重治之意預先嚴飭
傳令以杜後弊事告本官擧行宜當向事

完文　金敬哲處　草

右完文爲本宮所管本州綠沙浦口旅閣主人之役
差定爲去乎口文收稅上納等節着實擧行爲有矣
亂類輩如有中間幻弄作弊者這這告官嚴飭禁
5 斷俾無疎忽紛紜之地宜當者　已上四張　小次知告課于/　堂上前圖署與牌子成出

6 順天三公兄處　掌務趙容九下往

無他宮屬本府所在有土免稅米捧上次宮監下送爲

5　【欄外】二月初八日 / 丁巳十一月十二月兩朔 / 會計爲之

6　【欄外】戊午二月初十 / 日　勅使入 / 京迎勅 / 擧動于弘 / 濟院 // 十一日問　安 / 爲之書題所 / 三人奴子一名 / 進參 // 十一日南別宮 / 擧動 // 十三日勅使 / 出城送 /　勅擧動 // 十四日問安 / 爲之書題所 / 三人進參

去乎自本官傳令嚴飭於當納民人等處依邑例
以代錢收捧趁早上納爲乎矣挽近以來輒事遷就
以致宮監滯留之境豈有如許道理乎今年段各別
申飭俾無如前漫漶之弊事告本官擧行宜當向事

南海三公兄處
無他宮屬本縣所在屯稅米捧上次宮監下送爲去
乎如有當納而拒納之類是去等依宮監所報這這
懲治督捧趁早裝載發船上送俾無遲滯之
7 弊事告本官惕念擧行宜當向事

玉果三公兄處
無他宮屬本縣立石一面所在有土免稅四十九結六
十七負八束丁巳條稅米收捧上納次宮監下送爲去
乎以稍實戶各別擇付勿爲遲滯趁早畢納之意
面任處傳令嚴飭俾無慢忽之弊事告本官惕念
擧行宜當向事

龍洞宮手本
右手本爲宮亦黃海道遂安郡所在火田收稅處卽久
遠折受之地也自本官定色吏執卜上納爲三百餘兩是
白加尼忽於昨冬御史別單中名以宮納則一并限折半

7 【欄外】堂上大監分 / 付內如此別 / 問　安時所任 / 三人入來不當 / 未進參所任 / 查實以來 / 除本緣故外 / 未參八人各 / 贖紙三卷

減給待民人還集後依元數上納亦是乎乃大抵火
田法意此陳彼生東汰西墾本無永陳廢棄之
境是遣近來年事稍康民戶湊集似無稱頃
之弊是矣至於本宮稅錢則本非導掌下往看檢
是遣自本官擔當上納是去乙該色輩無所顧忌
敢生不測之計夤緣作奸指有謂無誣瞞幻弄欲爲肥
己之計者不待覼縷明若觀火此若一任於奸吏之操縱
則民無沾漑之利莫重宮庄盡歸於該吏口吻中物
豈不萬萬寒心是乎旀且今又減半則宮稅必無乃已
是乎等以玆以據實手本爲去乎司以入　啓移報備
局行關本道知委該邑從今以後送宮監收稅
俾免宮稅白地減縮之地爲只爲行下向敎是事
咸豊八年正月　日　稼宮姜重錫

內需司
啓粘連龍洞宮手本是白有亦云云俾免宮稅白地減
縮之地爲良結呈手本爲白有昆依手本施行事移報
備局何如

咸豊八年正月　日	典需 別坐	副典需 別提	典會 典穀	典貨 典貨

內需司粘連報狀題辭　旣已關問便否次發關向事

　　戊午二月十五日　內司甘結
右甘結爲知悉擧行事正月良中因內班院分付各宮房

信漢符定式數爻後盡數輸越于兵曹自各其宮
房直推去于兵曹結束色事知委捧甘矣何尙不
爲推去是隱喩本司則只爲收合輸越是遣及其
受去與否非本司所知故玆以捧甘爲去乎修正之役
想已了畢矣卽爲受去于結束色事

戊午三月　日

忠淸道牙山縣監所報內各宮房免稅米自戶曹
劃倉斛捧以送原有定制而近年以來宮隷輩不
有法意自外勒捧任自受去而所謂添米也酒債
也每日濫索如不順從則歐打勒捧使殘胥輩被歐
顚倒幾不能保其性命又有不食生逋敗亡相續控
訴無處此誠外邑難支之痼瘼也倘自本曹軫
念此弊依定制入倉斛捧出給於宮隷則斛旣準
矣更無添米補縮之可論酒債名色亦令依古例施行
禁其濫索則實爲莫大之惠澤而宮納無欠縮之慮
殘胥有支保之道乙仍于曹敎是參商處分云
戶曹題辭苟如是則外邑殘胥輩其何以支保乎
宮隷濫捧事許多名色已自本曹捧甘內司使之各別
嚴禁矣如有一向侵漁者更爲來訴向事

戊午三月二十日　內司粘甘

右甘結爲知悉擧行事今據邑報戶甘玆以後錄發
甘爲去乎萬一違越甘罪不辭

戊午三月十五日忠淸監營營吏處　自　堂上大監宅正書/下來故　內入踏圖署以出

無他本宮庄土在於本道舒川郡開也召島而畓處
海濱連値水災之孔酷庄土漸次浦落餘存無以成
樣莫重上納非但轉拙以導掌輩言之減稅增納古今
不同則念及公私誠甚慨然㐌除良聞際玆浦落
之處來往漁船都會此地互相買賣已多年所云
雖是海畓之例套此則乃是宮畓之基址也捧漁
稅補不足其在奉公上納之道事理當然乙仍于具
由　啓稟判下後別定宮監玆以圖署下送收稅等
節一依宮監所告以爲精實磨鍊以給之意告課于
汝矣營門後嚴飭該邑期有實效之地是矣船漢
輩付之無例如或頑拒不納是去等自本官各別懲勵
8 更不得泊船於此處事永爲定式施行爲旀擧行
形止爲先報來以爲憑處之地宜當向事

戊午三月二十日　黃海監營營吏處　所志據成給

無他卽見本宮所管信川郡加串坊石塘所在田畓導
掌所告則以爲宮庄上流處卽文化葛垌京居方哥
之私庄也方哥敢生不測之計再昨年新築一垌於上
9 流處遮斷水路獨專其利莫重宮庄至於乾廢之境
故往呈本郡發將差撤毁新築垌堰之際所謂葛山

---

8 【欄外】三月初一日齋洞/趙判書秉夔/卒逝當日/本殿問　安/內下賻儀/錢一千兩/米二十石/木一同/布一同代錢七十/五兩

9 【欄外】初四日成服/　本殿問　安/後仍往齋家/弔哭//三日元味具/單子送

垌監官申邊汝爲名漢亂打赴役民丁使不得撤毀
10 又於元築垌之上更築一垌云世豈有如許無嚴之漢
乎雖曰私庄洑上開洑法典所禁是去等況莫重宮庄
恣意作梗乎此等頑習有不可尋常處之乙仍于
玆以圖署分付爲去乎到即行關該邑所謂新築垌
星火撤毀後作梗之申邊汝漢捉致營庭照律
刑配之意并只告營門惕念擧行宜當向事
龍仁舍音李六孫除下代崔尙鎭差定

千義賢處

無他宮屬長興來德等七島及陸畓庤乙汝矣身
11 處納價壹萬兩作導掌許給爲去乎收稅上納等
節着實擧行爲乎矣上納錢則每年十二月三千六百
兩翌年五月三千兩雜費錢一百兩合錢六千七百兩式
備納爲旀同導掌段傳子孫任意區處宜當向事

戊午四月　日河成一處

無他本宮所管全羅道靈岩露兒島內需司田畓
導掌給價移買仍作下往導掌名色以汝矣身差定
爲去乎每年導掌役價一千兩式限歲前準納爲旀
同導掌段傳子孫任意區處宜當向事

---

10 【欄外】五月初二日發引時 / 中路役只朝雲里 / 官上下 // 烻燔苧大燈二雙 / 紙大燈三雙紗 / 籠十雙具軍 / 燭施來龍脂 / 三十柄自公費 / 付送 // 發引日及初九日 / 下棺時問　安 / 爲之 // 十二日返虞

11 【欄外】四月初九日議 / 號問　安

姜世貞處

無他本宮新買是在黃海道安岳大元坊新起畓遠城坊蘆場鳳山文井坊等田賭地及安岳桃串坪新起畓等處移買時汝矣身居間效勞旣多故仍爲作導掌許給爲去乎稅錢段加串坪四百兩其餘各處九百兩合錢一千三百兩式每年限歲前上納爲旀同導掌之役段傳子孫任意區處宜當向事

四月二十二日　奉元寺　祭閣位牌移奉七星閣　掌務李眞白

12 金德鎭處

無他宮屬長湍月峰山柴場都山直梁哲乭自退代汝矣身差定爲去乎禁火禁伐守護等事着實擧行爲旀汝矣身役及煙戶雜役段置以此圖署告本宮依事目憑考頉下宜當向事

戊午五月初六日　鳳山導掌玄祜所志　題音內

昨年混入換浦條壹百兩姑減是遣今年條段待秋成區別向事

戊午六月　日劉熙鼎白活內矣身　本宮錢二萬兩

13 以殖利次年前貸用而松都居尹萬大處以包蔘價錢二

12 【欄外】四月二十三日 / 磚洞 /　趙判書秉駿 / 卒逝當日 /　本殿問　安 / 內下致賻 / 錢五百兩 / 米十石 / 木一同 / 布一同代錢七十 / 五兩 // 二十六日成服 / 問　安仍往齋 / 家弔慰 // 六月十九日發引 / 延燔公費上下 // 二十二日　下棺 // 二十三日返虞

13 【欄外】五月十五日 / 追上　尊號問 / 安十六日陳 / 賀問　安 // 五月十一日 /　宗廟展謁學 / 動經宿

萬兩債給矣昨年十二月分同萬大撤家逃躱尙未現形

捧納無路莫重　宮貨將至白失之境萬大五寸叔

尹殷一捉上徵捧以完宮債之地千萬　自齋洞宅出給者本宮 / 則初不知

開城府營吏處

無他宮貨收刷事有査問之端本府居民尹殷一眼

同宮差星火上送爲乎矣若有頑拒之弊是去等定

將差押上俾無疎忽之地宜當向事

金元哲處

無他宮屬黃州金光里導掌汝矣身差定爲去乎收稅

等節着實擧行爲旀上納錢七百兩內二百兩姑減以五百

兩定給爲去乎每年十一月內無遺備納俾無違越抵

罪之弊宜當向事

戊午六月二十日次對入侍時領議政金左根所啓年

14 前因海西道臣狀聞凡係宮庄頉戶幷令受還而旋

有五宮則依前許頉之　處分今固不敢更煩陳達而

追聞該道民情則有萬萬切急者蓋所謂頉戶皆饒

戶也百計鑽刺竄名於宮庄則餘存皆貧殘獨戶

而假令萬石穀昔之通同分給者今其萃派於頉戶以

外之民一戶所受非二三十石則爲五六十石於是乎流散相

14 【欄外】內司毓祥宮 / 宣禧宮壽進 / 宮明禮宮爲 / 五宮見謄 / 錄地宗卷 / 丙辰正月海 / 伯所奏

屬民戶日縮而宮庄頉戶之民則越視秦瘠而坐只辦
每歲幾緡錢爲導掌輩依飯碗囊之資夫毋論邑
15 之大小土地所出皆民力所成也臣不知民散邑空則
宮庄頉戶獨能畋其田宅其宅安樂無事而以朝家一視
之政言之偏護宮庄之民而莫恤民邑之重豈事理也
況宮庄雖至荒廢帳簿惟正之供自足以恩贍惠分
而今使一邑之民盡歸於投托之所而孑遺之氓朝夕流亡
後已則其於宮庄亦何益之有也宮庄設始其來已久今
雖不可遽論革罷而若因宮庄之故坐廢邦賦民食
之本則是本末倒懸而家國之必無幸也從今以後凡
係宮庄頉戶一倂按戶排還毋敢一毫濶狹而如或因
仍循襲則該守令直施竄配之典不飭之道臣從重
論勘因此而又有仰達者內司之手本啓下是何等愼重
之事而無嚴之習看作尋常近來關東數邑事卽其
最著者也當該次知中官事當嚴勘而旣往勿論各別
小心毋或怙犯抵罪之意分付何如　上曰與其貽害於
民寧廢宮庄況其宮庄未必廢之乎自今諸凡還戶
一切平均分排之意知委道臣中官事依所奏分付可也

戊午七月二十三日坡州三公兄處

無他本牧所在當宮免稅三結泰田里奴九加金戶劃
給是遣上納段直納當宮矣以此擧行俾無紛

15 【欄外】五月二十四日 / 　堂上朔寧 / 行次 / 三次饌盒 / 上送 // 七月十七日還 / 宅東小門 / 外新店延 / 侯役只 // 十八日 / 　大院君宮 / 擧動 // 二十一日 / 四月五月會計 / 爲之 // 二十四日廳會

紜之弊宜當向事　自　石知事宅書來踏照以納

戊午七月二十五日全羅監營營吏處

無他本宮所管道內順天府依山六面所在火田本是
百餘結而從民願以八十結永爲的定毋論豊歉許多
年無弊準數上納矣挽近以來人心不古奸計層生甲
寅年稱以全數汰落上納無端減縮故自本宮定監
官一一査出依前上納而該吏輩含憾於奸計之不售
誣罔於慰諭使本宮昨年火粟五十五結謂之以年汰歲覆
至今年巨浸以更無形止云其在恤民之政從實執
卜事理當然是矣甲寅年無形止處乙卯以後準
數收捧則指有謂無中間幻弄之計推此可知毤除良且
以糧餉屯言之繡　啓中同入於年汰歲覆之中而
自該廳題飭無一分減縮依舊準納則宮納所重尤
爲自別是去乙仍爲自歸於奸吏輩口吻中物昨年條僅
以二十五結塞責者究厥所爲萬萬痛駭況火田法意此陳
彼生東汰西墾與野地田畓成川浦落者有異則山中火
田豈可飛去而仍無形止乎此不可不一番摘奸然後眞僞
可辨乙仍于別定監官李孟文玆以下送爲去乎該邑都
書員眼同詳細踏驗這這尺量後修成冊上送以爲入
啓之地爲旀昨年未納火粟五十五結及今年條幷以準
數上納莫重宮納毋至白失之意告營門措辭行
關該邑俾無漫漶抵罪之地宜當向事

金秀哲處

無他宮屬田庄在於延安府石串面訓屯等地近處
而此地自來土廣人稀漸至廢庄矣近年以來汝矣
16 身出財力勸耕掘浦築垌幾至數百石落垌畓則效
勞甚多不可無酬勞之典故以汝矣身仍作導掌許
給爲去乎上納等節着實擧行是遣同導掌段
傳子孫任意區處宜當向事
通津柴場山直張才男有頉代千義昌差定

戊午八月　日安岳三公兄處

無他宮屬本郡大元坊桃串坊遠城坊等處所在田畓收
稧次宮監下送爲去乎傳令嚴飭於鄉監頭民等處如有
拒納之漢是去等這這懲治督捧爲旀前舍音金星辰
莫重宮庄無難沮戱以至陳廢之境究厥所爲萬萬駭
然卽爲捉來嚴治以杜後弊之地幷只告本官惕念擧
17 行宜當向事

載寧三公兄處

無他宮屬本郡所在上栗坊田畓收稧次宮監下送
18 爲去乎自本官傳令嚴飭於鄉監頭民等處如有當

---

16 【欄外】八月初四日 / 小祥後 / 所任以下奴子 / 闕內則白笠 / 白衣布帶 / 闕外則吉服 // 初三日雨 / 夕會本宮 / 望哭 // 初四日問 / 安不爲本宮 / 則既已不知而 / 入闕故 / 本殿問　安仍 / 爲之 // 初五日翼日 / 問　安爲之

17 【欄外】八月初四日 /　堂上分付內 / 所任仕進及 / 宮官等一 / 幷白笠白 / 衣進宮事

18 【欄外】置一白笠於宮 / 套署廳直來時 / 則或着而中止

納而拒納之類是去等一一懲治督捧俾無宮監滯留之弊事告本官惕念擧行宜當向事

鳳山三公兄處　以上三張導掌姜世貞起草以來

無他本宮田庄在於本邑文井土城楚邱三坊等地宮庄結役一定以後本無加減之法而近年以來元結役外加結分定勒捧已極法外之事𢘿除良所謂災監輩又稱加起執卜無難侵漁云聞甚駭然故成圖署定宮監下送爲去乎此意告本官嚴飭該監更無加起侵漁之弊是遣加結收捧是何委折是喩詳細報來以爲憑處之地宜當向事

康津三公兄處

無他宮屬本縣所在田畓收穧次京監下送爲去乎作人中應納穀物或有拒納作梗之類是去等依京監所報這這告本官懲治捧給俾無遲滯之弊宜當向事

長興三公兄處

無他宮屬本府所在各島及陸畓收稅次宮監下往爲去乎作民中或有頑拒作梗之類是去等依宮監所報這這懲治督捧俾無遲滯之弊事告本官惕念擧行宜當向事

載寧三公兄處

無他宮屬本郡所在　福溫公主房移來海倉等五處
田畓收稅次宮監下送爲去乎作民輩或有拒納作梗
之類是去等依京監所報這這懲治督捧俾無遲
滯之弊事告官惕念舉行宜當向事

金海三公兄處　掌務白鳳爀下去
無他宮屬本府所在南伐員附近處鳴旨面新島與北
島自來泥生成陸之地而丁未四月分本島居民裵絅旻
所告內此是渠父生時成出立案而試之鹽田則土性鹽
品大勝於他島且本宮蘆場在近取蘆煮鹽兩
得便當自本宮改立案成完局之地亦爲有臥乎所依
所告自本宮　啓稟折受後報備局行關本道本邑
定監色詳細打量　御覽量案及圖形修正上來永
作本宮庄土者已爲十餘年之久而至于今上納錢無一分上來
稅錢則依例收捧盡歸於中間乾沒豈有如虛無據之
事乎究厥所爲萬萬痛惡此不可不一番查出釐正乙仍
于玆以宮監下送爲去乎到即別定解事吏校依量案
踏驗後捉致南伐員監官丁南斗及新島作人裵絅旻
與大小頭民等十餘年所收稅錢每年幾許兩及下落
歸屬詳細究問捧侤音這這文報爲乎矣若有一毫
19 爽實之弊則斷當　啓稟後幻弄諸漢與汝矣
等一體捉上移法司照律刑配矣幷只告本官惕

19 【欄外】載寧 / 金海

念擧行俾無抵罪之地宜當向事

信川三公兄處

無他宮屬本郡加串坊所在田畓應良中收稅上納次京監下送爲去乎作民中如有頑拒作梗之類是去等依京監所報這這懲治督捧俾無遲滯之弊事告本官惕念擧行宜當向事

安岳三公兄處

無他宮屬本郡所在安谷禿山兩坊堰畓及蘆稅收捧次京監下送爲去乎作民中如有頑拒作梗之類是去等依京監所報這這懲治督捧俾無遲滯之弊事告本官惕念擧行宜當向事

黃州三公兄處

無他宮屬本牧中興洞所在田畓收稅次宮監下送爲去乎作民中如有頑拒作弊之類是去等依宮監所報這這懲治督捧俾無遲滯之弊事告本官惕念擧行宜當向事

瑞興三公兄處

無他宮屬本府所在　宣禧宮於義宮納加火田稅粟陸百陸十陸石零依定式十月內代錢出給於下去宮監處俾無遲滯之弊事告本官惕念擧行宜當向事

載寧三公兄處

無他宮屬本郡所在蛇所浦田畓收稅次宮監下送爲去乎作民中如有頑拒作梗之類是去等依宮監所報這這懲治督捧俾無遲滯之弊事告本官惕念擧行宜當向事

全羅監營營吏處

無他宮屬長興所在來德等六島及陸畓收稅次宮監下送爲去乎此土自來丙午年從民願定稅之後豈不加歉不減許多年無弊收捧之地而島民之狼猂自來成習少康稱歉一事頑拒是如乎若有作梗之類是去等依宮監所報這這懲治督捧俾無宮監滯留之弊宜當向事

平壤三公兄處

無他本宮所管接島所在田畓秋收次宮監今纔下去而屯民中或有當納而拒納者各別申飭毋至忼愒之地爲旀島民中如或有沮戱宮庄之弊一依宮監所報一體嚴飭禁斷俾無雜亂之弊事告本官惕念擧行宜當向事

京畿監營營吏處

無他宮屬道內陰竹縣所在屯畓多年無弊收稅矣忽於昨年奸民輩應納結卜稱以白地徵稅誣訴繡

衣百般頑拒果是陳廢則不待民訴而頉給是矣耕
食則自如而結稅則稱頉豈有如許無據之民習乎
若不痛革此弊則莫重宮稅必無乃已乙仍于玆以圖
署申飭爲去乎到卽行關該邑耕食而逃稅之類一依
宮監所報這這嚴治督捧俾免宮稅白失之地告營門
擧行俾無不謹抵罪之弊宜當向事

中和三公兄處
無他宮屬田畓在於本縣境內而收稅之際作民中
如有頑拒作梗之類是去等依導掌所告這這懲
治督捧俾無漫漶之弊事告本官惕念擧行宜
當向事

扶安三公兄處
無他宮屬本縣三間坪格浦等處所在堰畓收
稅次宮監下送爲去乎作民中如有頑拒作梗之
類是去等依宮監所報這這懲治督捧俾無宮監
滯留之弊事告本官惕念擧行宜當向事

古阜三公兄處
無他宮屬本郡所在屯畓鹿良中收稅上納次宮監下
送爲去乎作民中如有頑拒作梗之類是去等依宮
監所報這這懲治督捧俾無宮監滯留之弊事告本
官惕念擧行宜當向事

洪州三公兄處

無他宮屬本牧所在田畓庤良中收稅上納次京監

下送爲去乎作民中如有頑拒作梗之類是去等依京

監所報這這懲治督捧俾無京監滯留之弊事告

本官惕念擧行宜當向事

中和三公兄處 拔去次

無他宮屬田畓在於本縣境內而收稅之際作民中

如有頑拒作梗之類是去等依導掌所告這這懲治

督捧俾無漫漶之弊事告本官惕念擧行宜當向事

戊午九月 日

內需司爲相考事節呈龍洞宮手本內己未條朔 膳物

膳蔘苫臘肉臘猪等價米木錢依例磨鍊爲乎矣

木七同十六疋七尺以錢邊中加磨鍊元木幷二十同磨鍊是

遣米四十五石代太九十石一體磨鍊趁卽上下輸送之

意司以移報宣惠廳爲良結手本是置有亦手本內辭

緣相考施行爲只爲合行牒呈伏請

照驗施行須至牒呈者

右 牒 呈

宣 惠 廳

咸豊八年九月 日 典需 副典需 典會 典貨
相考 別坐 別提 典穀 典貨

戊午九月初十日

掌務韓慶得代其子俊錫差下事有

敎　聽令朱長番

戊午十月十七日未時

王子誕生

20 戊午九月二十七日內司甘結

右甘結爲知悉擧行事日前各宮房所任家生産成

冊中兒母喪身外依後錄各其時服明日平明時各書擧

行如成冊措語指是遣待令于通化門外爲乎矣萬一

違繣甘罪不辭　後　景祐宮　龍洞宮　明禮宮　於義宮/順和宮

金海新島上納二百兩屬之公費　因　內敎

金海三公兄處

無他本宮所管本府南伐員蘆田監官丁南斗新

島監官裵絅旻金敬鐸三人等處有查問事右項

三人到卽不日內申飭起送爲有矣丁南斗段今春上

納錢一千八百兩尙今不納拖至冬節者萬萬痛惡同上

納錢自官督捧成陳省罔夜上送俾無如前遲滯之

地爲有矣如或推托則丁南斗身乙定將差押上之

意幷以告本官擧行宜當向事

完文

右完文爲成給事金海府四岩之南有一新島卽積

20 【欄外】范氏生女

沙成陸之地量外空閒之處也府民裵絅旻出立案
開拓入居以作基業矣粤在丁未年分願屬本宮
永作宮庄依賴納稅以爲安土資生之計故依所訴別定
宮差下送摘奸島形後
御覽量案修正上來入　啓判下本宮免稅折受敎
是如乎旣係宮庄則所重自別不但稅納之爲重本
島創設之初居民稀少闢土起墾煮鹽捉魚等事
未及成樣則勢將募民奠接然後庶可以完局
募民之策惟在於薄稅蠲役最先務者也募入之
民皆是流散之類如不自官別般曲護則將何所恃
而賴活乎島中居民之生涯不過漁鹽兩條而已則
其所生利極爲疎燥難以支保乙仍于島民之大小徭
役蘇醒間姑爲勿侵貿柴貿穀等節勿爲防禁
營鎭屬輩稱以犯松攔入島中空然執頉恐喝誅
求之弊難保其必無各別禁斷爲有矣若復如前
侵漁則報營重繩是遣宮納載運船四隻造給
勿侵帖文成給載運往來之際所經各邑鎭堡收稅
與執船等事考帖勿侵本島基址內漁網船無難
往來捉魚之際蘆根自致損傷日後則各別防禁
島民中如或有酗酒作拏雜技犯禁者大則告官
嚴治逐送境內小則自島中治罪戒飭毋或犯科
之地爲有矣右項諸條一一告官成節目一件宮上一件
出給監官使之憑據擧行爲旀如是完文定式之後監
官輩憑藉宮納各樣稅錢科外濫捧是如可有所入

聞則斷當別般嚴處矣幷須除尋常惕念擧行
宜當者

帖文　新島居民裵絅旻

無他本宮所管金海府新島監官以汝矣身差定
爲去乎募民煮鹽捉魚收稅上納等節着實
擧行俾無疎忽抵罪之地宜當者

帖文

右帖文爲本宮所屬金海新島上納魚鹽載運船
一隻自宮造給於汝矣身處爲去乎所經各邑鎭
堡良中若或有收稅執船等弊是去等以此帖文
憑考頃下無至上納遲滯生梗之弊宜當者
年月日　各邑各鎭堡準此

戊午十二月　日
通津柴場山直裵學容代朴先吉
裵永寬代金福吉　差帖圖署

1859년(기미)

己未正月二十七日　元子宮百日餠所入
炒豆甑餠斗塔餠所入　粘米六斗　黑豆六斗　淸蜜一斗二升

來後則加倍次　生栗一斗　大棗一斗　作末雇價柴炭價二兩五戔

蜜雪只所入　白米七斗　粘米一斗　淸蜜八升　眞油二升

生栗二斗　大棗二斗　實柏子二升　敦厚紙一卷

作末雇價柴價二兩

辛甘菜餠　白米六斗五升　粘米一斗　辛甘菜末八升　淸蜜八升　眞油二升

生栗二升　大棗二斗　實柏子二升　敦厚紙一卷　雇價二兩

白雪只　白米六斗　粘米一斗五升　石耳三斗　實柏子二升　白紙二卷

作末雇價柴價二兩

去皮豆甑餠　白米一石二斗　粘米五斗七升　黑豆十一斗三升　大棗一斗六升

生栗一斗六升　作末雇價柴價六兩

菉豆甑餠　粘米一石　菉豆七斗　石耳二斗　大棗一斗　生栗一斗

作末雇價柴價三兩五戔

大棗造岳　粘米二斗五升　大棗五升　黑豆一斗　實柏子一升

眞油一斗二升　淸蜜四升　桂皮生薑作末雇價炭價二兩

辛甘菜造岳　粘米二斗五升　黑豆一斗　辛甘菜末二升　淸蜜四升

眞油一斗二升　實柏子一升　桂皮生薑作末雇價炭價二兩

梔子造岳　粘米二斗五升　黑豆一斗　梔子五十箇　眞油一斗二升

淸蜜四升　實柏子一升　桂皮生薑作末雇價炭價二兩

五色沙蒸　粘米三斗　眞油一斗二升　淸蜜三升

芝草梔子葛梅松杞桂皮作末雇價三兩

餠機架子新造裹以三色木以紙金書萬壽無疆四行付於

色紙垂之四隅　雜費下記見上下冊

己未正月　日　順天三公兄處

無他宮屬本府所在有土免稅米捧上次宮監下送爲去乎自本官傳令嚴飭於當納民人等處依邑例以代錢收捧趁早上納爲乎矣挽近以來輒事遷就以致宮監滯留之境豈有如許道理乎今年段各別申飭俾無如前漫漶之弊事告本官擧行宜當向事

南海三公兄處

無他宮屬本縣所在屯稅米捧上次宮監下送爲去乎如有當納而拒納之類是去等依宮監所報這這懲治督捧趁早裝載發船上送俾無遲滯之弊事告本官惕念擧行宜當向事

玉果三公兄處

無他宮屬本縣立石一面所在有土免稅四十九結六十七負八束戊午條稅米收捧上納次宮監下送爲去乎以稍實戶各別擇付勿爲遲滯趁早畢納之意面任處傳令嚴飭俾無慢忽之弊事告本官惕念擧行宜當向事

龍洞宮手本

右手本爲本宮田畓在於黃海道安岳郡而此乃癸丑年分給準價買得於京居金元哲處于今六七年無弊作農矣忽於昨冬金元哲弟元晢爲

名漢敢生不測之計宮場儲水坪稱以渠之物件
符同載寧民金尙集暗地割垌放流儲水潮水來
往許多宮庄盡爲廢棄之境垌堰員留渠矣所
管捧準價移賣於宮家已至六七年之久何無一言半辭
是如可今於其兄元哲身死之後如是沮戲乎究厥
所爲極爲痛惡如許無嚴不法之類不可尋常處之
乙仍于玆以手本爲去乎司以入　啓移報備局嚴關申
飭於該道監營同金元皙及金相集兩漢捉致監
營爲先嚴刑懲勵後毁破垌堰使渠輩卽速如前
還築俾宮庄毋至廢棄之地爲只爲
行下向敎是事
咸豊九年二月　日　稤宮姜重錫着啣

己未二月　日　會寧鎭兵吏處
無他宮屬長興府所在扇子等各島民人處還上
雜役勿侵事則
聖朝判下受　敎截嚴百餘年無弊遵行矣
今聞鎭屬輩不知法意扇子島民人處創出無
前之例謂以結還無端侵責云雖本府一依受
敎節目擧行是去乙今爲鎭屬之所侵虐島民將
未免渙散之境者言念事體萬萬駭然所當別
般變通是矣姑觀來頭次玆以圖署分付爲去乎
扇子島民人處更勿以還上侵漁爲乎矣如是申
飭之後有所如前作梗之弊則斷當行關巡營汝

矣等上使刑配矣幷只告本鎭惕念擧行宜當向事

21 黃海監營査報云云上項金元晳金尙集兩漢
査問次捉待之意發關於載寧縣矣卽接該縣
監李端和牒報內金元晳段本以畿內之人已爲
上京只以金尙集㐲捉上是如故以原關內辭緣逐
條嚴覈是乎則所告內矣身以愚騃所致劃垌
放水實未知爲害於宮庄而欲爲起墾作畓是
乎乃此都是金元晳之經營設始初非矣身之
主張是如是乎所金元晳旣已上京捉致無路
故金尙集段自本營別般勘治計料而毁破垌
堰使之不日還築如前儲水之意另飭該縣云云

己未二月初四日內司甘結

右甘結爲知悉擧行事今十三日
仁陵幸行敎是時侍衛燭籠差備假別監盤纏
依昨秋例以一百兩更爲磨鍊後錄發甘爲去乎到卽
輸入于別監房事 八兩三戔七分

己未二月初六日 戶曹甘結

右甘結因全伯報狀內各宮房輪回免稅結限滿邑移
送十邑後錄依此釐正事

21 【欄外】黃海監營 / 査報

戊午冬輪回結移送件記

咸平龍洞宮田四十結畓三十結移送順天

長興龍洞宮畓五十結　移送海南

己未二月十三日內司甘結

右甘結爲粘連　筵奏辭意奉審施行爲乎矣

萬一遲緩甘罪不辭

今初十日大臣備局堂上引見入侍時領議政鄭　所啓

輕徭薄稅聖王之政也雖當正稅猶且欲輕而欲

薄況當法以外乎近來許多稅名日滋月盛舟楫

通行之處谷谷收稅場市都會之地處處捧稅或自

稱宮差或自稱京監甚至鄉居豪戶亦有侵索之

弊如此而齊民有何利而遠　賈乎此不一切嚴禁

則民無以聊生如非備局知委而持內司及各宮文蹟

者該道臣狀聞事旣有受　敎定式京外近年

新出之稅勿論浦口與場市一并革罷且聞築

堰作洑等事憑藉假托侵虐多端殘民之失業

廢農者往往有之云宮房京司何以知某壤之可

堰某田之可洑而然哉此皆京外牟利輩之好言

欺瞞輒曰民願所在宮差京監一從陳告人之誘說

而旣始之後或難中撤且宮司之所不知而冒稱差

監者前後相續蓋土地闢矣人民衆矣地無遺

利人無遺力今豈有閒田曠土之無害於民而有

益於公之地乎陳告人之懲罪載在通編此後

則不有備局公文而冒稱差監者及陳告人自營
邑報本司如律勘繩之意嚴飭於各道四色何如
上曰前後此飭非止一再而侵索之弊猶復如前苟有
一分紀綱豈有是也自廟堂區別嚴加申飭若有
現發者依律勘繩可也

己未三月初二日內司甘結

右甘結爲知悉擧行事戶甘內本曹米邊自經昨
年臭載之後稅入大縮見今各倉時在擧皆枵然
他無移劃處本營今朔放料勢將待新捧上下
次退定於來朔爲去乎以此知悉擧行事

己未三月初八日內司甘結

右甘結爲惕念擧行事各宮房結數之當初折受
也錢米條與有無土望定邑號皆載於本司版籍
無論稅米結錢皆自本司句檢而同免稅米結錢皆
自戶曹捧給之際有許多弊端未點檢於各
宮奴私自外受之習情縮濫雜之弊去益甚焉懲
戢無奈是如昨年自戶曹變通釐正成節目付屬
本司使之禁戢宮奴之弊事草記蒙　允又自本
司　啓稟判下永爲付屬是在果　享需之所重
自別不可不到底糾正先治其本故革除前日擧
行私主人自本司差出宮納主人眼同司差使之恪
勤擧行而大抵宮納時添縮米與酒債錢及倉屬

例給皆有定數自該邑雜費米添捧中考例
22 計給者而各邑雜費米元有前例無得加捧而各
宮所謂情縮則有加無減何以而有限之雜費當其無
節之情縮哉戶曹節目中捧雜費計給元情外
餘付本司使之禁飭者亶出於釐正甚鬧似誤之意而少
少無其效宮奴之橫恣愈往愈甚言念及此寧不
23 寒心以昨年宮納言之雜費之弊甚於前日加數勒
奪於色吏之弊不由本司幷費直捧於船人之習
狼藉入聞是矣係是初創置之勿問是在果苟如是
則烏在其本司　判下與戶曹節目之本意哉究
其源委都出於無忌憚之習而　朝飭之下幺麽
宮奴焉敢乃已所當一一摘發如法從事是矣安徐
于今者姑觀來頭酌處矣今當稅米解泊之時
亂雜之弊若復如前則外邑之恥笑江底之搔搖
當復如何哉此不可不立法行規懲一勵百而後
已故玆以令飭之意如是甘飭爲去乎若或不悛前
習又有濫索之弊則該宮奴當施刑配之典該宮
所任　啓稟嚴處矣除尋常各別申飭無
至慢令抵罪之地爲有矣萬一遲滯甘罪不辭

己未三月二十八日　稤宮姜重錫掌務陞差事有

22 【欄外】三月卄一日 / 大院君房 / 擧動 // 卄七日 / 畓洞　墓所 / 擧動
23 【欄外】正月二月會 / 計修正以入 / 矣 / 內敎內上下冊 / 中每腰機修 / 補飛陋桶修 / 改朴添價等 / 拔去事爲 / 敎改修正以入

敎

己未四月　日　信川加串坊監官金尙一等白活據

題音內引水灌漑自有定界不相關涉是去乙胡爲

乎內需司垌監官退築於三十餘步之外斷其上流瞞

告內司至於行關塡塞水渠乎南北懸殊先後自

別是去乙如是葛藤者萬萬無嚴所謂內需司監官

爲先捉囚後姓名馳報向事

信川三公兄處　黃海監營營吏處改書以給

無他宮屬本郡道內信川郡加串坊所在田畓監官所告內以爲本宮

垌畓在於文化葛山垌民畓之下而引水灌漑全靠於

九月山南邊一派之水矣丙辰漲水葛山民垌潰決則因舊

址還築事理當然是去乙退築於三十餘步之外橫斷

宮庄上流勺水不下將至廢農之境故卽其時往呈營

邑圖形摘奸後依舊渠更爲掘渠均同灌漑之意

至成完文施行矣不料今者葛山民等利其全用一山

之水符同內需司垌監官瞞告內司行關巡營謂以相關

於內司庄土是如自本官文化縣今將嚴督鄕監塡塞水渠斷

其下流使不得耕作是如云豈有如許萬萬不當之事

乎況七宮庄土及民私畓數千石落土若無灌漑之路

則未免乾涸廢棄之境是遣且看圖形則內司庄

土水源出於山之北邊則與南邊之水派初不相關叱

除良雖曰私庄壅塞上流法所當禁是去等況莫

重宮庄恣意作梗乎此等頑習有不可尋常處之

乙仍于玆以圖署分付爲去乎到卽措辭行關於文化縣作梗諸漢查出嚴

治後傳令申飭葛山垌堰三十餘步退築者因舊

基更簿使宮庄所注水梁依前任下之意告本

24 官營門擧行後形止文報宜當向事

己未四月十八日舒川導掌李儆白活

舒川開也召島辛亥海溢自成浦場收稅減縮上納如

常無以成樣數年前遠近漁船來泊昨年始爲受

圖署下往矣海上收稅人持營關作戲反爲見退而還

矣今又伏聞今春間厥漢兼且受　圖署作行云已稅

之船屬之渠矣然其外貿來之商船以導掌收稅之

意措辭　圖署以爲補縮無欠上納之地云云

題音內昨春持公事下往是如可見逐而來則今何

成說乎退待向事

25 己未四月二十三日似是卯辰間時元子卒逝辰時頒布齊進問　安

同日內司甘結

右甘結爲知悉擧行事今此　元子宮靈轝陪

進本司敎是時侍陪次各宮書題所與奴子每宮折半

式今夜二更頭來待于丹鳳門外爲乎矣萬一違繣

---

24 【欄外】別置捧上 / 忠州稅米 / 米色麤劣 / 捉致色吏 / 更爲精鑿 / 捧上

25 【欄外】王子卒逝 / 壺殿所生

甘罪不辭　所任六人　奴子十五名

煖爉紗籠十雙

二十四日朝問　安　巳時發引　侍陪延爉矣

己未四月二十八日　忠淸監營營吏處　本郡一張

無他道內舒川郡開也召島自來本宮所屬收稅

之地而向以魚氷鹽諸般來泊之船收稅事具由

啓稟後定宮監持圖署下送矣卽聞海美居名

不知朴哥稱以買得注泊船收稅是如是遣百般沮

戲期欲橫奪云宮庄所重何等自別而稱以賣買無

難收稅究厥所爲萬萬痛駭此不可以仍置故更爲

啓稟後玆以圖署下送爲去乎到卽告于汝矣營門捉

致朴漢依律嚴繩是遣開也召島收稅段嚴關諸邑

使之出送吏校眼同宮監依例收稅上納是矣擧行形

止爲先馳報宜當向事　自　堂上　宅起草以來二張正書受　圖署以納

己未五月　日

金海新島收稅監官裵絅旻書目題辭上送稅錢文

貳百兩依陳省捧上是在果行用條壹坐造送依

此着實擧行俾無疎忽亂雜之地宜當向事

26　金海三公兄處　草牌子　鐵條以銅造成印文龍洞宮監云自監

26 【欄外】己巳自巡營 / 捉囚裵絅旻 / 之子於鎭營 / 銅條上送于 / 雲峴轉送 / 堂上前銅條 / 撞破後牌 / 子分付於裵 / 絅旻處

官處上來故牌子於公兄處而銅條還下送

無他本宮所管本府所在新島監官所告內凡於
鹽稅等節捧上之際去來文簿不無防奸之端是
如云故鐵條壹坐自宮造成下送爲去乎卽爲出給
於該監官褒絅旻處使之依此施行俾無疎忽
雜亂之地告本官擧行宜當向事　監官之名始此

己未五月　日李箕賢處

無他宮屬柴場在於通津境內而近年以來居民離
散山直多有闕額上納柴木每致晩時之境故以汝矣
身監官差定爲去乎募民等節着實擧行闕
額山直如數充定爲乎矣禁火禁伐別加守護俾
無不謹抵罪之地爲旀汝矣身役及煙戶雜役
段置告本官依事目憑考頉免宜當向事

通津府三公兄處　李箕賢書納于　大監宅踏條以去 / 草本則送于宮

無他本宮柴場旣在於本府浦內里而該里字內竹津
卽柴場四山之內而初無禁養柴草故所謂樵童之
輩無難伐柴則使莫重宮家柴場如是等閑抛
置者其在審愼之道事係疎忽故竹津字內間
自昨年別定禁養山直民人次次募民成村然後
使宮場可成宮計是如乎然則募民奠接之方惟
在於本府各樣煙役還上軍布等專意勿侵之一端
也玆以別議牌飭爲去乎自今年爲始竹津所居民處所

謂煙役還上軍布等節一依定例成給完文永永勿侵

之意措辭嚴飭於該面面任等處爲旀知委形止

擧行形止爲先馳告以爲憑處之地是矣如是之後

爲面任輩如有違令之弊則當有別般處置之

道幷只相考擧行宜當向事

通津府完文 李箕賢自告本官成出完文云

右完文爲成給事府內竹津洞前後山麓卽龍洞

宮柴場處而巨張山麓之下素無人家其所禁

山養柴之節多有掣肘之端則不可不募民入接

然後可以禁養乙仍于玆以成完文以給爲去乎入接

戶各樣還上軍布面里徵之弊切勿侵責之地宜當者

備局甘結

右甘結爲近來稅納時船人難支之弊卽債主之船頭

勒奪也各司之情費無節也所謂情費自有定式節

目則一分加減不得而年增歲加以至三倍四倍船人以其

所受之價無以支當則不得不犯用公穀以致虧欠

蕩敗之境兼有稅民再徵之擧此不可不申明舊法今

番捧納之時情費元定式外萬或有加索之事則

下屬之形配重懲斷不寬恕而不飭之郎官亦當

草記論勘先此申飭惕念擧行爲有矣萬一違越甘罪

不辭

己未五月十一日內司甘結

右甘結爲粘連備局甘結內辭意知悉擧行爲乎矣萬
一違纔甘罪不辭

己未五月二十二日忠淸監營營吏處

無他本道舒川郡開也召島收稅事向有所圖署下送
矣尙無收稅之報未知緣何委折是喩大抵該島自
來宮屬收稅之地而卽聞名不知朴哥稱以買得注泊船
收稅是如是遣百般沮戲期欲橫奪宮土所重何
等自別是旀　啓稟上事莫重莫嚴是去乙稱以賣買
任自收稅究厥所爲萬萬痛駭叱除良若如是則八道宮
庄何以收稅何以保存乎事甚該然玆又具由
啓稟是遣圖署下送爲去乎到卽告于汝矣營門發
關該邑捉致朴漢依律嚴繩是遣開也召島收稅
段出送吏校眼同宮監督持上納是矣擧行形止爲
先馳報宜當向事　堂上　宅出草以來

羅寬植處

無他宮屬陽川所在鎭串坪直汝矣身差定爲去乎自
27 今爲始同坪內着實看檢每年九月內郊草貳百拾同式
載運上納俾無不謹罪責之弊宜當向事

---

27 【欄外】六月二十一日 / 朴氏生女于 / 本家 / 朴氏年四十四

己未七月十一日

八月初四日　孝正殿大祥敎是時除服次

28 守宮內人三　各木一疋

所任二十　各木一疋　錢二兩

29 庫直以下奴子四十六名　廳直二名　熟手二名 蓋匠　泥匠　木手　汲水軍　各一名 書寫	合五十五 各木一疋 錢一兩

30 婢子十四名　各木一疋

合木九十二疋　錢九十五兩

本宅奴子木一疋錢一兩　婢子木一疋　加上下

---

28 【欄外】大祥時除 / 服次

29 【欄外】八月初三日申時 / 問安夜以白衣望哭 / 于　明政殿庭 / 着靑衣而出 / 初五日翌日問 / 安

30 【欄外】十月初三日 / 禫祀　當日 / 不爲問　安 / 翌日問　安爲 / 之　壽進宮 / 問初二日夜望 / 哭于　內初三日 / 壽進宮於義 / 宮問　安爲之 // 初四日各宮翌日 / 問安　兩宮不參

31 己未七月　日金海三公兄處

無他宮屬本府南伐員蘆田監官丁南斗宮錢所負之夥然此是京外之所共知者已於乙卯年良中渠之家舍雜物陸畓牟田與鹽田廣船幷皆典當于本宮成標以納者已多年所而聞昨年府民具炳敦誣訴官家勒奪牟田廣船云旣作本宮之物渠何敢肆然勒奪乎雖曰債各有主公私所重果何如而年條遠近尤有自別者乎玆以成圖署下送爲去乎同具炳敦捉致官庭所奪牟田廣船還給於丁南斗處勒捧侤音記自官庭爻周後嚴懲其非理抑勒之罪宮在乙卯典當文券粘連下送爲去乎相考處置後此文券還爲出給下去宮差崔慶運處擧行形止爲先修報向事　自導掌處　起草以來

己未七月十九日

慶尙道金海新島監官裵絅旻報狀內本邑所在蘆田俱是宮庄蘆禾沒入於本島鹽庄則鹽與蘆俱無失時之歎蘆稅錢一千八百兩段明年上納時輸送于導掌處矣導掌處特卞分付事　題音內蘆場雖是本宮所管旣已作導掌定稅上納則蘆草放賣導掌與該監官自當主掌非本宮所可勒令分賣者姑俟導掌監官擧行勤慢之如何

---

31 【欄外】七月十九日 / 大王大妃殿 / 王大妃殿 / 尊號議號 / 問　安爲之 / 各宮不參

從當商量處分向事

金海三公兄處

無他宮屬本府南伐員所在蘆田監官丁南斗宮錢
所負之夥然此是京外之所共知者已於乙卯年良中
渠之家舍雜物陸畓牟田與鹽田廣船幷皆典
當于本宮成標以納者已多年所而聞昨年府民具炳
敦誣訴官家勒奪牟田廣船云既作本宮之物渠何
敢肆然勒奪乎雖曰債各有主公私所重果何如而年
條久近尤有自別者乎玆以成圖署下送爲去乎同具
炳敦捉致官庭所奪牟田與廣船還給於丁南斗
處勒捧侤音記自官庭爻周後嚴懲其非理抑
勒之罪宮在乙卯典當文券粘連下送爲去乎相考
處置後此文券還爲出給下去宮差崔慶運處
擧行形止爲先修報宜當向事

己未七月十九日　內司甘結

右甘結爲知悉擧行事今八月十一日
仁陵山陵幸行教是時軍令十一日出宮十二日　還宮亦
教是置假監例錢依丙辰二月　幸行例以一百兩磨
鍊後錄發甘爲去乎到卽輸送于別監房爲乎矣萬
一違緩甘罪不辭　八兩三錢七分

己未七月卄七日　慶尚道金海府民具炳敦白活

矣身於丁南斗處有當捧錢二千三百餘兩而去戊午臘月
渠矣廣船一隻折價六百五十兩牟田六十斗落折價三百六十
兩合一千十兩新舊文記與船隻完文并以永永放賣之意文記
成給于矣身而兩件物今年正月日放賣於裵絅鎭處是白
加尼不意今者丁南斗符同京人崔光瑞稱以龍洞宮
宮隷是如誣訴本官曰此廣船與牟田去乙卯年分典
當于本宮做作一張典當件記欲爲藉勢勒奪不勝
冤枉新舊文記與營邑題音而報狀帖連仰訴自
宮發關營邑嚴治其罪所奪廣船稅錢八十兩牟田禾
穀十八石一一推給云　題音內圖署旣已下去往呈于
本官從公決處向事　具炳敦則不來裵絅鎭上來

己未七月二十六日

今二十日藥房入診大臣引見入侍時領議政鄭　所啓
卽見慶尙監司洪祐吉陳弊報狀則俱是近日
嶺南切苦之瘼而無於前之害國病民事也其所
矯捄之策果爲得當而不是創立新法也是遵
舊守經之論也其一京外浮浪之輩假托憑藉攘
奪錢財及冒稱各司公文宮房圖署之類幷爲禁斷
事也法綱一解俗習多悖假作官誥田劵攘奪
人財徵及族戚只所稱公牒及圖署多是各宮各
司所不知之事云者誠如報辭此後則僞劵隨現
發一幷燒火冒稱京差宮差者幷自巡營勘配何如
上曰弊至於此民何以聊生今聞所奏施措得宜

幷依此施行此不獨嶺南爲然他道亦難保其必無一體申飭可也

內司粘甘

右甘結爲備局甘結據玆以發甘爲去乎甘結內辭矣奉審施行爲乎矣萬一違越甘罪不辭

舒川郡節目 自本宮成冊以來者而本草謄錄

右節目爲成給事再次到付龍洞宮圖署內本郡開也召島自來本宮所屬收稅之地而向以漁船氷船鹽船諸般船收稅事具由 啓稟後定宮監持圖署下送矣卽聞海美居名不知朴哥稱以買得注泊船收稅是如是遣百般沮戲期欲橫奪云 宮庄所重何等自別而稱以買賣無難收稅者究厥所爲萬萬痛駭此不可以仍置故更爲 啓稟後玆以圖署下送爲去乎同朴哥依律重繩是遣李吉源之稱托收稅者亦可以痛駭李哥朴哥之收稅段一併永永革罷是遣還屬 本宮亦敎是如乎大抵本郡開也召島本來 龍洞宮所屬收稅之地而船處收稅自來通行之規而商民之納稅 宮私一般也本島氷船鹽船注泊船諸般船收稅之今又啓稟則外邑擧行事體自別敎除良營門節目連且到付則不可已擧行乙仍于前日朴班與李吉源之稱托收稅段依營門節目一幷永革罷是遣同諸般船收稅一依 啓稟公事一一收稅上納于 本宮是矣

如是之後或有冒法民之紛拏者斷當報營依律

勘處以此遵行宜當者

己未六月　日

節目

舒川官　手決

節目　冊題同舒川開也召島浦口收稅　判下節目

宮號

右節目爲成給事忠淸道舒川郡開也召島自來本宮

收稅之地而挽近爲海水所侵田畓江落漸成浦口所謂注泊

魚氷鹽等諸船成群來泊與其收稅於成浦之白

地寧可捧稅於來泊宮基之船是遣且有無賴輩

私自收稅故自今爲始元山群山上下諸島之來泊注泊

魚氷鹽諸船永付本宮收稅次

啓稟判下後定宮監持圖署下往矣海美居名不知

朴哥稱以買得注泊船收稅是如百般侵漁期欲橫

奪云究厥所爲萬萬痛駭更爲　啓稟後行關

營邑同朴哥依律重繩是遣李吉源之稱托

收稅者亦爲痛駭故李哥朴哥之收稅段一并永永

革罷玆以成節目下送爲去乎收稅等節一依節

目遵行爲旀如是節目之後若或有無賴輩來

鬧之弊是去等依宮節目及營邑節目別般嚴

處是矣并只　判下內辭意奉審施行永久

遵行宜當者　堂上大監分付據正書成冊出草書納

己未七月

龍洞宮　踏圖書　又踏啓字

己未八月　日各處下往圖署

32 宮屬本縣直洞所在田畓收稧次京監下送爲去乎

33 宮屬本縣所在田畓收稧次京監下送

34 宮屬本郡所在安谷禿山兩坊堰畓及蘆稅收捧次京監下送

35 本牧所在田畓麀良中收稅上納次京監下送

36 宮屬本郡加串坊所在田畓麀良中收稅上納次京監下送

37 宮屬田畓在於本縣境內而收稅之際作民中如有頑拒作梗

之類是去等依導掌所告這這懲督捧俾無漫漶之弊事告本官

38 宮屬本縣三間坪格浦等處所在堰畓收稅次宮監下送[39]

40 宮屬本郡所在屯畓麀良中收稅次宮監下送

41 宮屬本府所在各島及陸畓收稅次宮監下往

42 依昨年　加火田稅

43 宮屬福溫公主房移來海倉等五處田畓收稅次宮監下送

---

32 【欄外】龍仁
33 【欄外】康津
34 【欄外】安岳
35 【欄外】洪州
36 【欄外】信川
37 【欄外】中和
38 【欄外】扶安
39 【追記】是在果格浦 / 作畓之時自本 / 宮出財力築堰募民勸耕之次姑 / 以三分一收稅矣挽近以來人民湊集 / 畓麀成樣是如乎自今年爲始 / 依他例分半打作之意傳令嚴 / 飭於該浦頭民等處爲乎矣若有頑拒作梗之類是去等 / 依宮監所報一一嚴治懲勵之意告本官惕念擧行宜當
40 【欄外】古阜
41 【欄外】長興
42 【欄外】瑞興

44 中興洞依昨年

45 蛇所浦依昨年

46 接島　依昨年

47 宮屬本郡所在上栗坊田畓收穧次宮監下送爲去乎自本官傳令
嚴飭於鄉監頭民等處如有當納而拒納之類是去等一一懲
治督捧俾無宮監滯留之弊

48 宮屬本郡遠城坊蘆稅錢與大元坊稅租收捧次宮監下送

49 本宮田庄在於本邑文井土城楚邱三坊等地而近年以來
本邑災監輩稱以加起執卜侵漁作民云宮庄與私庄
有異結稅一定則實無加減之法各別嚴飭俾無更侵
之弊是遣賭地稅錢拒納之漢一依宮監所報這這嚴治
督捧以爲及期上納之地宜當

50 宮屬本郡所在田畓鹿良中收稅上納次京監下送

51

52

53 　三處依前九月日成給

---

43 【欄外】載寧
44 【欄外】黃州
45 【欄外】載寧
46 【欄外】平壤
47 【欄外】載寧
48 【欄外】安岳
49 【欄外】鳳山
50 【欄外】鳳山
51 【欄外】金海
52 【欄外】梁山
53 【欄外】甕津

內需司來錢文二萬兩　官庫捧上　自
大殿劃送

己未八月初六日　內司私通內
因備局甘結內七月二十日次對時領議政鄭　所啓以
長湍府捄弊次湖南所在各宮房輪回結中五百結劃
送京畿移屬長湍事　筵奏蒙　允矣湖南輪
回結當自本司分排各宮移報戶曹行會全羅監營
釐正收租案次玆以仰通　貴宮湖南所在輪回結中
以錢上納條限一百結定望邑號卽爲錄　示以爲擧行之
地如何　海南五十結　務安五十結　錄送
海南務安勿施以順天七十結劃送

己未八月十一日　仁陵幸行出令矣初五日初七日而兩舟橋毁傷
退定於十七日當日罷漏半出　宮初更量回　駕到露梁
宿所十八日平明　還宮

衣廛市民等狀
54 云云矣等所業衣廛本是凋殘而但以新郎吉服行
貰奉公資私是白乎所在前則婚禮時新舊件中
從其貰錢之多少私自送人無弊執去矣近來
則各宮房各衙門官隷輩行威肆惡罔有紀極所

54 【欄外】宮與衣廛自古 / 本無相關

謂貫錢則些少而皆以新件討索是乎旀或稱今

明之用而前期執去轉到十數日每以新件責出新

件亦有數之物故不得酬應則甚至有市民捉去杖

囚之境以若殘廛莫可支保故在前　詢瘼敎

是時有所回　啓至有受　教事目不啻鄭重有

備局節目截嚴是白加尼今於年久之後弊復如

前各處下隷之輩因此作弊比前尤甚將至廢市

之境是乎故　判下文蹟與各司申飭甘結粘連入

鑑幸伏望更成節目捧甘申飭俾無如前侵責

之地望良云云

己未八月　日備局甘結

右甘結爲粘連所志及題辭相考施行爲有矣此是

殘廛之一大痼瘼各司何可些少貰錢必爲責納

新件甚至捉囚之境乎下隷輩之夤緣作弊亦

當不可形言所謂吉服既不可件件新備則殘廛將

無以支保奉公矣且有　啓下節目申飭捧甘爲去乎

須卽嚴束下隷俾無如前之弊是矣或有復踵前

習如前侵責則當該下屬斷當移法司嚴繩以此知

悉惕念擧行爲有矣萬一違越甘罪不辭

金浩翼處

無他宮屬康津田畓倉庫直金允碩除下代汝矣

身差定爲去乎捧上等節着實擧行俾無不謹抵

罪之弊宜當向事

己未九月　日　恩津三公兄處　草牌

無他宮屬本縣所在江景浦上納卽五六月間盡爲
收捧者而近因　廟堂定式特以十一月定限者也該色
輩不知法意一事遷就昨年條上納拖至今年八月而
纔畢莫重上納豈是該色輩操縱幻弄之物乎
事極無嚴所當行關査出懲治是矣十分參酌玆
先牌飭爲去乎今年條上納段依定式十一月內準數
成陳省上送爲乎矣若更有過限之弊則入　啓刑
配除良爲先送宮差自宮收稅矣幷只告本官惕念
擧行爲旀形止星火報來宜當向事

帖文　沙工

無他本宮今秋上納柴木載運次汝矣身船隻別
定爲去乎風高前趁卽裝載上納爲旀所經各處考
55 帖勿侵宜當向事

白川三公兄處

無他本郡所在廢堤堰七處自本宮出物力作畓後
定導掌收稅上納者其來久矣昨年自益平君宮
買得而今秋打作次導掌下送矣梟淵垌四十一斗落

55 【欄外】怪疾自八月 / 晦間流行 / 泄瀉一二次 / 而死者無數 / 先自江郊以 / 及城內無處 / 無之

56 庫乙有所作梗沮戲之類使不得打作云莫重宮

庄豈有如許無嚴之習乎査實嚴治次玆以圖署

分付爲去乎到卽作弊之類査出指名報來爲旀乫

57 淵垌畓庫段使下去導掌無弊收穫之意告本

官擧行後形止文報宜當向事

己未十月　日

內需司爲相考事節呈龍洞宮手本內庚申年朔膳

物膳蔘苦臘肉臘猪等價米木錢依例磨鍊而木則

以二十同依昨年錢邊中磨鍊是遣米五十石代太一百石一體

磨鍊趁卽上下輸送之意司以移報宣惠廳爲良結

手本是置有亦手本內辭緣相考施行爲只爲合行

牒呈伏請

照驗施行須至牒呈者

右　牒　呈

宣　惠　廳

咸豊九年十月　日　典需　副典需　典會　典貨
相考　別坐　別提　典穀　典貨

龍洞宮手本

---

56 【欄外】九月二十三日私 / 屠牛弛禁

57 【欄外】九月二十四日 /　堂上大監分付 / 內錢文五十兩 / 官上下屠牛一 / 隻上下分處事 /　書題所公議後 / 下房則三十兩 / 出給後書題所 / 二十兩則自公費 / 加入二十一兩五錢 / 屠牛一隻內人 / 一人書寫幷二十 / 三衿分處 /　大監宅兩枝 / 頭一足四牛 / 頭一上送矣 / 牛頭足則還 / 下來足則小 / 次知宅納頭 / 則烹而食之

右手本爲庚申年朔膳價米木錢依例磨鍊上下輸

送之意報宣惠廳公事一度成帖爲只爲

行下向敎是事

　　己未九月　日　稤宮文世鎭着銜

　　九月二十一日自

差備招入庫直奴　分付內甑餠造岳銀切餠熟正再明

早　內入事

　　九月二十三日

差備分付內餠食　內入時庫直奴子不爲待令庫直奴子

　貿易奴子捉入事　餠食較諸米穀斗數則太小且

　作末蒸熟及隔子太厚事也　貿易奴子身病不爲待令

　庫直奴自　內班院決笞三十度汰去　貿易奴子汰去

　婢子五名決笞二十度汰去

　　二十六日

堂上分付內庫直奴及婢子五名仍存貿易奴本役則仍存

　　貿易則汰去事　二十八日貿易因存事有　敎

　　己未十月初十日

月廊聽傳　聽令金長番　稤宮文世鎭

敎內龍洞宮次知宋喜哲差下事　十六日重記

己未十月十六日　金海公兄文狀　八月二十三日出

宮牌旨內乙用良本邑民具炳敦處丁南斗所奪
廣船一隻文記肆張牟田參石拾陸斗落只文記參
58 張侤音記壹張合捌張自官庭推尋後并與宮下
來典當文券而照數出給於今來宮差崔敬運處

己未十月二十七日內司甘結

右甘結爲知悉擧行事
月廊聽分付敎是內各宮房折受田案修正年條
稍久之致當初排邑之去來本土之有無率多
混雜戶曹免稅冊與本司版籍多有相左處事
甚可駭此不可不一番釐正也令本司捧甘各宮
房其去來之邑號與有土無土及錢稅米稅消詳
分坪精細修成冊明日閉門前各其宮房來呈于
月廊爲乎矣萬有遲緩之弊則當該宮房所
任難免重勘矣以此知悉擧行爲乎矣萬一遲
緩甘罪不辭

己未十二月　日　長湍公兄文狀

本府以孔路劇邑百弊交集三政俱瘁各司上納經
歲愆滯三班積逋指徵無處駸駸然莫可收拾幾

58 【欄外】十月初七日 / 祔太廟陳 / 賀午時問 / 安爲之 // 初六日　宗廟 / 擧動經宿 // 初八日翌日問 / 安爲之 // 十一日 / 大王大妃殿 / 王大妃殿上 / 尊號問　安 // 十二日 / 憲宗大王定 / 世室陳　賀 / 問　安 // 十三日辰時 / 宮人趙氏王子 / 載誕問　安爲 / 之

乎無邑是白加尼自廟堂特軫邑弊爲其矯捄　筵奏
行會湖南免稅五百餘結今纔劃付於本邑而　本宮當
納爲七十結是白乎所免稅之收捧自有其時而見今歲色
垂暮措手無暇勢將待開春作結幷稅督納然後
當於三月內準納乙仍于緣由弛告爲白去乎特垂援例
之處分事　題音內正供之毋敢越當在遠道當
然而況畿甸百里納摠之地乎且已收於歲前餘條補
弊則元納自在是去乙如是之云必是汝輩幻弄之
漸也若不此歲前畢納則該首鄕斷當　啓稟懲處
豼不喩責有所歸矣惕念擧行宜當向事　初四日

己未十二月　日

兼京畿道觀察使爲相考事卽因備邊司
啓下關積城縣捄弊次道內所在免稅二百結移送該
縣後邑名宮號結數後錄文移爲去乎相考施行云云
抱川　慶淑郡主房免稅田二十結
交河　貴人房免稅田十結　以上移送積城　自別置買得者

己未十二月十二日　內司甘結

右甘結爲知悉擧行事卽接京外船業饒實之民等訴
本司內以爲各宮房折受稅米卽享需膳需之資緊
重自別而自邑上納時或以添載大同或以賃船自納
而臭載之弊種種有之所謂拯劣米代錢自戶惠廳
中間消融當宮則無分錢之收全然白失非但當宮

之良貝害及於沿海諸邑與穀主邑民烏在其緊
重之意而豈不慨歎乎今此矣等之出財力作船契各
宮納專掌運納事付屬本司擧行者卽是萬全
之計雖不幸致敗少無欠縮依數徵納而原渠情
由則各其宮各其邑分掌恒載賴沾船價則不害爲
船業之資是如訴辭懇實矣苟究情實則容或
無怪而大抵宮納則係是當宮之折受不關於田
大同而載運之從其便好有何不可哉田大同則以舟
司案船擧行者宮納則以作契賃船運納則永無
各宮虧縮之弊事甚便好矣終非本司之獨斷
故玆以循問便否爲去乎各其詳量事實稟詳
堂上前停當可否懸錄於塡啣下則當爲　啓稟後
判下戶曹舟司成節目自明年爲始擧行之意如是發
甘爲去乎到卽告課擧行爲乎矣萬一遲緩甘罪不辭

己未十二月　日

長湍府使報畿營書目壽進宮毓祥宮龍洞宮順
和宮免稅以三月退限事轉報籌司之地　題音內此
不必張皇煩報隨力上送無至闕餉宜當向事

己未十二月二十五日　中和三公兄處

無他宮屬田庄在於本府石好面等處而　進上
59 去核與稅錢導掌擔當每年十一月內定限無弊上
納者其來久矣而至於今年無端過限不納故發送宮

差下往催促則馳告內同導掌柳石泰爲名漢所收
去核與稅錢盡數乾沒無意上納以宮差之力萬
無督捧之望是如爲有臥乎所　進上所重何如而
以若么麽導掌無難乾沒者豈有如許無嚴之
習乎此不可尋常處之乙仍于玆以圖署申飭爲
去乎到卽進上去核如稅錢星火督捧於導掌
處罔夜上送爲旀柳石泰段定將差着枷宮差
眼同押上以爲照律懲礪之意告本官惕念擧行
後形止文報宜當向事

己未十二月　日

今二十日次對入侍時戶曹判書李景在所啓臣待罪
度支已過周歲一無報效居常惶悚伏聞月前賓
筵　聖敎若曰近來度支儲蓄俱竭國本遑汲
不可不一番查釐減省以爲支繼之道而如闕各宮事
條式皆載通編何難遵行乎臣固欽誦萬萬
本曹事勢苟欲入能當出果非大更張難期實效
凡可以節省者一一就議廟堂爛加商確成節目
啓下施行似好故敢此仰達矣　上曰依爲之

己未十一月　日　戶曹甘結　庚申正月　日戶曹發甘

右甘結因全羅監司報狀據各宮輪回結移劃事

59 【欄外】庚申正月卄 / 五日　去核與 / 稅錢上來 / 柳石泰導 / 掌放賣新 / 導掌金 / 進士云

後錄發甘事知委內需司爲只爲

海南　龍洞宮畓五十結　移送羅州

樂安　和柔翁主房畓五十結　移送羅州　別置買得

茂長　龍洞宮畓五十結　移送潭陽

1860년(경신)

60 庚申正月　日　順天三公兄處　南海同書

無他宮屬本府所在有土免稅米以代錢捧上特出於
民情便宜之意而數年以來不有本意一事遷就
拖至秋冬之境是如可至於昨年條則如干塞責未收
數千兩居然越歲上納所重何如而豈有如許無嚴之
習乎今年段更以本色捧上次玆先牌飭爲去乎
到卽傳令嚴飭於各該作人等處以精白米各別
擇捧待宮監下去趁早裝載上納俾無如前遲滯
之弊事告本官惕念擧行宜當向事

61 順天火粟監官李孟文處　條牌子

無他宮屬火田在於本府依山六面等處而丁巳年分
稱以汰落是如上納錢無端乾沒故同監官汰去後
戊午七月分以汝矣身別定監官使之踏驗查出而
依汝矣所願定上納歲前備納之意納侤下去矣
當年上納則如期來納是遣昨年條則無端越
歲擧行未久稽忽若此汝矣身差定本意安在
乎此不可尋常處之乙仍于玆以宮差下送爲去乎

---

60 【欄外】正月初一日 // 宗廟景慕宮 / 擧動 // 初五日 / 社稷經宿 / 擧動 // 十一日 / 景祐宮 / 大院君房 / 擧動 // 十二日 /　堂上大監 / 罷職 // 二十三日分揀

61 【欄外】正月二十三日 / 廳會時 / 公事員趙 / 遞差後公事 / 員名色革罷

到卽昨年上納準數持是遣眼同宮差䀱夜來

待以爲勘罪之地爲旀昨年稅米代錢汝矣身移劃

擔當條之延拖越歲是豈成說乎一體來

納爲乎矣若有頑拒之弊則斷當行關嚴處

矣知悉星火來待宜當向事

庚申正月二十七日　李繼一處　中和導掌新買金進士之差役人

無他宮屬中和所在田畓舍音汝矣身差定爲去乎

自今爲始　進上去核二百七十六斤半及稅錢九十

五兩每年十月內上納俾無遲滯扺罪之弊爲旀汝矣

身役及煙戶雜役段置以此圖署告本官依事目

62 憑考頉下宜當向事

水原府營吏處　草牌子　水原營門不爲擧行牌子還送

無他自本宮一年六次龍珠寺祭官往來時若値日

63 暮則所經各店引路炬待令其來久矣而今二十一日祭

官還來時大皇橋店漢引路炬待令趁不擧行故

如干決笞警飭而歸矣店漢等不思渠矣罪狀含

憾於受笞旋卽嘯聚各店漢成群作黨追及旗

64 手僧於中路解衣結縛無數亂打幾至死境豈有

如許無嚴不法之類乎若不痛加懲勵後弊難言

---

62 【欄外】庚申二月初三日 / 會計時 / 堂上大監因內 / 請白掌務鳳 / 爀陰竹下送 / 事的定分付
63 【欄外】庚申二月　日 /　堂上大監標紙下 / 送內今秋陰竹 / 打作宮監趙容 / 九下送事 /　慈敎
64 【欄外】二月初三日 /　景慕宮擧動 / 經宿

65 乙仍于玆以牌飭爲去乎到卽大皇橋店主方升

哲金長爀郭順吉李宗心等四漢捉致營庭

查問其同黨各別杖囚嚴治以懲後弊之地告

營門惕念擧行後形止文報宜當向事

庚申二月十二日

月廊聽 聽傳敎

傳敎內龍洞宮所任金憲祖除本仕張順奎加出所

任差下事有 明日 堂上大監分付內掌務付座事

敎敎是矣 十五日 堂上大監標紙書送內日前

所任長順奎差下聽

令勿施事 分付 所任入去稟達于 差備

庚申二月 日梁山三公兄處

無他宮屬本郡所在蘆田處在島面沿江偏被水害

之地而近年以來汰覆甚多減稅不少則有數公納

將至生梗是如乎大抵田土之一邊汰落一邊泥生理勢

固然而此土改量積有年所則田形變幻虧缺居多不

得不一番釐正俾爲均稅之方乙仍于玆以圖署申飭爲去

乎到卽別定色吏泥生處這這摘奸均平定稅是遣

御覽量案修正上送之意告本官惕念擧行後形止文

報俾無抵罪之地宜當向事

---

65 【欄外】庚申二月十二日 / 重熙堂養和堂 / 成造捧持 / 以床數不多故 / 書題所不爲入 / 去 // 十三日 / 本宮改高飛 / 成造神祀時

信川郡加串坊監官金尙一白活

本宮垌畓處在葛山民垌之下而引水作農全用九月山
南邊一派之水矣丙辰漲水葛山民垌潰決則因舊址還築
事理當然是去乙退築於三十餘步之外橫斷宮庄
上流勺水不下將至廢農之境故卽其時往呈營邑圖
形摘奸依舊梁更爲掘渠均同灌漑之意成完文施
行矣昨春葛山民等利其全用一山之水符同內需司
監官瞞告內司行關巡營謂以相關於內司庄土是如自文
化官嚴督鄕監塡塞水渠斷其下流使不得耕作是乎所
況七宮庄土及民私畓數千石落土若無此灌漑之路則
66 未免乾乾涸廢棄之境是遣且圖形中內司庄土水
源出於山之北邊則與南邊之水派不相關涉是遣且葛
山垌創設爲六十年內司作畓爲三十年本宮庄土則屢百
年折受之地久近逈別是如乎見今東作在進水渠壅
塞不勝悶迫玆敢具由仰訴爲白去乎伏乞參商敎是
後行關巡營知委文化縣傳令嚴飭於葛山民等處
三十餘步退築垌堰使之因舊基更築使宮庄所注水
渠依前任下毋至庄土廢棄之地云　題音內水之灌
漑自有古道往呈土在官歸正向事

龍珠寺摠攝僧勝曄處

無他卽見本府五朶面蔚城里居李奴乭伊所訴則以爲

66 【欄外】庚申三月朔 / 訓鍊都監料 / 貸用於內司 / 及壽進宮 / 百官頒錄長 / 輿庫上下

甲午年分得差本寺佛享畓舍音成川畓擧皆
起耕失畝處盡數推尋二十餘年恪勤擧行矣忽
於昨年十二月分鄭班人誣訴陵令橫奪舍音是如云
果如渠矣所訴則非但有欠於酬勞之典𢿫除良且陵
官之黜陟本寺舍音者豈不有違格例乎此後段
更毋得干涉之意牌飭於　本陵書員處是在果李奴
之實狀果爲丁寧是去等舍音之役還爲差定毋
至呼冤之弊宜當向事

健陵書員處
無他本宮所管龍珠寺佛享畓舍音之差汰專
委於摠攝僧處使之察其勤慢以爲黜陟者
其來久矣卽見蔚城里居李奴乭伊所訴則以爲渠
以佛享畓舍音擧行者二十餘年多有効勞矣忽於昨
年十二月分鄭班人暗囑汝矣官家橫奪舍音名色是
如云　本陵之於佛享畓舍音黜陟不相干涉是去乙
今者自　陵所以鄭班人差出云者豈不爲創寺後初有之
事乎鄭班之舍音名色爲先汰去是在果此後段更
毋得相關於舍音黜陟之意告于汝矣官家俾無如前
漫漶之弊宜當向事

庚申二月二十二日　內司甘結
右甘結爲知悉擧行事今此
獻陵幸行敎是時各宮房假監例錢以參百兩磨鍊後

67 錄發甘爲去乎卽爲輸入于別監房爲乎矣萬一遲緩甘罪不辭 二十四兩六戔八分

68 庚申三月二十二日江華府營吏處

無他分宮所在還米每年送宮監糶糴其來久矣去癸丑九月良中自本營以每當糶糴之時該宮監下來斂散則受戶每多不實納穀輒爲麤劣如斯之際不無害及於隣里之端各宮宮監勿爲下來自本府幷爲排戶糶糴則兩得便宜是如大臣 筵奏定式遵行故宮監不爲下送專委營門拘管矣每於捧糴後修上分留成冊中輒以私倉捧留懸錄而以錢代捧是如可及其翌春又以錢分給而留庫米則六七年仍留積貯一不遷動以至腐敗耗縮之境此專由於該色輩操弄作奸之致也所當摘發別般嚴處是矣十分參酌玆以圖署分付爲去乎今春段米與錢盡數分給待秋成幷以本色捧上以爲糴新糶舊之地爲乎矣如是申飭之後又復襲謬錢米參半捧上之境則斷當下送宮監摘奸後 啓稟變通矣幷只告營門惕念擧行後形止文報宜當向事

全羅監營營吏處

無他宮屬道內順天府所在戊午條屯稅米代錢捧上次昨

67 【欄外】三月初九日有馬 / 自宣人門躍入 / 至建陽門駈出
68 【欄外】三月十六日 / 健陵 / 獻陵 / 幸行 // 十九日還宮

春宮監下送而營下居李孟文處同稅米代錢使之
收捧上送矣收捧已畢不卽上納拖至秋冬終始頑拒納
居然越歲故捉上督捧次正月分下送宮差逗留數朔
孟文漢少無備納之意百般肆惡罔有紀極跎除良
專送宮差不爲來待豈有如許無嚴不法之類乎
偸弄公錢頑拒漫漶之罪有不可尋常處之乙仍
于玆以圖署申飭爲去乎同孟文漢捉致營庭杖囚
嚴治後上納錢一千三百餘兩沒數督捧出給於下去宮
差處爲乎矣如或稱托拒逆之弊是去等孟文漢
爲先定將差着枷眼同宮差星火上送以爲照律懲
勵之意告營門擧行後形止文報宜當向事

庚申三月二十四日　內司甘結
右甘結爲知悉擧行事來閏三月初六日　以初五日雨退定於初七日
69 光陵幸行敎是時侍衛燈籠差備各宮房假監
例錢以二百兩磨錬後錄發甘爲去乎卽爲輸入于別
監房爲乎矣萬一遲緩甘罪不辭　十七兩五戔

庚申三月　日八道監司四都留守　了
爲相考事今番裁省別單中各道漁鹽稅錢
及浦口各項收稅幷付均廳事　啓下矣漁鹽船
本是均廳句管則新設之處自當付屬而近來

---

69 【欄外】 二十八日瑞 / 葱臺試 / 才　親臨 // 閏月初七日 / 元陵　綏陵 / 敬陵　徽慶 / 園　宿所 // 初八日 / 光陵大院 / 君墓所　當 / 日夕回　駕 // 初九日申初還 / 宮 // 十七日瑞葱 / 臺試才親臨

外邑不知法意非但私自許施又有各衙門及內司
各宮房圖占之事至於浦口收稅名色不一所捧之
數亦復不少則收稅之屬之均廳自有定式矣道
內各邑漁鹽稅錢及各浦收稅處無論設始之
久近收捧之多寡一一修成冊報來以爲酌量定
摠之地如或有一毫隱漏之弊則該守令斷當重
勘而不飭之責亦有所歸各別嚴飭知委卽速擧行
宜當向事

庚申三月十七日　內司甘結

右甘結爲知悉擧行事卽因戶曹甘結內備邊司裁
省別單中各宮房減稅　判下文書後錄捧甘爲去
乎宮結仍存與出稅之數今方別單修呈爲有如
乎各該宮房某道某邑所在幾結仍留幾結減
下事後錄詳考修成冊卽爲來納于本司以爲
轉報戶曹之地爲乎矣萬一遲緩甘罪不辭

後錄　大典通編在

70 大王私親宮　五百結　當宁時一千結
世子私親宮　三百結　世子時八百結
四宮　壽進　於義/明禮　龍洞　各一千結
新宮後宮八百結　大君公主八百五十結
王子翁主八百結　此則該宮房/在世之謂也

70 【欄外】庚申四月初二日 / 宗廟夏享大 / 祭經　宿擧 / 動

舊宮後宮二百結　大君公主二百五十結

王子翁主二百結　此則祭位條限四代◯雖未 / 及準數受出勿許追給

郡主四百結

71 傳曰四宮及祭享各宮勿爲擧論其餘依付籤載錄　三月初七日

各宮房免稅秩　龍洞宮所管處盜謄出他宮則勿書

龍洞宮二千四百八十五結八十六負三束內[72]

有土六百三十一結七十六負七束

無土一千八百五十四結九負六束

大典通編一千結

比加一千四百八十五結八十六負三束　勿論

慶淑郡主房二百結七束內　代盡一百六十六結六十四卜一束有可傳永世文蹟餘數 三十三結三十六卜六束

有土一結二十八負二束出稅

無土一百九十八結七十二負五束　幷已賣於龍洞宮勿論

趙貴人房無土二百結　戊寅十二月因　傳敎有無土幷準二百結還免稅內 一百五十結已賣於龍洞宮幷勿論

和平翁主房七百五十二結十八負三束內

有土三百三十二結十八負三束

無土四百二十結內　一百三十結已賣於龍洞宮勿論餘數亦姑勿論

大典通編祭位條限四代

今加五百三十三結九負八束　有可傳永世文蹟

71 【欄外】藥材價米一千 / 石內量減三百 / 石

72 【追記】考見戶曹田案則與此相符 / 而本宮稅總則相左 / 報內司副件及戶曹考準成冊校 / 見則可知而報內司成冊亦未的 / 實考見元摠錄則可悉其詳

和柔翁主房無土二百結祭位條 / 限四代內五十結已賣於龍洞宮勿論其餘亦 / 姑勿論

此亦中各其宮房消詳考見後成冊卽爲來納俾無

遲滯生梗之弊事

庚申三月三十日內司甘結

右甘結爲知悉擧行事卽者

月廊聽令內朴淑儀房永溫翁主房　祠宇移安

於壽進宮後該房所屬內人分屬各宮房居接料

下各宮房考例擧行亦是置幷須知悉擧行

爲乎矣萬一遲緩甘罪不辭

龍洞宮　申氏與順伊　合內人十九人

今聞三月初四日　大臣備局堂上引見入侍時左議政朴[73]

所啓臣於近日見鄕民之奔訴本司不勝其紛然者

無非各宮各司而築洑掘浦或浦口商稅之類也此

蓋京鄕遊手駔儈之徒罔念法紀惟以憑籍誑賺

作爲伎倆指告各宮各司稱以收稅補用而其實指無

爲有虛張名色或橫奪民人世業舊基或勒稅

商賈過去船隻致使平民繹騷蕩析所謂收稅

之物竟歸於渠輩囊橐而如干塞責於該宮該

司者零星微瑣有名無實設使眞有厚利可補公

用與民爭利歸怨於上決非王政之所可爲營邑近[74]

---

73 【欄外】晦壽

74 【欄外】近民之宮四字甘結中有誤書

民之宮雖咸明知其弊有意禁斷輒爲宮房京司
之所沮格宮房京司亦不過見欺於奸徒而已苟能
的見其害則豈肯違憲令而攘民業冒虛名而受
實害乎前後受　敎飭禁不啻截嚴而此輩
無所忌憚恣行蔑法寧不駭惋以此意分付於各宮
各司亦令各道道臣如有以此貽弊之事盡卽摘發
報本司以杜縱奸厲民之弊何如
上曰卿言切當另加申飭以杜奸弊可也

庚申閏三月初十日內司甘結
右甘結爲粘連擧措及　批旨內辭意奉審施
行爲有矣萬一違繾甘罪不辭

庚申閏三月初十日　長興三公兄處
無他宮屬本府所在陸畓昨秋收稅租載運上納
次京監下送爲去乎地土船中以堅固新造船酌量
穀數毋論幾隻依京監所報定將差着實執船
星火裝載上送俾無遲滯罪責之地告本官
惕念擧行後形止文報宜當向事

帖文　沙工　空名
無他宮屬長興府所在田畓昨秋收稅租載運
上納次汝矣身船隻別定爲去乎同穀物着實
裝載星火上納爲乎矣所經各邑各鎭堡若有

侵漁執船之弊是去等以此帖文憑考勿侵宜當
向事　帖文則三張

庚申閏三月日　文川箭灘龜峙兩洑所監官蔡基信處
無他本宮所管箭灘龜峙兩洑收稅近來零星將欲
一番大更張査實之際京監所告內收稅零星是因
陳廢者不少故也而且此土與他有異起耕幾年土力
竭盡則雖皆力農穀不登熟限數年故不起墾以
養土力則庶有蘇醒之望云故戊午己未兩年段特爲依
願全減是在果今年則雖不起墾依例上納之意
曾有該監官擔當云水門修築勸耕等節無
失其時着實擧行是遣莫重宮納亦爲趁期輸
納是矣如或有違縺愆期之弊則該監官段別
般嚴處矣以此惕念擧行毋至抵罪之弊宜當
向事　泥洞趙判書宅起草來踏條送

庚申四月初一日　金川江陰七浦漁鹽監官等處[75]
無他七浦之自宮收稅其來久矣而自有定界依完文
遵行者則斷無他浦口之混侵而藏財浦卽松峴金判
書宅所管處也自宮橫侵收稅是如該舍音金孝
鎭馳告松峴宅以致往復於本宮故玆以牌飭爲去乎
藏財浦旣非本宮基址內則有不可橫侵一依完文

75 【欄外】草牌子

定界收稅是遣更勿侵責於他浦之地宜當向事

忠淸監營營吏處　自廟洞宅來

無他道內舒川開也召島自來　本宮基址故

啓下節目與營邑節目導良收稅於來泊船隻是

加尼今聞以各邑漁鹽收稅移付于均役廳事有所備

關於各道而該島亦入其中則　筵奏朝令之下難以如

前收稅使宮差呈訴均役廳有依訴施行之題音故茲

又圖署粘連所志下送爲去乎到卽告于汝矣營門

行會該邑使下去宮監仍留該浦如前收稅俾爲均役廳

上納是遣舉行形止爲先馳報宜當向事

龍洞宮宮差李萬戶白活　自廟洞宅來謄錄 / 呈惠廳所志

忠淸道舒川開也召島自來本宮基址故　啓下節

目與營邑節目導良收稅於來泊船隻是白加尼

今聞以各邑漁鹽收稅移付于均役廳事有所

備關於各道而該島亦入其中是乎則莫重　朝令

之下豈敢以本宮基址推托哉以收稅次宮監下去

已爲多月幾至了刷是如可猝當此事則往來及留

連雜費末由區處毵除良這間狼貝有不可言是

乎故茲以據實仰訴爲白去乎　參商敎是後自

本廳不必更爲下送收稅之人而使下去宮監仍留該

浦如前收稅是白遣均役廳上納段依例捧納之意

特爲處分俾有兩便之地　題音內依訴施行是在

果上納段一從收稅沒數來告以待處分向事　同月初六日

庚申閏三月　日內司甘結

右甘結爲知悉擧行事閏三月初四日次對入侍時左議政

朴　所啓近來國綱解紐奸弊無所不有至於兩稅

防納而極矣防納之名始於土豪輩勒執佃夫私自

取剩防納官稅之謂也此在法典已屬重律而若

其莫重正供到京防納卽前所未聞之變怪邦禁

至嚴典憲昭揭且有大臣　筵奏申飭者不啻

屢矣而令久飭弛無賴財利之徒猶復蔑法恣行

寧不痛惋往固勿論臣亦無以指的仰陳然而此不

痛加禁革則國無以明法民無以仰食蓋都下民

食專仰四方之委輸而若防納無忌則委輸者當

漸縮委輸旣縮則市糴之翔貴必至之理也謹

按續典京江富漢徒手下去圖囑先受換錢

由陸上來者梟視江邊守令從重論罪昭載於

漕轉條此正是準備之律也監色不與符同則富

漢無以售奸守令善爲操束則監色焉敢弄

手乎自今如有似此現發犯者依續典施行沙

工監色一體重究不能覺察之守令先罷後拿

爲先以此意嚴明行會於三南京圻海西關東諸道

俾各惕念毋或自抵重律之地而亦爲嚴飭捕廳使

之着意譏詗且以執籌船之價言之初再運百餘隻

所受殆爲三四萬石矣通編漕轉條凡船價米各

倉地方官與差員眼同船頭出給豈無義意而近
聞船人皆以代錢受來外邑不以本色出給使幾萬
包穀物不入於京司此亦委輸之減縮而穀價刁騰
之一端也幷以此意甘飭舟橋司曉喩船漢俾知法
意毋敢復踵前習何如
上曰前後申飭顧何如而猶復蔑法恣行者萬萬駭惋爲
守令者苟能善爲操束則豈有如是乎幷依所奏
嚴飭俾無如前之弊可也

閏三月二十日備局追甘

右甘結粘連擧措及批旨內辭意奉審施行爲有
矣各宮房稅米之自內司拘管捧給不以本色米載
來或有貿取江底輸納之類是去等亦自內司直
爲文移法司一依防納律施行之地爲乎矣萬一違越甘
罪不辭

同日　內司粘甘

備局擧條與批旨內辭意及追甘辭意幷爲奉
審施行爲乎矣萬一違繣甘罪不辭

庚申閏三月二十七日甘結

右甘結爲知悉擧行事今二十七日　朴淑儀　祠堂移遷
于壽進宮爲有如乎各宮房侍陪同日來明時以依
例待令于敎洞舊宮爲乎矣如其修擧案來呈

本司俾無未及之弊爲乎矣萬一爲緈甘罪不辭

　　侍陪所任一人　奴子五名

　　庚申四月初一日

內需司爲相考事節呈龍洞宮手本內見今

內用擧行時急辛酉年朔膳木二十同依近年例磨鍊

待新捧趁卽輸送之意司以移報宣惠廳爲良結

手本是置有亦手本內辭緣相考施行爲只爲合行

牒呈伏請

照驗施行須至牒呈者

右　　牒　　呈

宣　　惠　　廳

咸豊十年四月　典需　副典需　典會　典貨
　　相考　　　別坐　別提　　典穀　典貨

龍洞宮手本

右手本爲辛酉年朔膳木二十同依近例磨鍊輸送之

意報宣惠廳公事一度成帖爲只爲

行下向敎是事

　　庚申四月　日　稤宮文世鎭着啣

　　瓮津水營營吏處

無他宮屬本邑所在漁化島　進上石花醢以

該舍音趁不執船之致每多遲滯晩時之弊今

年爲始自營門定將差以新造堅固船着實
執船出付舍音處以爲趁期來納之地告營門
惕念擧行宜當向事

通津柴場山直金德信逃亡代千完石
金永曄逃亡代金光吉

庚申四月二十五日內司甘結
右甘結爲卽接戶曹甘結內今此稅船上來時領運漕
卒卽莫重公納千里駕海之民也毋論公債與私債
稅穀畢納前毋得推治前後飭禁不啻申嚴而挽近
以來奸弊層生法司之稱以捧債多般責徵甚至於
勒奪公穀之境事之駭然莫此爲甚群山漕倉今
已到泊限畢納切勿侵責爲旀至於各宮房所納一款稅
穀上納前毋得先自卸下亦係法禁今番段申明舊
規更勿如前橫侵爲乎矣萬一違繡甘罪不辭

同日甘結
右甘結卽因戶曹知委內西闕役事蓋瓦之役
時急各宮蓋瓦匠眼同奴子赴役于西闕役所事

76 庚申五月初二日夕 王子趙貴人所生卒逝二更量出于壽進宮

76 【欄外】王子卒逝

內司甘結初三日

右甘結爲知悉擧行事今此　王子阿只氏發引敎

是時龍脂十柄式軍人眼同今夕初更量等待于壽

進宮爲旀擧案修呈于本宮以爲點考之地爲有矣

萬一違繣甘罪不辭

庚申五月初三日

月廊聽

傳敎分付內今初八日　景祐宮　擧動敎是時

大王大妃殿別監不足壽進宮龍洞宮各假別監五人

式待令事　分付敎是矣　聽傳敎尹長番

庚申五月初三日內司甘結

右甘結爲今初八日　景祐宮　擧動敎是時

內殿三殿按袱差備以四宮所任依前例十二人鮮明

服色同日待罷漏待令于協陽門外按袱陪進爲旀

各其宮擧案豫先修呈于本司以爲點考之地爲

有矣萬一違繣甘罪不辭　龍洞宮三人　四宮各三人

同日內司甘結

右甘結爲惕念擧行事今初八日　景祐宮　擧動

敎是時　順和宮自家自內詣　景祐宮敎是時

各宮侍陪同日待開門鮮明服色依例待令于

曜金門爲乎矣四宮則宮任二人式該宮則宮任一

人式奴子則依前例待令爲有矣萬一違繾甘罪不
辭　宮任二人　奴子四名

忠淸監營營吏處

無他向來甲寅秋因瑞山泰安七浦口泥生處依本
島民人等等訴入　啓啓下屬於本宮後自籌司關
飭本道本邑使之除給煙役與元山倉還上是遣
多年上納是加尼忽於昨年混入於各宮房自下收稅
之科至於革罷之境是矣此庄段曾有　啓下之
文跡又有備局關文而混入於革罷者事甚無意
故更自備局措辭出關又成圖署別定宮差下送
到卽星火謄關知委於水營及瑞山泰安兩邑煙
戶雜役及元山倉還上減給一依甲寅完文施行是
遣魚箭收稅亦爲一體申飭泥生處從民願收稅
77 之意告營門施行宜當向事　瑞山泰安兩邑公事一張

庚申四月　日江華分宮照檢色吏李德器告目

依本宮圖署分宮所在留庫米七十九石四斗三升一合四勺八里二
分待秋改色捧上次除耗今月十七日分給事
題音內元摠中半留條除耗捧上元分條依例幷耗捧
上是矣此是所重有倍於餉穀也以精實米捧上是
矣如有麤劣之弊則汝矣監色斷當　啓稟刑

77　【欄外】織造廳二間頹圮 / 具由入稟於 / 差備矣 // 五月初八日 /　堂上大監分付 / 內織造廳旣 / 已頹圮餘存 / 者許賣於願 / 買奴子處事

配向事　五月卄三日

長興府來德平日山日得良扇子眞木等各島民人等等狀矣等所居各島釐弊事前後　判下節目與營邑完文昭在多年遵行矣法久弊生營邑之近來科外討索年加歲增是乎所一自移屬　本宮之後一無本宮文蹟之可以懲戢營邑之致尤加侵漁島民未免渙散失業之境乙仍于不勝冤枉玆敢齊聲仰訴爲白去乎伏乞　參商敎是後自　本宮入　啓後就其舊完文條例中參酌便宜更爲成節目各項雜役之存減一遵新節目擧行俾島民安堵無弊上納之地云云　題音內可存可減前完文中昭考新完文成給營閫邑牌飭向事　五月卄三日

京居千道淳白活矣身黃海道黃州牧淸面木面敬面伏在田畓四十一結零賭地定稅處及松面龍化里伏在畓十六石零落只與同里畓二十石落只水稅庫乙給準價今將買得於趙德亨處作爲基業是白乎所近來遐土民心不古欺詐層生恃强凌弱如非公家所管則如干京人私庄有難遵守是白乎等以玆敢據實仰訴爲白去乎自　本宮給準價買得作爲宮庄樣圖署分付於該邑公兄處使之量案修正上送是白遣每年上納錢五十兩式酌定矣身依導掌例擔當備納是白乎

則在　本宮有庇蔭生成之澤在矣身有依賴安業
之道其於公私兩爲便利是如乎伏乞細細　洞燭敎是後
78 依所願付屬永作宮庄之地事據　題音內依訴付
屬爲去乎上納等節着實擧行向事　五月卄三日

今七月初三日次對入侍時左議政趙斗淳所啓京江上下
無名收稅禁斷禁斷非止一再而廟堂飭墨未乾宮
家創襲如前民情繹騷貿遷絶　國休與休國存
與存凡爲　殿下臣子者孰之不然而宮家處地則
尤有別焉今因毛錐之地坐失旄倪之心究其所趣
則怨歸於國使疲商殘賈渙散蕩析二字誤無所
是豈國家之一字誤而亦豈不爲宮家久遠之害乎日前
沿江民人十百爲群以貿穀口文之自宮家收稅事來
訴於臣故雖已令京兆嚴查禁斷而第念我國雖
偏貧處　殿下親一字誤之地豈有衣食之憂而設有之
以　殿下敦庇之盛念何患賜與周給之不敷而乃爲
此瑣瑣之事與小民爭口吻中物乎直不過爲左右
閒雜人所見瞞耳從今以後凡宮屬或江上悖類之
慫恿指告憑藉侵虐之漢自刑漢兩司這這摘
發隨輕重各別懲治之意分付何如
上曰依爲之　自內司書來本草極其模糊不/可强解處姑闕之

---

78 【欄外】六月初旬間怪疾 / 往往有之至七月 / 大盛 // 七月二十六日屠 / 牛弛禁

79 庚申七月初七日內司甘結

右甘結爲粘連備局甘結玆以發甘爲去乎各其宮房

着念擧行爲乎矣萬有違𦄂之弊則甘罪不辭

80 庚申八月初二日戶曹甘結

右甘結爲今此稅船上來時領運漕卒卽莫重公

物千里駕海之民也毋論私債與公債稅穀畢納

前毋得推治前後飭禁不啻申嚴而挽近以來奸

弊層生法司之稱以捧債多般責徵甚至於勒

81 奪公穀之境事之駭然莫此爲甚慶尙道三洪

倉今已到泊限畢納間切勿侵責爲於至於各宮

房所納一款稅穀上納毋得先自卸下亦係法禁

今番段申明舊規更勿如前橫禁爲於江上牟利

82 之輩無端侵漁稅穀輸入之時榷利偸竊之弊一

一禁斷爲有矣萬一違𦄂甘罪不辭

同日內司粘甘

右粘甘爲粘連戶曹甘結內辭意詳考擧行次

庚申八月　日內司甘結

79 【欄外】七月二十九日 / 宮人朴氏所 / 生翁主阿 / 只氏卒逝

80 【欄外】庚申七月二十二日 / 月廊聽　令 / 龍洞宮小次 / 知有頉代 / 掌務千道亨 / 差下其代勿補 / 事

81 【欄外】庚申八月初二日 / 月郎聽　令 / 掌務金世澤 / 差下事 / 掌務白鳳爀 / 有頉代也

82 【欄外】八月五日 / 　本宅李氏 / 生女

右甘結爲惕念擧行事各宮稅米分派之弊便成

痼瘼昨年因戶曹變通草記自本司　啓下成節

目內以爲稅米之到泊京江未點檢下陸於船頭直推

去之弊已成惡習情費之濫索殆無限節甚至

有縛打船主色吏之弊比比入聞此蓋由於不入

官庭自外受去之致也從今以後各　宮納稅米

委屬內司使其司屬眼同倉主人另加操飭無至如

前亂雜之弊則地爲乎矣如或復有濫捧作挐

之弊則內司奴子來告戶曹而作弊宮奴段自內

司別般處置事節目昭然是去乙今番稅米

分派時二三宮奴不有法意肆惡莫甚至於下陸前入

去船艙縛打沙工勒奪每石加添一斗八升之多鞭

扑浪藉所見駭慘畢竟沙工輩呼訴戶曹自戶曹

申飭甘結到付本司矣言念事狀駭惋莫甚若

此不已則末流之弊不知至於何境而歸正無路焉有

節目之本意哉大抵宮奴之如是紛紜厥由在焉

不知稅米斛內之完不完故有此相持詰亂之端也

蔽一言元節目外更爲變通以稅米每石官斛斗量

準枰後加給一斗以十六斗作石是遣情費則依例

以每石縮三升情三升酒債每結一戔庫直情每五

十結一石式計給事更爲磨鍊後錄發甘爲去乎

各其宮膽鑑于　次知大監前俾悉洞燭更

無如前紛挐之弊事如是捧甘爲去乎復或有不

悛舊習更有入聞之事則該宮奴與庫直奴段斷

當如法重繩而當卽　啓稟後還屬戶曹依

法典入倉自官庭改斛後加升三升𢓜計給事

釐正矣幷須知悉擧行爲乎矣萬一違𥿠甘罪不辭

　　後

稅米每石以十六斗改斛量

　　　　　又縮米三升

　　　　　　情米三升

　　每結酒債一戔　京船則一戔　地土船則一戔二卜

　　庫直情每五十結一石

　　庚申八月十二日備邊司甘結

右議政趙　所啓卽見戶曹所報則以爲三南所在

各宮免稅結近以民結例收捧而其剩餘自

各其邑或付民庫或補公費又或有歸不明之

端今雖欲依民派定毋使加斂其勢末由宮結

之以錢上納幷屬之本曹依民結例收捧都聚

營門具陳省上納而取其餘剩以補經用湖南所

在望定結三千三百九結十負四束亦爲屬之本曹事

一體　啓稟施行爲辭矣毋論元結宮結出於民

一也與其屬之各邑不知歸屬毋寧屬之戶曹爲一

分補助之資依所報施行何如

上曰依爲之

　　同日內司粘甘

右甘結爲粘連備局甘結大臣　筵奏文蹟詳考
擧行爲有矣萬一違轣甘罪不辭

咸豐十年庚申八月　日全羅道長興府來德平日山日得良
等四島釐正節目

右節目爲成給事全羅道長興府所在來德平日山日得
良等四島本以司僕寺廢牧場
仁廟朝壬辰永作宮屯折受於義宮
肅廟朝戊寅　賜與　禖嬪房丙申罷宮後移屬內需司
正廟朝壬子移屬　宜嬪房
純廟朝丙子移屬　淑善翁主房
憲廟朝丙午付屬總衛營矣己酉年總衛營革罷
後因爲移屬本宮而其收稅等節自有舊節目定
式無弊遵行是在如良中　朝家爲島民軫念
諸般雜役一切勿侵事
列聖朝前後　啓下節目與籌司關文炳如日星
賜牌來歷明白屢經查決數百年無弊遵守矣
挽近以來紀綱頹廢營閫邑不有　判下所重違越
定式科外侵漁罔有紀極是除良一自移屬本宮之
後雖仍舊貫遵行而至于今尙無　判下節目之申
明釐正者不免爲未遑之闕典矣今者島民輩以
釐弊事來訴本宮而其爲切苦之瘼顉顣之狀
不無下究之實惠令民息肩乙仍于就其舊節目
中存減便否一遵近例略加增刪圖署完文玆

更成給而存減條件列錄于左爲旀此意爲先

牌飭於營邑是在果此擧亶出於　念玆島民

83 之至意是如乎其在營梱邑奉行之道敢不對

揚其萬一也哉幷只依此永久遵行爲乎矣日後

若有完文外侵漁之弊是去等小則告本官決處

大則報營門嚴繩毋敢有一毫橫濫之弊爲旀一邊

馳告本宮以爲入

啓變通之地宜當者

庚申八月　日

龍洞宮

後各島存減條件列錄　各島各一件式

成冊以給

長興三公兄處

無他本府所在來德等各島及陸畓己酉年自總

衛營移屬本宮之後各島收稅與釐弊等節一依

列聖朝前後　判下節目遵行矣挽近以來營邑

之科外侵漁年加歲增島民將未免渙散之境

是如千里裹足來訴本宮故具由入

稟後舊節目外創出新名色侵漁之弊所當一幷勿施

是矣行之稍久便成已例故存減便否一遵近例略

加增删圖署完文玆以成給爲去乎到卽依完

83 【欄外】庚申八月十五日 / 月廊聽　令 / 毓祥宮所任 / 趙泓廷掌務 / 差下趙泓廷移 / 差代李鼎禹 / 差下事 / 分付 // 趙泓廷卽小 / 次知趙完斌 / 子也

文恪謹遵守更毋得恣意加減爲旀其中所謂
玳瑁皮近來自營邑責納於各島而此本非該島
所産之物則營梱邑至於以錢代捧云豈有如許
道理乎日後段自本邑措辭防報俾無如前漫
漶之地爲旀平日島內月松亭亦係本宮基址而本
府南面居朴姓人蔑視島民之孤獨敢曰渠矣世守
基址是如稱以禁松虐民誅求之弊無所不至此是
全一島　賜牌之地則島內一草一木尺地寸土莫非本
宮所管是去乙朴漢之作弊豈不痛惡乎如是牌飭
之後更或有如前作挐之弊是去等依島民所告
爲先捉致官庭嚴刑懲勵後馳報本宮以爲行關
巡營照律刑配之地幷只告本官惕念擧行後形止
文報宜當向事

各宮房免稅田結中仍存與出稅別單

慶淑郡主房有無土結數二百結七束內

有土實出稅廣州一結二十八負二束

無土陽智二十結七十一負八束

積城二十結

忠州十八結

牙山十五結八十一負八束

林川四結

鳳山八十結十八負九束

白川三十八結

任實二結　以上一百九十八結七十二負五束幷已賣於龍洞宮勿論事　判下

趙貴人房無土二百結內一百五十結已賣於龍洞宮幷勿論事　判下

和柔翁主房無土二百結內五十結已賣於龍洞宮勿論餘數亦姑勿論事　判下

和平翁主房無土仍免稅忠州一百結 ┐ 已賣於龍洞宮勿論事

鳳山三十結 ┘ 判下

啓曰各宮房免稅田結中仍存與出稅之數別單書入之意敢

啓　傳曰知道　庚申八月二十五日

云云草記內辭緣及　批旨內辭意奉審施行爲有矣

仍免稅與當出稅數一依今番　啓下別單玆以後錄

發關爲去乎無土免稅上納之規自丙申節目之諸道

各邑至今遵行者不必更論而至若有土免稅之收納

本曹係是癸未初有之事則土稅公稅自當區別擧

行土稅付之該宮公稅亦依無土免稅例每結米則二十

三斗錢則七兩六戔七分收捧上納俾無法外加斂之弊

事後錄各邑良中一一知委施行宜當向事

庚申九月十九日內司甘結

右甘結爲粘連戶曹別單草記內仍免稅與實出稅之

數詳考擧行爲有矣萬一違繣甘罪不辭

下往圖署

康津　龍仁　信川　中和　瓮津　金海　梁山

安岳　洪州　以上導掌　長興　載寧　海倉　瑞興

鳳山　載寧　蛇所浦　黃州　中興洞　平壤　捼島　扶安

古阜　鳳山　文井坊　安岳　大元坊　載寧　上栗坊

黃州　兵營　本官　新付屬

安岳三公兄處

無他宮屬本郡所在大元坊桃串坪畓稅與遠城坊蘆稅收捧次宮監下送爲去乎自本官爲先傳令嚴飭於鄕監頭民等處如有當納而拒納之類是去等一一懲治督捧俾無滯留之弊爲旀此庄本是費財作畓幷作之地則所謂中賭地名色一切嚴禁而挽近以來暗自盜買捧稅之際無難沮戱往往先奪究厥所爲極爲駭然隨其所告捉來嚴治是遣盜買標紙段置官庭爻周勿施更無有此等之弊爲旀訓屯換土時其中結役三十負此係幾百年陳廢永頉載在量案者而本宮買得之後忽然侵漁勒徵於鄕監處云此必是該吏輩中間幻弄之致此不可一向任置是如乎詳査依前永頉後形止馳報事告本官惕念擧行宜當向事

鳳山三公兄處

無他宮屬本郡所在文井土城楚邱等三坊田稅收捧次宮監下送爲去乎自本官爲先傳令嚴飭於鄕監頭民等處如有當納而拒納之類是去等一一懲治督捧俾無滯留之弊爲旀三坊田結都不過十三結八十五負而元結錢加結役外乙卯年稱以摠米分結

九石六斗代錢先徵是遣丙辰年又稱戶太分結每
結一兩式先徵而及其元結納時畢竟除減矣近年
以來摠米戶太分結比前加倍濫徵無難勒捧㐔
除良至於戶太先納者元納時亦不除減云大抵宮
結所重與他自別是去乙今以三四條件科外濫徵
者寧有如許紀綱乎宮庄則結役一定更無加徵之例
而元結錢外稱以加結役勒捧旣是法外之事又況
摠米戶太等名色若是加徵揆以法意萬萬駭然
此必是該掌輩中間操縱之致嚴査懲治這間
委折詳査馳報以爲　啓稟之地告本官惕念舉
行宜當向事

黃州兵營營吏處　本官同
無他本牧淸面東山船橋里木面上下金贊里敬
面長佐垌所在田畓四十一結零賭地定稅處及松面
龍下里畓十六石落只打作處與同里畓水稅所捧
䴥乙自本宮給準價買得作爲宮庄而收稅打量次
宮監下送爲去乎別定解校吏眼同宮監一依草成
冊這這指尋踏驗　御覽量案修正上送爲旀收
稅之際作民中如有頑拒作梗之類是去等依宮監
所報各別懲治督捧俾無不謹抵罪之弊事告本
官惕念舉行後形止文報宜當向事

庚申九月十五日內司甘結

右甘結爲惕念擧行事今二十六日移

84 御敎是時朴貴人自家詣西闕時各宮侍陪與別監侍陪

同日未明時待令于泰秋門差備事

庚申九月二十日　內司甘結

右甘結爲知悉擧行事今二十六日移

御敎是時按袱宮任依後錄同日待開門鮮明衣

服待令于各　差備門外及時擧行爲旀進字擧

案來呈于本司待令房爲乎矣萬一違纁甘罪

不辭

大王大妃殿　按袱差備四人

王大妃殿　　按袱差備四人

中宮殿　　　按袱差備四人　四宮各三人

同日甘結今二十四日

順和宮自家出　闕行次于本宮敎是時全數侍

陪各其宮同日待開門待令于　差備門外事

按袱差備則當宮宮任擧行　函負軍自壽進宮擧行

同日甘結今二十八日　方淑儀自家自本宮移

次于　西闕敎是時各其宮依例侍陪同日平明待

令于本宮函負軍自壽進宮擧行事

---

84 **【欄外】** 九月十八日聽 / 傳敎內掌務 / 姜世忠代姜 / 世貞差下 / 事

同日甘結今二十九日　趙貴人自家自本房移次
于　西闕敎是時各其宮全數侍陪同日平明待令
于本房按衹奴子四名自各宮照例擧行函負軍
85 壽進宮擧行事

庚申九月二十八日　內司甘結　今二十九日
86 順和宮自家自本宮行次于　西闕敎是時依例侍
陪同日未明時待令于本宮爲於按衹差備依日前
出　闕時擧行函負軍四名自壽進宮擧行事

同日甘結　明日　順和宮趙貴人入　闕敎是
時侍陪幷以全數待令事

庚申九月二十六日　移
御敎是後卽日問　安　翌日問　安爲之
87

內需司爲相考事節呈龍洞宮手本內辛酉年朔　膳物膳
蔘苦臘肉臘猪等價米錢依例磨鍊而米七十五石代
太一百五十石一體磨鍊趁卽上下輸送之意司以移報宣
惠廳爲良結手本是置有亦手本內辭緣相考施行
爲只爲合行牒呈伏請照驗施行須至牒呈者右牒呈

---

85 【欄外】移御侍陪 / 移御問安
86 【欄外】本殿出　宮 / 敎是時負函 / 婢子一名不參 / 當該婢子除名 / 庫直奴付過 / 奴子居首二名 / 除下後仍存 / 婢子仍除名 / 辛酉二月日還 / 差定
87 【欄外】內下古風 / 米十五石內 / 書題所二十 / 書寫各十一斗

宣惠廳　咸豊十年九月日相考　典需 別坐　副典需 別提　典會 典穀　典貨 典貨

草手本依前　木則已爲輸來

　　庚申十月二十九日　備局甘結

平市署報狀卽者米穀廛市民等狀內去乙巳年分各

營各宮公私所用空石禁斷事呈籌司蒙題謄給矣

弊復如前云緣由牒報　題辭內旣有前後節目除年

88 例應納外私貿一款永永革罷以此意成節目遵行事

甘結內空石元無進排之事故勿令自持進排而各

處下屬勒令輸納市民無以安業玆又發甘各營門

年例　闕內入直軍兵地排與四宮應用燻造空

石下帖外科外侵漁之弊永爲痛革而下屬輩復或

討索是去等指名來告以爲移法司嚴繩不飭之郞官

與次知中官亦當論勘事　同日內司粘甘內備局

甘結及文蹟惕念擧行事

兼京畿觀察使都巡察使爲相考事因備局　啓下關

弊道營邑支放穀捄弊次海西移來無土免稅二千一百四十

四結六十五負五束今方分劃於各邑爲乎旀豊德所在

免稅及外他各邑所在免稅之有碍於取剩者一體移

劃他邑後宮號結數後錄文移爲去乎相考施行　庚申九月卅日

88 【欄外】朔膳報狀 / 空石事

後錄各邑

龍仁	五結　龍洞宮	陰竹	十結　貴人房
利川	二十結　龍洞宮	通津	二十五結　龍洞宮　豊德來 及其稅錢推尋也仍舊以開城輸送
南陽	一百十八結十八負九束　慶淑郡主房 海西來	金浦	二百五十七結　龍洞宮海西來 三結　龍洞宮　坡州來
振威	二百結　和平翁主房　海西來 此中三十結宮納次	果川	五結　龍洞宮 二十結　貴人房
抱川	五結　龍洞宮	積城	二結　龍洞宮　二十結　慶淑郡主房 十結　貴人房
長湍	七十結　龍洞宮	安城	十五結　龍洞宮 六十結　貴人房
陽智	五結　龍洞宮 二十結七十一負八束　慶淑郡主房	竹山	二十六結　龍洞宮

庚申十月初四日內司甘結　初五日到

右甘結爲戶曹甘結粘連忠淸道所在各宮房免稅結錢移定邑號及京畿道所在各宮房免稅結錢移送邑號粘連原文書捧甘爲去乎各其宮房知悉擧行爲乎矣萬一違繿甘罪不辭　本宮則無忠淸道免稅結錢

龍珠寺摠攝僧普侃等　呈于水原府　空名帖三百張判下

右謹陳情由事段本寺卽　健陵　顯隆園造泡之所是白遣奉安　陵園願堂與祭閣每年六次　祭享時自

本寺奉供是白乎所創建已久僧殘寺敗位畓擧皆成
川浦落餘存無幾而又未免陳廢所收極其零星比前殆
不滿十分之一是乎則六次　祭享所需與僧徒粮料每患
不足勢不得已出債彌縫以至年加歲增僧徒未免渙散之
境矣去甲寅年分此意具由上言空名加資帖五百張特爲
判下願堂祭閣與寺中各處盡爲修補是白遣以其剩餘
報償負債是白加尼至于今六七年之間位畓所收則漸致
減縮各項需用則仍舊擧行負債又如山積事勢岌嶪是
白乎中　祭享所用銀器二件入於庚寅年回錄之中自　內出
給鍮器二件姑爲代用是白加尼其後荏苒未及造成是白
遣其餘各項所用器皿與法堂鐘鼓一自創寺時鑄成之
後漸次破傷是乎乃事鉅力綿末由修改不勝悶迫是乎
等以玆敢據實仰訴於　明察之下爲去乎伏乞細細　洞燭敎
是後自　營門具由入　啓依甲寅已施之例空名加資帖
五百張特爲　判下以爲祭享銀器及各項器皿照舊新備
流伊負債盡數報償上繼　享祀下存寺刹之地千萬

　　庚申十月二十二日　金海三公兄處
無他宮屬本府所在新島即年久泥生處而戊申年自本
宮出立案入　啓折受之地也設置鹽盆每年定稅上納而
募民奠接次間設漁箭於新島基址之內以爲居民仰
食資生之地者已有年所矣今聞統營監官輩不知宮庄
所重混侵漁稅如干新搆之民將未免渙散之境云若此不
已則莫重上納萬無措辦之路是遣且今年積潦之餘

鹽役全廢而所謂錢主稱有舊債所煮之鹽全數

勒執云舊債非不謂報償之物而就其上納後羨餘之

物隨力排捧事理當然是去乙不計上納盡數討償

是豈成說乎所當別般變通是矣姑觀來頭次

玆先圖署分付爲去乎到卽傳令嚴飭於該島統

營監官處混侵漁稅之弊一切禁斷後文移統營

更不得如前漫漶之弊爲旀所謂錢主之不顧上納

專事討債之弊一體申飭使之次次備報之意告本

官惕念擧行俾無不謹抵罪之弊爲旀擧行形止星

火文報宜當向事

庚申十月二十二日　金　益處

無他宮屬尙州移來慶山元結九十結役價五衿內三衿

五十四結役價導掌鹿乙汝矣身買得隨行是如可同

帖與文券中間閪失是如呈訴故圖署帖文玆以成

給爲去乎日後以此憑考爲旀同導掌段傳子孫任

意區處宜當向事

金　益處

無他宮屬義城移來慶山元結七十結導掌鹿乙汝矣

身買得隨行是如可　以下措語上同

金　益處

無他己酉年長興府來德等六島及陸畓等處移屬

本宮之時汝矣身效勞旣多故每年役價錢一百兩作導掌
許給矣同帖文中間闖失是如呈訴故圖署帖文玆以
成給爲去乎日後以此憑考爲旀同導掌段傳子孫任
意區處宜當向事[89]

90 辛酉二月 日 順天三公兄處
無他宮屬本府所在有土免稅米捧上次宮監下送
爲去乎自本官傳令嚴飭於當納民人等處星火收
捧趁早裝載發船上送俾無遲滯之弊事告本
官惕念擧行宜當向事

南海三公兄處
無他宮屬本縣所在屯稅米捧上次宮監下送爲去乎
如有當納而拒納之類是去等依宮監所報這這懲治
督捧趁早裝載發船上送俾無遲滯之弊事告
本官惕念擧行宜當向事

玉果三公兄處
無他宮屬本縣立石一面所在有土免稅四十九結
六十七負八束庚申條稅米收捧上納次宮監下送爲去乎
以稍實戶各別擇付勿爲遲滯趁早畢納之意面
任處傳令嚴飭俾無慢忽之弊事告本官惕

---

89 【追記】以上三張 舊等 堂上申知事寬吉宅所管 河知事所請
90 【欄外】正月十五日 / 王子生趙貴 / 人出

念擧行宜當向事

金淡方處

無他宮屬通津柴場山直衺永得除下代汝矣身差
定爲去乎自今爲始禁火禁伐着實守護俾無不謹
罪責之弊爲旀汝矣身役及煙戶雜役段置以此
圖署告本官依事目憑考頉免宜當向事
通津柴場山直衺允吉代金漢用
金德信代金元得

91

李仁瞻處

無他宮屬水原府所在南谷乇旨西面田畓舍音汝
矣身差定爲去乎收稅上納等節着實擧行俾無不
謹抵罪之弊爲旀汝矣身役及煙戶雜役段置以此
圖署告本官依事目憑考頉下宜當向事

辛酉正月二十六日　內司甘結

右甘結爲知悉擧行事今二月初六日　仁陵　幸行敎
是時假監例錢依前例以一百兩磨鍊玆以後錄發甘
爲去乎依此趁卽入送于別監房爲乎矣萬一遲緩
甘罪不辭　龍洞宮　八兩三戔七分
安峴宮以結數減省事私通于內司假監例錢勿爲

91 【欄外】二月初六日 / 仁陵擧動子前 / 出　宮迫鍾還 / 宮 // 十九日　空闕 / 擧動瑞葱臺試 / 藝 // 二十一日　西闕內廐 / 失火當日問　安

分排　各宮加分排四戔二分式

92 內需司爲牒報事節呈龍洞宮手本內京居李度
敏金明元黃海道瑞興居金汝玉隨從京居金德
信李完根等僞造　內用圖署假托承　傳文蹟狼
藉故自宮京居漢四名已爲捉得是遣瑞興金汝玉
姑未捉得乙仍于玆以手本爲去乎司以移報刑曹在囚四
名及未捉得金汝玉行關捉上嚴查照律之地爲良結
手本是置有亦手本內辭緣相考施行爲只爲合行牒
呈伏請
照驗施行須至牒呈者

右　　牒　　呈

刑　　　　　曹

咸豐十一年二月　典需　副典需　典會　典貸
　　牒報　　　　別坐　別提　　典穀　典貨

93

龍洞宮手本
右手本爲京居李度敏金明元黃海道瑞興居金汝玉
隨從京居金德信李完根等僞造　內用圖署假托
承傳文蹟狼藉嚴查照律之意報刑曹公事一度成
帖爲只爲

---

92 【欄外】自內司招致 / 大廳直曰牒報 / 二字卽報上司 / 規式也以相考 / 二字改書年 / 月下只書典需 / 別坐二職而 / 來也故改書 / 以送 // 內司又謂曰日 / 後報狀時報 / 籌司文蹟則 / 依前規或書 / 之其外則 / 依改書規 / 式書來云 / 已上刑房執 / 吏所言

93 【欄外】蔡東民監 / 官圖差事

行下向教是事　辛酉二月　日　稤宮文世鎭(手決)

辛酉二月初三日刑曹書吏朴尙郁持文蹟罪人李度敏金明元金德信李完根四名捉去

校洞徐判書宅奴泰月白活　云云矣上典宅蘆田在於

梁山大下面而每年依元卜納稅于　本宮矣去年四月金僉正下人李哥蘆田

元卜外加執浮卜九十卜捧錢四兩五戔於蘆田幹事人是如乎

自宮捉致推給嚴懲之地　題音內已於導掌處

查實歸正矣更勿煩訴向事　正月廿七日

庚申十一月初六日　黃州三公兄處

無他宮屬田庄在於本牧德水坊金光里而卽見該監官所報則挽近以來元結外柴木結布加結太名色每年無端徵出於宮庄勢將至於廢庄之境是如云聞不勝痛惡且當今秋歉荒上納與元結役排備猶患不足㐲除良宮庄所重與他自別是去乙創出前所未聞之名色肆然橫徵豈有如許道理乎所當別般變通是矣姑觀來頭次玆以圖署分付爲去乎到卽元結外柴木結布加結結太名色一幷頉免後節目成給俾爲日後憑考之地告本官惕念擧行後形止文報

黃州德水面金光里監官崔命實金辰成等處

無他汝矣所報中挽近以來元結外柴木結布加結太名色每年無端徵出於宮庄勢將至於廢庄之境云聞不勝驚駭以若莫重宮庄何敢以前所未聞之名色肆然侵漁者事未前有故此意具由入稟後本邑公兄良中圖署下送爲去乎卽爲到付後自本官當有節目與知委矣汝矣等這這曉諭於各該頭民等處右項元結外創出之名色永永頉免之地爲乎矣若有不謹擧行之弊則汝矣等斷當嚴處矣除尋惕念擧行宜當向事

庚申十一月二十七日　順天富饒面紙地導掌處

無他上納壯白紙卽　內用與各項公事所需而紙
品與長廣自有定例是去乙今者上納紙品極爲
劣薄萬無需用之路所當一幷退却是矣遠
外導掌事情不無顧念之道敦厚紙則雖極薄
劣特從寧失之意姑爲捧上是遣白紙段萬不
成樣故換色以納是在果汝矣身須悉此意明年段
必以敦厚潔白紙照舊例上納爲乎矣若或如前漫
漶之弊則汝矣身斷當行關捉上別般重繩
矣除尋常惕念擧行宜當向事

庚申十二月初八日　內司甘結
右甘結爲惕念擧行事謹承
傳敎內年前申飭之後甲子骨技幻名如是掖
庭以內無論官下沈惑狼藉云極爲無嚴此後若
復踵前習則自有入聞之道矣犯者與各其處頭
目斷當嚴刑遠配事各其處書揭壁上常目
惕念亦敎是置
下敎內辭意奉審擧行爲乎矣各其宮謄出揭
壁各別申飭毋至廉撥查摘自抵重辟之地爲乎
矣萬一違越甘罪不辭

庚申十二月十二日　帖文　沙工洪仁喆
無他宮屬陰竹屯畓秋收租載運船一隻汝矣身
處逢授爲去乎裝載上納等節着實擧行爲於

所經各邑若有侵漁執船之弊是去等以此帖文
憑考勿侵宜當向事

洪仁喆處
無他呂州白岩江舍音汝矣身差定爲去乎陰竹
屯畓上納租出浦後裝載發船等節着實擧
行俾無不謹抵罪之弊宜當向事

1861년(신유)

辛酉正月初十日　內司甘結
右甘結爲知悉擧行事粘連全羅監營移文各
宮房無土免稅結移送邑號後錄發甘爲去乎
相考擧行爲乎矣萬一違繣甘罪不辭
咸悅　龍洞宮畓二十結　移送羅州
羅州　龍洞宮畓五十結　移送順天
和柔翁主房畓五十結　移送順天

辛酉正月十三日　內司甘結
立廛市民等狀所志題辭內本廛事勢誠爲可
矜　御供中時急進排之外一切待冬行回還後擧
行之意捧甘於各司各營是遣各宮則本無似此
責應是喻一體措辭捧甘向事

備邊司甘結

右甘結粘連所志及題辭相考施行爲有矣凡係

緞屬初非我國所産必待燕貿而進排者也旣不

得貿來於曆行則姑待冬行回還後擧行其在於

94 事勢容或無怪徭除良若或勒令進排則

此乃無麵之托也　御供中衣襨等屬時急進排之

外必依題辭一切勿爲責納俾廛民得以支保之地

是遣至於各宮段置亦自內需司着實知委爲

有矣萬一違越甘罪不辭

同日內司粘甘

右甘結爲粘連立廛市民等狀據備邊司甘結

內辭意相考擧行爲乎矣萬一違繣甘罪不辭

---

94 【欄外】三月初六日 / 毓祥宮 / 宣禧宮 / 擧動 / 飛石犯 / 御袍捉得飛 / 石漢 /　親鞫初七日處斬 / 于武橋 // 當日還　宮後問 / 安爲之　宮參 / 翌日問　安宮不 / 參

95 辛酉三月十二日　全羅監營營吏處

無他宮屬道內順天府所在戊午條屯稅米代錢捧上次己未春下送宮監而營下居李孟文多年往來於該邑稱謂勤幹云故同稅米代錢使之收捧上送矣收捧則盡數了刷而中間幻弄趁不上送如干塞責而一事遷就是如可以至經年越歲之境宮飭營關不啻申嚴而視若尋常渠矣未納錢尙爲八百兩之多而無意畢納豈有如許無嚴之漢乎此而不別般嚴處後弊難言乙仍于宮監玆更下送爲去乎到卽李孟文捉致營庭嚴刑懲勵後宮納未收錢準數督捧出付宮監爲乎矣如或頑拒之弊是去等孟文漢爲先定將差着枷上送以爲移法司照律刑配之地幷只告營門惕念擧行後形止文報宜當向事　二十六日稤宮文稅鎭下往

辛酉三月十五日

內敎內掌務韓景憲有頉代勿補自今爲始闕額料布收合以置事

通津柴場山直千有石差定

辛酉三月　日江華府營吏處

95 【欄外】三月十三日曉 / 王女死 / 本宅李氏 / 所生

無他分宮所在還米捧糴時近年以來每以代錢捧
上及其翌春又以錢分給而留庫米則六七年仍留
積貯以至腐敗耗縮之境故昨春良中圖署公事
下送庫在米與代錢所捧條盡數分給待秋幷以本
色捧上入庫以爲半留半分依前糶舊糴新之意分
付矣昨冬還米成冊中折半穀又以代錢懸錄上送豈
有如許道理乎還穀本意所重自別是去乙汝矣
等恣意幻弄之狀萬萬無嚴所當査出嚴處是矣
姑觀來頭次玆又圖署分付爲去乎今春段留庫米
勿爲遷動必以司倉捧留之代錢還分給是遣秋糴
時以米捧上留庫俾無抵罪之地爲乎矣若或有如
前作奸之弊則送宮監摘奸後斷當入
啓汝矣等捉上刑配矣幷只告營門惕念擧行爲旀
形止星火馳報宜當向事

江華分宮庫直崔龍業處　草牌子

無他昨春還米分給時依汝矣身所告留庫米與
代錢盡數分給是如可待秋成幷以本色米捧上事
圖署公事下送于營吏處則依　圖署辭意留
庫陳米換色次除耗分給之意告目上來矣及
其還米成冊中仍舊以折半米代錢懸錄上送者是
何道理乎今春段必以司倉捧留之代錢分給是遣
秋糴時以米捧留之意營吏處更爲圖署申飭是
在果汝矣身須悉此意惕念擧行爲乎矣若或

如前幻弄之弊則汝矣身爲先汰去後嚴刑遠配矣
除尋常惕念擧行宜當向事

辛酉四月初七日舒川導掌李儆白活
開也召島庄土漸次頹落田畓二十餘結民家五十餘戶
盡入於海濱收稅則未滿其半上納則如前無減第伏
聞漁船來泊浦落處互相買賣便成漁場是乎
則導掌因此收稅補縮上納容可說也牟利輩之或
稱班家分付或持　本宮圖署收稅等節無難收食揆
以法例豈可成說乎　參商敎是後此等痼弊一倂革
除自今更以導掌收稅補縮上納之意　圖署成給之
地　題音內　圖署成給向事

忠淸監營營吏處　四月初七日
無他本宮庄土在於本道舒川郡開也召島而畓處
海濱連値水災庄土漸次浦落田畓數十餘結民家
五十餘戶盡入於海落所謂收稅則未滿其半上納則如
前無減多年見縮不知至於何境云言念公事豈不可
悶乎卽聞近年以來漁船都會此地其魚屬互相
買賣云雖是海畓之例套乃是宮庄之基址也導掌
之捧稅補縮上納理固當然是去乙閑雜輩之稱
以海上收稅侵虐浦民威脅漁商無難收稅看作
己物者揆以紀綱萬萬驚駭乙仍于　啓稟判下後
成圖署玆以別定宮監下送爲去乎到卽同基

址收稅一款永付本宮補縮上納爲旀其前牟利輩
之所謂收稅者一幷嚴禁而仍爲定式施行毋至疎忽
抵罪之地幷只告營門後形止趁卽報來以爲憑處
之地宜當向事　導掌李徹下去

忠淸監營營吏處　辛酉四月二十二日
無他宮屬道內恩津縣所在江景浦北魚船收稅處去
壬午年分折受本宮後送監官收稅稅錢一千五百兩式每
年七月內許多年無弊上納矣庚子三月良中因大臣
所奏監官往來似不無日後爲弊之慮自本官看
檢收稅稅錢則以一千兩減定每年十一月內無違上納事
96 筵稟定奪行會營邑數十年遵行矣挽近以
來爲色吏輩之所幻弄輒事過限是如可至於昨
年上納越歲許久尙不來納稅錢之減納月當之
退定亶出於顧念邑弊之意是如乎苟有一分
嚴畏之心　筵稟定式之下焉敢如是慢滯乎
究厥所爲萬萬駭然此若不一番更張來頭無窮
之弊有難勝言乙仍于具由　啓稟後玆以圖署分
付爲去乎到卽行關該邑昨年稅錢使之準數星
火上納是遣幻弄色吏段上使照律嚴刑遠配
97 莫重宮納俾免日後過限之弊爲旀舒川郡開也
召島收稅事月初有所公事矣卽聞導掌

96 【欄外】恩津 / 舒川
97 【欄外】舒川事因 / 廟洞鄭知事 / 大監往復 / 圖署成給

李徵藉此作弊多端云故玆更分付爲去乎

到卽亦爲行關該邑李徵收稅公事段置之一依

收稅導掌李道亨所持　判下節目如前收稅之

地告營門惕念擧行宜當向事

98　辛酉四月十七日內司甘結

右甘結爲知悉擧行事今二十一日移

御敎是時按袱宮任依後錄同日待開門鮮明衣服待

令于各　差備門外及時擧行爲旀進字擧案來呈

于本司待令房爲乎矣萬一違繾甘罪不辭

後		金東赫
大王大妃殿	四人	韓俊錫
王大妃殿	四人	姜世貞
中宮殿	四人	已上四宮擧行

同日　內司甘結

右甘結爲知悉擧行事今十九日　順和宮自家自

西闕行次于　本宮敎是時全數侍陪各其宮同日未明

時待令于　差備門外爲旀按袱差備段依昨年九月移

御時捧甘擧行函負軍四名自壽進宮依例擧行爲乎

矣萬一違繾甘罪不辭　吳守根 / 姜重錫　奴子六名

98 【欄外】十六日出　令 / 二十一日還 /　御

四月二十日　趙貴人方淑儀出　闕全數侍陪

吳守根 / 崔英鎭　奴子十名

四月二十一日　朴貴人下　闕時全數侍陪

崔英鎭 / 姜重錫　奴子六名

還　御敎是時　堂上大監分付據
大王大妃殿陪行所任　小次知千道亨　掌務吳守根進

辛酉四月二十七日內司甘結
今二十九日　順和宮自家自　本宮入　闕敎是時全
數侍陪同日平明時待令　吳守根 / 崔英鎭　奴子六名

辛酉四月二十六日
月廊聽　令　龍洞宮所任文奎行掌務陞差事有
敎　　聽　令內侍柳長番

辛酉五月初九日　趙貴人自本宮入　闕時

吳守根 / 崔英鎭　奴子六名

辛酉五月初七日戶曹甘結
右甘結爲各倉稅穀元上納前各　宮房稅納毋得先自
卸去法禁至嚴而今番群山倉上納前各宮所屬
欲爲先奪侵漁多端云豈有如許事體乎聞甚

駭痛乙仍于玆以甘飭爲去乎元穀畢捧前如有
責納之宮屬則斷當摘發從重論勘與受同罪
除尋常着念擧行爲有矣萬一違繣甘罪不辭

同日內司粘甘

右粘甘爲粘連戶曹甘結內辭意相考擧行爲乎矣
萬一違繣甘罪不辭

辛酉五月　內司甘結

右甘結爲惕念擧行事各宮稅米再昨年因戶曹變
通草記自本司　啓下成節目使之句檢分派則所
重自別其禁雜之節不容少忽是如乎無論京江
漕船添載宮納之情費一例施行不宜異同是矣漕
船米情條段置亦依京船例計給是遣至於酒債錢
則有異於京船多寡間依前前例船主處推去是
矣如或有科外濫索侵漁船人之弊有所入聞則當
該宮奴輩斷當如法嚴繩矣并須知悉擧行爲乎
矣萬一違繣甘罪不辭

辛酉五月十七日　內司甘結

右甘結爲粘連戶曹甘結全羅道聖堂倉黎字恒字
漕船二隻致敗於洪州牧元山鎭後洋是如乎元上納
穀數與拯未拯區別文書相考擧行爲有矣萬一違
繣甘罪不辭

龍洞宮　南原　恒字　十三石七斗一升

色一斗三升

落二斗六升

黎字　八石

色八升

落一斗六升

合米二十一石十三斗四升

辛酉六月二十四日　姜正中處

無他宮屬南海永作宮屯庫直崔之江有頉代汝矣身

差定爲去乎稅米捧上與倉舍守直等節着實擧

行爲旀汝矣身役及煙戶雜役段置以此圖署告本

官依事目憑考頉下宜當向事

辛酉七月初四日　內司甘結

右甘結爲　恩信君房　祠宇今月初七日曉頭自谷

山任所上京行次敎是置依例侍陪當日未明時一齊

待令于弘濟院俾無未及之弊爲有矣萬一違繣

99 甘罪不辭　所任一人　奴子六名

全羅監營營吏處

無他宮屬道內長興府平日島屯民處東萊居

---

99 【欄外】七月十一日 / 中宮殿半產 / 四朔 / 無頒布問 / 安不爲 / 本宮則當日夕入 / 闕明早入闕問 / 安則不爲

李才男及中營冊房之子張哥漢稱以加沙伊主人
差帖債錢前後勒奪錢爲千餘兩而島民將至渙
散之境故自本宮具由　啓稟後報備局李才男及
張哥漢之討索錢一一還推出給島民兩漢則照律
刑配之意五月良中自籌司措辭行關于營門事
當依關辭趁卽擧行法理卽然是去乙汝矣等視
以文具于今數朔李才男等置而勿問一任抛擲討索
錢亦不徵捧還推豈有如許事體如許法例乎汝
矣等循私漫漶獨不念　啓下公文之所重事之
寒心莫此爲甚故玆以圖署分付爲去乎到卽李張
兩漢捉致營庭照律刑配爲旀同討索錢一千
餘兩段置一一查出期於還給島民之意告營門
惕念擧行後形止以文狀馳報以爲憑信之地宜當向事

忠淸監營營吏處

100 無他宮屬道內恩津縣江景浦昨年上納無難越
歲故督捧上送事　啓稟後圖署公事下送于
營門矣于今四朔尙無皁白該邑擧行豈容若是
近來法綱雖曰掃地莫重宮納爲奸吏輩之所乾沒
恣意遷就而莫敢誰何宮飭營關視若尋常
事之寒心莫此爲甚故玆更圖署分付爲去乎到卽
該邑首吏捉上營庭爲先杖問查實拒納委折

100 【欄外】忠淸監司趙 / 獻永無意督 / 捧累度公文 / 歸於虛地

星火馳報爲於同上納錢不日內使之上送俾無罪上
101 添罪之地幷只告營門惕念擧行宜當向事

辛酉八月初二日內司甘結

右甘結粘連戶曹甘林川郡庚申條田稅米太船到通
津所伊浦柯作洞新嶼前洋致敗拯未拯區別回
啓文書相考次
慶淑郡主房納米五石一斗浮價米三斗三升六合九勺
七里有馬色掌役價米一升七合七勺
三里船價米十一斗二升
江華分宮庫直崔龍業代李秉春

辛酉九月十九日　內司甘結

右甘結爲知悉擧行事近來法綱雖曰懈弛在
恒茶飯體統與無常時禮節則雖愚夫愚婦猶
能知之而近日各宮所任與守僕及宮奴輩不學無識
妄自跳踉公故赴　闕之際無難犯路於大臣行
次前路云聞甚駭然不覺寒心幸蒙寬闊之澤
置諸度外不至深罪之境在下恭謹慴伏之道寧
有如許漫漶乎所當摘發該宮所任與宮奴
啓稟懲習是矣爲觀來頭姑此安徐玆以甘飭爲去
乎復或有此等頑習有所入聞則啓達懲汰斷不

101 【欄外】林川致敗

饒貸幷須知悉擧行爲乎矣萬一違越甘罪不辭

辛酉八月　日　黃州兵營營吏處

無他本宮新買得庄土在於淸面敬面松面等處
而昨秋自本官　御覽量案修正上來故入
稟後下送是在果慕面居金達行昨年秋收代
錢二百兩春間輸納本宮之意納侤而尙此遷就
之狀萬萬無嚴卽爲督捧待宮監下去出給爲旀秋
收之際作民中頑拒作梗之類這這懲治爲乎矣此
土旣係新付屬則庶事草創規模未具有可
以矯捄釐革永久遵守之方一依宮監所報勿拘
常例條別事目完文成給之意告營門惕念
擧行後形止馳報宜當向事

金翊周處

無他宮屬黃州牧淸面敬面松面等處田畓監
官以汝矣身差定爲去乎募民觀耕收稅上納之
節着實擧行俾無不謹抵罪之弊爲旀汝矣身役
及煙戶雜役段置以此圖署告本官依事目憑考
頉下宜當向事

鳳山三公兄處

無他宮屬本郡所在文井土城楚邱等三坊田稅收捧
次宮監下送爲去乎自本官爲先傳令嚴飭於鄕監

頭民等處如有當納而拒納之類是去等一一懲治督

捧俾無滯留之弊爲旀三坊田結都不過十三結八

十五負而元結錢加結外乙卯年稱以摠米分結九石六斗

代錢先徵矣至於己未庚申兩年漸至十餘石之多

是遣且近年以來本邑災監輩稱以加起執卜侵

漁作民云宮庄與私土有異結稅一定更無加減之例

而今此摠米分結之比前加徵加起執卜之法外橫侵揆

以法意萬萬駭然此必是該掌輩中間操縱之致是

如乎嚴查申飭更無得如前濫徵橫侵之意告本官

惕念擧行宜當向事

安岳三公兄處

無他宮屬本郡所在大元坊桃串坪畓稅與遠城坊蘆

稅收捧次宮監下送爲去乎捧稅之際沮戲拒納之

類作弊多端云隨其所告捉來嚴治爲旀訓屯換

土寸其中結役三十負此係幾百年陳廢永頉載

在量案者而本宮買得之後忽然侵漁勒徵於鄕

監處云此必是該吏輩中間幻弄之致此不可一向

任置詳查依前永頉後形止馳報之意告本官惕

念擧行宜當向事

載寧三公兄處

無他本宮庄土在於本郡上栗坊新換浦近處而收

穧次宮監下送爲去乎作民中頑拒不納之類爲先各

別令飭俾無宮監滯留之弊爲旀昨秋隣庄鄕監輩
敢生不測之計稱以訓屯公事率本邑將校出來宮
庄水入處生地四十餘把無難掘浦獨洑灌水則莫重
大庄忽至陳廢之境云事之寒心莫此爲甚大抵毋
論某畓各有所用之引水而私民畓猶不敢恣意
獨洑奪水況宮庄乎此若不別般嚴處後弊
難言乙仍于玆以圖署公事爲去乎到卽獨洑委折
詳查馳報以爲　啓稟後依前還防之意告本官
惕念擧行宜當向事

龍仁三公兄處　因舊　廟洞分付書納　本邑回移上來依牌 / 旨曉諭云云
無他宮屬本縣直洞所在田畓收穧次宮監下送爲去
乎作民中如有頑拒作梗之類是去等這這懲治督
捧爲旀年前趙姓人入葬於宮庄內負兒山而稱有
漢城府立案廣占境界使宮畓作民輩不得奠
接樵採將未免宮庄廢棄之境云豈有如許道理
乎宮庄作弊之類不可遷延容貸乙仍于玆以圖署
分付爲去乎到卽嚴飭趙班處使之依前還納其山
於本宮爲乎矣如或有頑拒之弊則斷當別般變通
矣以此意告本官惕念擧行宜當向事

黃州三公兄處
無他本牧金光里土井等處所在田畓乙卯年自宮
買得時鄕監輩符同坊民坊結與流亡添入於宮結

以致上納之愆滯㐫除良且土井里陳田廢畓載在本
邑量案而柴木結布結太名色自本官依例徵捧
云此必是該色輩中間幻弄之致是如乎此若不一番
查正後弊多端乙仍于玆以圖署分付爲去乎到卽
依宮監所報兩處田畓結卜詳細釐正爲乎矣明禮
宮庄亦在附近處一依明禮宮例施行之意告本官
惕念擧行宜當向事

102 洪州 長興 扶安 古阜 康津 金海
梁山 瓮津 安岳 鳳山兩處西湖坊 舍人坊 載寧兩處海倉 蛇所浦
中和 瑞興 黃州中興垌

辛酉十月二十六日 忠淸監營營吏處

無他道內恩津縣江景浦庚申條稅錢未納事去四月
良中圖署公事于汝矣等處使之告營門行關該邑
星火督捧上送矣于今七八朔杳無動靜如有一分嚴
畏之心汝矣等擧行敢容若是漫漶乎苟究情跡
寧欲無言 啓稟變通次玆更公事爲去乎到
卽遷就委折詳細馳報爲旀昨今兩年上納錢乙不日
內上送之意告營門惕念擧行宜當向事

辛酉十月二十四日 全羅監營營吏處

無他本道古阜扶安兩界間八旺里洑卽洑下各洞民

102【欄外】十月初一日 / 宗廟擧動

人等合力築洑蒙利者也昨秋洑下五十三垌民人等慮
有後弊成文蹟來納自願付屬本宮故自宮從民
願出財二千金築洑捄弊是遣俱由　啓稟後玆以
圖署下送爲去乎到卽告于汝矣營門行會兩邑使
之出送解事使逐鹿踏驗後收稅段與民和議以
捧是旀　御覽量案修正上送是矣擧行形止
先卽馳報向事

古阜三公兄處　扶安同　以上三張自　廟洞　大監宅起 / 草下來
無他本邑及扶安兩界間八旺里洑卽洑下各垌民人
等築洑蒙利者也昨秋洑下五十三垌民人等慮有後弊成
文蹟來納自願付屬本宮故自宮從民願出財二千金
築洑捄弊是遣俱具　啓稟後玆以圖署下送爲
去乎到卽告于汝矣官家出送解事使逐鹿踏驗
後收稅段與民和議以捧是旀　御覽量案修正
上送是矣擧行形止先卽馳報向事

安岳三公兄處　十一月初二日
遠城坊蘆場蘆草標納諸漢依後錄捉囚督捧
事

辛酉十一月十七日　內司甘結
右甘結爲江都分司及分宮所管還米糴捧在邇故
各別精捧之意卽因　本司堂上大監敎是分付

發牌于沁營營吏處使之另飭擧行而封庫後別
遣司官宮監摘奸如有米色斗斛不稱之實斷當
重責事申飭是在果亦自各該宮另加知委俾
存實效之地爲乎矣萬一違繕甘罪不辭

江華府營吏處
無他分宮今秋捧糴更毋得以代錢捧留司倉必以
本色米收捧入庫以爲糶舊糴新之意春間曾有所
圖署申飭是在果大抵還穀本意所重自別則
其在擧行之道不容漫漶是矣近來法綱解弛
不有所重無難幻弄事極無嚴乙仍于玆又圖署申
飭爲去乎到卽這這以精白米捧上入庫後修成冊
星火馳報以爲送宮監摘奸之地爲乎矣若有相左
之弊則斷當入　啓別般變通矣并只告營門惕
念擧行毋至犯科抵罪之地宜當向事

辛酉十一月二十二日
南海監官報狀題辭內槩狀報來自有其時登
場已過之後有此報來不無嘗試之計極爲無嚴向事

南海三公兄處
無他宮屬本縣所在永作宮屯九十結卽久遠折受
之地而該土以定稅之處豊不加歉不減依定式收捧
者積有年所矣今見該屯監所報則稱以風災虫

災略略分災爲四結零是如云大抵宮畓永稅之
處無難稱以災減者數百年來未聞未有之事
叱除良果若八月間風損則何不卽地報來而拖至十月
滌場後始報乎該監官之所爲極爲無嚴乙仍于玆
以牌飭爲去乎到卽嚴辭令飭於該面當納民人等處
使之依定式這這以精白米準數督捧之地爲旀報
狀題辭卽爲出給於監官金大英處以爲依題旨惕
念擧行毋至抵罪之地宜當向事

103 辛酉十月二十二日 瑞山泰安兩邑界安眠島島
民等等狀內宮監與導掌作弊去益層生自本宮
特以純實者差出導掌俾無作弊之端是遣島中
雜役一幷蠲之地 題音內付屬本宮之後非徒作
撤之無常事係草創故年復年來往之人認以解
事任他擧行矣今見汝矣來訴甚爲慨然自今
宮監別定下送收稅而爲先形止與汝矣爲弊等摘
奸釐正次從當下送矣退去以待向事

全羅監營營吏處 十一月二十五日
無他內需司所管靈岩郡露兒島卽本宮納稅之地
也今因亂民輩起鬧之弊自內需司發牌下送是
在果大抵車金兩漢素非本島之民而本以射

103 【欄外】此亦非島民 / 之等狀而中 / 間有嘗試 / 者所爲耳

利健訟之類慫恿島民代訴備局欲爲減稅之計
矣至於見屈退去之境而稱謂浮費錢一萬二千兩是
如欲爲白徵於島民是如可至於刑配之擧

　　辛酉十一月二十五日　全羅監營營吏處
無他內需司所管道內靈岩郡露兒島卽本宮納稅
之地也今因亂民輩起鬧之端自內需司發牌下送是在
果大抵車金兩漢素非本島之民而本以射利健訟之類
慫恿島民代訴備局欲爲減稅之計矣至於見屈退去之
境而稱謂浮費錢爲一萬五千兩是如欲爲白徵於島民
是如可至於刑配之擧飭除良丁巳年籌司與營邑之勿
侵完文昭然自在是去乙兩漢不思懲戢又生不測之心
今秋又率亂流誣告營邑自本官推捉島民千金
良等五名以致島內擾擾奔竄將未免蓬場之境是如云苟
有一分紀綱渠輩已經勘罪之後又有此惹鬧責徵
之端乎聞不勝驚駭乙仍于玆以圖署公事下送爲去乎
到卽丁巳成給籌司營邑之完文相考後同車金兩
漢捉上營門照律刑配以杜後弊之地告營門惕念
擧行後形止馳報宜當向事

　　辛酉十二月初二日　內司甘結
右甘結爲戶曹甘結草後錄發甘爲去乎詳考擧
行次
　　後

戶曹發關完營卽接各宮房奴狀則以爲本郡免
稅在於淳昌郡而今已限滿且多爲弊之端依已
例移送他邑事據某君房[104]免稅幾結移送某邑
恩彦君房奴狀內本宮田土在於仁川地而每年所徵
結卜夥然是乎所自陽智縣有所納免稅二十結移定
于仁川府以其免稅所捧充其所徵結卜事據發關圻
營　本司報狀順和宮手本內折受米結二百五十結分屬
湖南五邑矣忽於己未收合二百五十結移屬長興府是
乎所水路極遠司以入　啓移報戶曹行關該道還爲移
屬於某某五邑事據發關　戶曹關內輪回結之
限滿釐正亦是已行之例宮號結數移定邑名依
後錄發關云云
玉果　龍洞宮五十結　移送全州

　　辛酉十二月十八日　內司甘結　犒饋所用屠牛幾四
報備局次修成冊來納事　三四報

　　辛酉十二月　日　順天三公兄處
無他卽見本宮屬本府所在田畓舍音金漢宗所訴
則以爲三日浦中坊坪作民輩當納賭地稅錢無難
頑拒至有呈官捉待之題而一直忨愒從不來納云
豈有如許無嚴之類乎此若不別般懲勵後弊

104 【追記】恩全君順和宮恩彦君

難言乙仍于玆以牌飭爲去乎到卽後錄諸漢一幷
捉致官庭渠矣所納賭錢一一督捧後各別杖囚
嚴治之意告本官惕念擧行爲旀形止馳報宜當

辛酉十二月二十三日　全羅監營營吏處
無他本道古阜地所在八旺里洑卽衆民買賣者而
完議與標文昭然自在頉除良已有所　啓下公事
下送是去乙自本邑慢不擧行視若尋常事體
所在豈有如許道理乎聞甚駭然具由　啓稟後
玆又圖署下送爲去乎到卽告于汝矣營門別定校
吏眼同宮監逐庫踏驗後　御覽量案修正上送
是遣收稅段段各別申飭斯速捧納毋至遲滯之
地是矣擧行形止爲先馳報宜當向事

【별지(別紙)】

龍洞宮手本

右手本爲宮亦所管全羅道全州長興兩邑元結

免稅米挽近以來多違月當經年越歲延拖不納以

致宮用之窘絀揆以事體萬萬駭然此不可尋常

置之乙仍于玆以據實手本爲去乎司以入

啓移報議政府行關本道全州元結一百二十結長興元

結三十結合一百五十結內五十結移送樂安五十結移送

寶　城五十結移送和順以爲趁月當上納及時入用之地

爲只爲

行下向敎是事

壬辰九月　日　　　　　掌務李仁淳

【별지(別紙)】

太則二十四石上下七十石二斗入卽以燻造次

先下稟目書上如可

二十四石內

本房仕役二十二　七石五斗

婢子
色掌 ⏌依前給

令監宅　二石

馬夫　四石

茶洞二石　廳直十斗

餘在書題所幾員先用似好耳

【별지(別紙)】

光緖十二年丙戌十二月　日節目

爲節目成給事宮屬本郡各浦

稅納挽近凋殘實由於主張之不

勤若此不已必至罷散之境故玆以

金應實新定監官差帖下送爲

去乎據實提告于汝矣官家後

嚴飭傳令于該浦魚鹽花穀

各項物貨盡歸於都旅閣主人

賣買不得從他措處是矣若有

犯科頑拒者自官各別懲治一遵

定例無敢違越是遣該各浦良中

稱以營邑與洞中所用捄弊無公

文加稅收捧故各處商賈輩以

分稅之太多呼冤滋甚東西奔

馳浦口出入者稀少收稅太減因

此本宮上納每致遲滯至於不足

之境汝矣擧行極爲無嚴此後

所由該各浦無公文加分與旅閣

分三戔條一幷革罷是遣都主

人元收稅鹽穀間每石七戔及各

項物貨每包七戔式以爲定式充

本宮上納之意後錄成給依此永
久遵行宜當者

丙戌十二月　日

後

一各魚物十一除

一鹽每石七戔

一穀每石七戔

一花梨錢草每包七戔

一各項物貨每包七戔

一各項賣買口文每包七戔

一各項物貨過去貰每包七戔

一牛皮每領五戔

一白蝦每坐一兩

一本布每疋一戔

一執船時魚鹽船一倂勿侵事

一各國商賈輩稱以不應公文
收稅則自該食主人處徵捧
事

一平山各浦段置置依此節目
遵行事

【별지(別紙)】

金應實處

無他宮屬金川助浦收稅監官池

鳳來自退代汝矣身差定爲去

乎收稅上納等節着實擧行

俾無不謹之弊宜當向事

庚寅十二月初三日

【별지(別紙)】

安山仍火面舍音　　　　處

無他本面田畓秋收次今玆宮差下送爲

去乎汝矣身眼同宮差刈穫打作等節

着實看檢從實數成冊上納是矣若或

有一毫隱匿之弊則斷當捉上別般嚴

處矣除尋常惕念擧行無至抵罪之地

宜當向事　　　　　　上

甲辰八月卄五日

【별지(別紙)】

龍洞宮色掌高明溫白活

參商敎是後稷山一結

自辛卯條爲始更爲移送于忠州後十年

定式以內不明輪回移定之意發關本道

俾免宮納晩時之地千萬望良爲只爲

【별지(別紙)】

內需司

啓粘連龍洞宮手本是白有亦宮亦所管全羅道云云

入用之地爲良結呈手本爲白有昆依手本施行

事移報議政府何如

光緖十八年九月某日別坐臣

手本則以壯紙單子書之內司啓目則以壯周紙

比手本稍短磨鍊字樣比手本稍大書之

【별지(別紙)】

安山春精米貳石捧上印

癸卯正月初七日

龍洞宮

【별지(別紙)】

龍洞宮色掌高明溫白活

右謹陳所志矣段本宮屬各邑元結稅米

每多過當不納以致

內用擧行之窘絀是白乎所日前內司甘

結中本宮德山元結一百結移送于稷山

是白如乎此邑稅米自前難捧見今各

宮房積年未收不知幾許百石是乎則

宮納將不知拖至何時是乯只玆敢據

實仰訴爲白去乎　參商敎是後稷

山一百結更爲移送于最實他邑之意

發關本道俾免宮納晩時之地千萬望

良爲只爲

辛卯四月十三日

【별지(別紙)】

青布廛市民等白活

右謹陳所志矣段矣廛進排各樣物種

中白帽子卽　國恤時成服前各

宮奴子婢子之所着是乎所自三四十年

以來白帽子絶乏故丁巳年　國恤時

或以本色又以代錢每立三戔五分式是

白如可還爲三戔五分受價是白遣癸

亥戊寅　國恤時亦依丁巳年例是白加

尼今番　國恤時必依前例而人心不古

代錢則每立七戔式倍去是乎中尤甚

者窺其帽子之絶乏責納本色甚於

星火而至有歐辱市民着固打傷

無所不至是乎則　御供待令市民

由此懼㤼擧皆渙散是白乎尼此乃

國恤時矣廛之大痼大瘼是乎所且

白帽子非我國所産是中原所産

而以我人不着之致燕市絶乏已久

而近來則各　宮實非所着之物而今番

則旣爲了勘是乎乃後弊難堪是乎

故敢將悶迫之由不避猥越相率仰

籲於　恤民仁政之下爲白去乎伏乞

洞燭敎是後特爲入　稟敎是後各

宮所納白帽子自今以後永爲勿施之

意成節目出給使此市民毋至懼㥘

渙散以爲無弊奉　公俾蒙河海之

澤千萬望良爲白只爲

題辭內汝矣廛之原進排宮奴之

責納事固矣督責於絶乏之地

甚至勒討誠康慨歎據實

啓稟本色與代錢永爲勿侵事

有敎矣以此知悉宜當向事

庚寅八月二十四日

용동궁등록 제3책(宇)

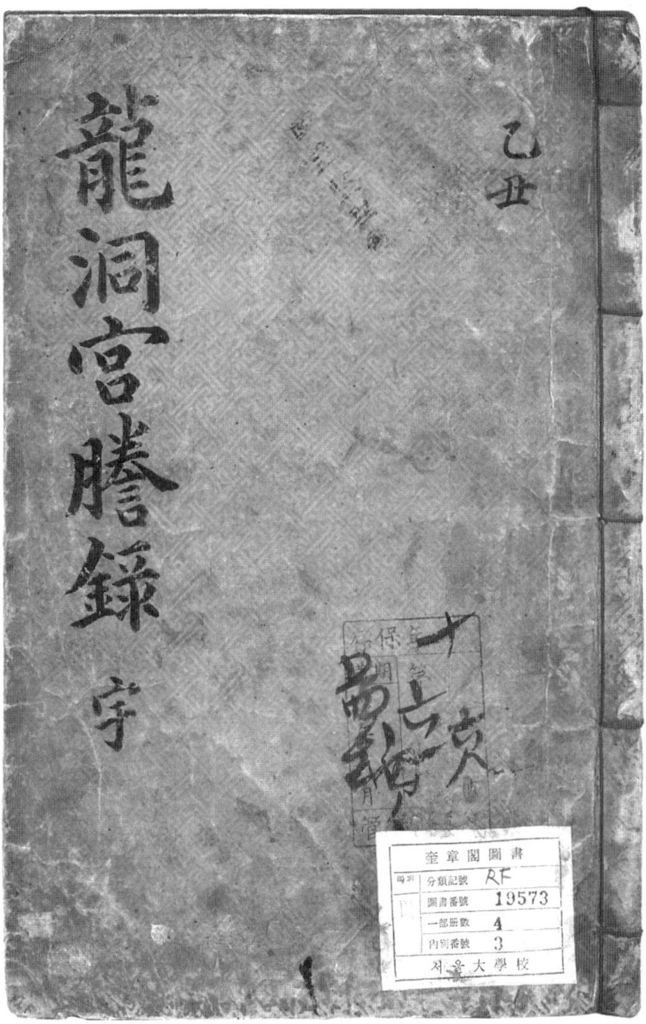

1864년(갑자)

甲子十一月二十七日　公忠監營營吏處[1]

無他宮屬道內恩津縣江鏡浦甲子年稅錢及三年未納錢星火上納之意　啓稟後　廟堂關子下送矣見今月當已過杳無動靜叱除良今年稅錢該邑首吏春夏間無一遺漏盡數收捧仍爲乾沒是如入聞的實世豈有如許無嚴之漢乎上納所重法例自在　啓下關子事體逈別是去乙該吏輩視若文具舞弄乾沒之習愈往愈甚已往三年條之延拖實由於此是遣累度關飭之下營邑擧行之稽勿亦極寒心事關後弊有不可尋常處之乙仍于玆以圖署公事下送爲去乎到卽今年稅錢一千兩及三年未納錢一千五百兩一一準數督捧罔夜上送爲旀該邑首吏鄕段不可無懲勵之擧上使嚴治照律刑配以杜後弊之意告營門惕念擧行後形止馳報以爲　啓稟之地宜當向事

甲子十二月十五日　內司甘結

右甘結爲粘連議政府甘各邑上納上京時各衙門

1　【追記】給雇謄書誤落甚多

各宮房下屬輩情費段先攘奪事申飭文蹟
相考擧行爲有矣萬一違繾甘罪不辭

右甘結近來各邑錢木上納來到江頭或上司各營
門各司各邑下隷要路作梗勒奪情費非但許
多弊端之爲邑屬難支至於原納之見縮自該邑
已畢送之物因此中間愆納動淹時月寧有如許
駭痛之事乎上納所重何如而爲渠輩所縱恣無
2 異攘奪之擧者是可曰一分法網乎至於邸人拘
留食價之侵責於該吏者日益無節又是法外
濫習也方以此嚴飭於各邑邸吏無論某衙門下
屬如有此等作弊者使其邑吏一一來告于本府
矣如或現發則斷當刑配而姑以令申之意玆
以發甘爲去乎自今幷只各別嚴飭於吏隷輩俾
各懲戢毋至抵罪之地是矣萬一違越甘罪不辭

京畿觀察使兼巡察使爲相考事今此甲子
條免稅七萬二千三百六十兩五戔九分內七千三百兩
三戔八分安城例爲直納于貴曹三百四兩四戔六分
抱川例爲直納于貴曹而其中竹山所在免稅錢
三千六百八十二兩八戔段因該邑捄弊稅大同與免稅
幷開春後上納之意自議政府　筵奏行會則此

2 【欄外】此等事皆是 / 營司之非理 / 侵虐四宮則 / 無此惡習 / 君駙馬宮則 / 不無此事

邑所納免稅錢自當待開春輸納是如乎然則
自弊營入送實數合爲六萬一千七十二兩九戔五分
內四萬四千兩已爲入送而餘在一萬七千七十二兩九戔五
分及竹山明春所納條中一千兩以龍洞宮輸送次
自弊營某樣鳩聚一體入送計料爲去乎相考
施行爲宜向事　合行移關請　甲子十二月十九日題辭
　　依移文捧上事

　　同日戶曹粘甘
右甘結粘連文書相考擧行次
　　　捧上色書吏金裕植

　　甲子十二月二十日　內司甘結
右甘結爲粘連戶曹甘京畿監營關文辭意相
考擧行爲有矣萬一遲緩甘罪不辭

　　龍珠寺摠攝廣仁處
無他卽聞振威縣野幕所在位畓新差舍音
李致守所告則縣內居李致伯爲名漢欲爲圖
奪舍音百般沮戲云不勝痛駭舍音之差汰在
於擧行之勤慢是去乙致伯漢之勒圖已差之舍
音者極爲無嚴故振威公兄處這這嚴處之意牌
旨下送是在果汝矣身自寺中招致致伯這這曉喩
爲乎矣如或一向頑肆是去等牌旨到付于公兄使之依

牌旨擧行之地宜當向事

振威三公兄處

無他本宮所管水原龍珠寺位田畓在於本縣境內野幕之地而月初以李致守舍音差定矣同里居李致伯爲名漢欲爲圖奪舍音百般沮戲云聞不勝痛駭舍音差汰在於擧行之勤慢是去乙致伯漢之勒圖已差之舍音者極爲無嚴故玆以牌飭爲去乎到卽致伯漢捉致官庭各別嚴治更毋得沮戲之地爲於形止卽爲馳報宜當

龍珠寺摠攝僧廣仁處

無他汝矣告目知悉是在果李致伯之月前野幕舍音圖差之狀極爲無嚴事當別般嚴處是矣十分參酌姑爲安徐後使李致守仍舊擧行之意已悉於前牌中而自寺中這這曉喩於李致伯矣今聞致伯漢終不知畏戢多般請囑期欲勒奪此亦無嚴之習漸不可長雖有官分付有難聽施此路一開則舍音差汰宮不得自由位畓陣廢明若觀火振威官月前下去牌旨卽爲到付以爲依牌旨擧行之地爲於華城官家若或以舍音事更有所分付是去等以此牌子辭意卽爲告課俾李致伯更無得圖奪舍音之弊宜當向事

順天三公兄處

無他宮屬本府所在屯稅米卽御供水剌米所重自別是去乙挽近以來混同兩稅而捧上米色萬不成樣以至自宮改春精進排之境事之寒心莫此爲甚今年中段宮監眼同以極精白米各別擇捧自本官星火執船裝載上送爲旀同稅米五百二十四石十斗八升五合內限一百石依宮監所報代錢收捧上送之意幷只告本官惕念擧行

南海三公兄處

無他宮屬錦山屯稅米卽　水剌御供之需所重自別是去乙挽近以來以麤劣不精米苟充上納者萬萬無嚴今年段傳令嚴飭於作民等處以極精白米各別擇捧爲旀斛量之節一依昨年例擧行之意嚴飭監官處爲乎矣作民中若或有頑拒作梗之類是去等依宮監所報這這懲治俾無宮監滯留之弊宜當向事

報戶曹草

云云　貴人房鴻山免稅五十結稅米自本宮給價買得是乎所庚申年備邊司裁省別單中　貴人房免稅已賣於龍洞宮勿論事　判下是乎則該房之於此免稅更無得干涉而近年以來同稅米自該房直爲推去于本邑是遣舟橋船抽籤中亦爲

拔去而以私貿米苟充本宮上納者是豈事體乎大
抵各宮房免稅米添載於田稅船自戶曹分俵於各
宮房卽法典所載而該房之私自推去已是法外是
遣況　判下墨蹟未乾是去乙該房之中間操縱乎
玆以手本爲去乎司以移報戶曹鴻山縣貴人房勉稅
米更勿私自出結於該房而待抽籤船下去趁卽具陳
省裝載上送依法典自戶曹分俵之意措辭行關
添載後抽籤船亦依他宮例施行爲良結手本是置
有亦手本內辭緣相考施行

1865년(을축)

乙丑正月初八日　報狀

云云牒呈是置有亦毋論某宮房稅米稅船添載
上來則自本曹分俵於各該宮房卽內申受
敎定式而近來外邑不知法意專事方便無難
直給者寧有如許事體乎已往雖不可退完自今
年爲始更勿私自出給必待抽籤船下去添載上送
俾無如前之弊事鴻山縣良中嚴明知委施行宜
當向事

公忠監營移文內曹關內鴻山所在貴人房免移自龍
3 洞宮結價買得更勿私自出結於該房待抽籤船

下去裝載上送亦敎是置同貴人房免稅五十結
已於辛酉年移送禮山故依關辭擧行之意措辭
知委於禮山縣事　舟橋司回通內依通辭擧行事

乙丑正月十一日　內司甘結
右甘結爲粘連全羅道各邑所在免稅移劃他邑
成冊詳考擧行次
錢條
全州畓五十結 ┐
　　　　　　　├ 移送寶城
畓五十結 ┘
米條
寶城田二十五結 ┐
　　　　　　　　├ 移送全州
畓二十五結 ┘
咸平畓四十五結　移送靈光
長興畓五十結　　移送礪山
錢條
和柔翁主房全州畓五十結　移送長興

乙丑二月初三日　內司甘結
右甘結爲大典通編編緝在於乾隆五十年而編輯
以後今爲八十載矣其間亦不無因時制宜變通增
損之節或因筵奏而施行或因受　敎而定式具

---

3 【欄外】近來計士書吏 / 矇無知覺換 / 邑緣由不爲甘結 / 宮則不知鴻山之 / 移送禮山故依例 / 以鴻山報戶曹而戶 / 曹之牒報亦依本 / 宮所報不爲致察 / 有此本營之移 / 文論理

在於各司謄錄是如乎今不可不收合而會粹以歸
一統玆以發甘爲去乎各司謄錄中乾隆五十年以後
或因受　敎或因　筵奏定式諸條一一詳考謄
寫冊子來納是矣三月內齊到毋至稽緩不及之
弊爲有矣萬一違越甘罪不辭
此亦中受　敎　筵奏間通編以後無新定式處
亦以無手報來次

乙丑正月二十九日　內司甘結

右甘結爲粘連議政府甘結內辭意詳考擧行爲有
矣萬一遲緩甘罪不辭

乙丑三月　日　成冊修送內司

受　敎　筵奏定式成冊取考乾隆五十年以後本宮
謄錄則受　敎　筵奏間本宮則無新定式條件是白乎事

江華分宮庫直處

無他汝矣告目知悉是在果留庫米中舊米四十三石
九斗九升零依昨年例摠色次分給爲旀昨冬本
府狀啓中各宮還穀與本宮還米耗幷一百十五石
十一斗五升畢捧緣由馳　啓而本宮成冊則年年以代錢
捧留司倉懸錄上送是如可春間仍爲分給烏在其半
留半分之本意哉由此之故留庫之穀所以多年積
儲以至陳腐之境今年段必以本色米捧上以爲依

法典糶舊糴新之意分付於照檢色吏處使之

這這告營門舉行俾無不謹抵罪之地爲旀還簿文

蹟所重何如而每有升合穀相左之弊此後段各別

審愼俾無錯誤之弊事一體分付宜當向事

傳令　松坡鎭別將

無他本宮屬廣州八堂島魚鮮進上載運次趙漢

俊船隻別定後勿侵帖文成給使之無弊擧行

矣今聞該船主所告則本鎭管領鎭屬輩不

知進上所重無難侵責云豈有如許道理乎所當

別般變通是矣姑爲安徐玆以傳令爲去乎到卽

各別嚴飭本宮船隻段更無得侵漁爲乎矣若

或有不遵宮令之弊則同管領與鎭屬斷當行

關嚴處矣着實禁斷宜當者

乙丑三月十三日　漢城府　甘結

右甘結爲以濬川事議政府草記據後錄發

甘爲去乎各其司雜職及員役實數成冊限五

日內消詳修報本司爲有矣萬一遲緩甘罪不辭

後　此亦中成冊修納于漢城府次

一內侍亦依外朝例各出壯丁限三日赴役是齊

一內班院各名色負役依外司員役例限三日赴役是齊

一掖庭署雜職及各宮房所任掖隷各宮房庫

直三日赴役掖庭署庫直各宮房奴子限二日赴役

是齊

乙丑四月初三日

4 龍洞宮所任趙容九減下其子龍哲書員差下

乙丑五月二十八日　順天三公兄處

無他　宮屬本府住巖等處導掌事張鳳

翼漢多般作戱幾至難保之境云誠極痛惋

自　宮不得已出財肆百金還退是如乎招致金仁

秀出給右錢是遣同文記段推尋上送宜當向事

乙丑閏五月初八日　全羅監營營吏處

無他公忠道恩津縣江鏡浦所泊北魚船卽本

宮所管而一自　判下定式以後無弊收稅亦不

入於各浦口革罷之中其爲所重逈異是去乙今

聞收稅京監所告則沿海各邑憑藉大樑木載

運是如過涉船一幷執捉侵漁惟意操縱之中興

陽諸島船九隻裝載北魚上來將向鏡浦是如可

擧皆聞風迴船不向鏡浦云莫重上納將何以辦出

乎事極悶迫玆以圖署公事下送爲去乎到卽行

關沿海各邑北魚裝載興陽船九隻段俾勿侵

漁飭送江鏡浦以爲宮納無弊收稅之地事告

---

4 【欄外】趙龍哲有掖庭 / 所帶燈燭色故書 / 員差下

營門惕念擧行後形止馳告以爲憑處之地宜當向事

公忠監營營吏處

無他道內恩津縣江鏡浦本宮收稅卽北魚船一款而卽見收稅京監所告則沿海各邑憑藉大樑木載運是如過涉船隻一幷侵責惟意操縱而北魚裝載船亦爲混侵則興陽諸島北魚船擧皆聞風回船轉向他處云大抵浦內到泊北魚船每年不過十數隻而此船若無到泊則今年上納從何辨出乎事甚悶迫玆以圖署公事下送爲去乎到卽行關沿海各邑江鏡浦所向北魚船段特爲勿侵飭送鏡浦以爲本宮稅錢無弊收稅之地事告營門惕念擧行後形止馳報以爲憑處之地宜當向事

江鏡浦收稅京監及都主人處

無他卽見本邑公兄報辭則沿海各邑憑藉大樑木載運是如過涉諸船與北魚裝載船一幷混侵云故依報辭兩湖營門良中北魚裝載船依例勿侵飭送鏡浦之意圖署公事下送爲去乎汝矣等以此意詳細傳布曉喩於各該船主等處使之依前到泊鏡浦之地爲旀同上納錢段置趁早準數上送俾無不謹罪責之弊宜當向事

乙丑閏五月初五日[5]

府大夫人行下書題所一百兩　奴婢子一百兩

乙丑閏五月初五日

內需司爲相考事節呈　龍洞宮手本內　大殿丙寅年朔　膳木依例磨鍊以新捧木趁卽上下輸送之意司以移報宣惠廳爲良結手本是置有亦手本內辭緣相考施行爲只爲合行牒呈伏請照驗施行須至牒呈者

乙丑閏五月初七日　帖文　瓮津舍音吳仁國

無他本宮　進上石花醢汝矣身旣已領來上納而眞魚乾民魚次第載運上納次玆以帖文成給爲去乎所經各鎭堡若或有侵漁之弊是去等以此帖文憑考勿侵宜當向事[6]

乙丑閏五月二十八日　內司甘結

右甘結爲纂輯所甘結內今此通編纂輯之役極爲謹嚴不可不廣考文獻當編修而　正廟乙巳各樣定式成冊之見在者或不無詳略不同之慮故玆又發甘爲去乎各其司所在前後謄錄與事例冊子及凡干條式之可考者一一無遺授聚今二十九日朝前來納于本所吏房亦爲有置有無間明日朝前修

5 【追記】提調尙宮及府大夫人行次于本宮庫舍錢米 / 皆爲考閱

6 【追記】依舍音所告書給而宮無眞魚民魚 / 載運事

成冊來納本司以爲都聚輸納之地爲有矣萬一
遲緩甘罪不辭

成冊

本宮謄錄無可考事例是乎事

乙丑閏五月二十九日　內司甘結

右甘結爲粘連纂輯所甘結辭意相考擧行爲乎
矣或有案付工匠修成冊以來而若無工匠則無乎
事亦爲一體修成冊今日內來納本司以爲明日早朝都
聚以送于纂輯所之地爲乎矣萬一遲緩甘罪不辭

乙丑閏五月二十八日　纂輯所甘結

右甘結爲今此通編纂輯之役愼嚴自別玆以發甘
爲去乎各其司京工則名色及案付實數外工則某道
某邑某　幾名昭詳修成冊今晦日內來納于工房
爲乎矣萬一遲緩甘罪不辭

成冊

本宮自前定置本手一名泥匠一名蓋瓦匠一名使之
擧行於宮內與　差備內如干役事矣今皆除汰更
無工匠名色是乎事　本宮熟手四名自宮差定
奉常寺案付熟手一名依奉常寺捧甘差汰而自
宮衣料上下事[7]

7　【追記】本宮匠色則自在而因　堂上教意以除汰 / 事修成冊以報

龍洞宮　書題所　入納

除煩　大院位大監教是分付內惠廳宮納時輸送記之只書書吏姓名萬萬欠敬從今以後成單子郎廳具啣以納亦教是置玆仰通日前木輸納記二張此回還送如何更成單子以納矣諒之如何敢通　惠廳

乙丑七月　日　帖文　朴宗林

右帖文爲興陽船人金文圭船隻所載魚物係是本宮所用而饌需極爲緊急罔夜上送是矣所經各處俾無侵魚之弊而準此勿侵向事[8]

乙丑七月二十二日　內司甘結

右甘結爲愓念擧行事今二十四日早朝　府大夫人詣闕教是分付內各宮房依例侍陪當日待開門等待爲旀按袱差備函負軍依例擧行事

乙丑八月初四日　內司甘結

右甘結爲因　月廊分付官案修正以　入次玆以捧甘爲去乎限三日內修成冊來納以爲擧行之地爲有矣萬一遲緩甘罪不辭

乙丑八月初六日　內司甘結

8　【追記】宮無此事因／　磚洞所敎書納

右甘結爲惕念擧行事卽因　月廊出件記玆以粘
連發甘爲去乎今初十日待開門幷須入之于通化門
爲有矣萬一遲緩甘罪不辭
龍洞宮大廳員奴成玉女四歲　壽永女四歲

乙丑八月初一日　內司甘結
右甘結爲惕念擧行事日前捧甘是在今初十日待開
門入于通化門事如有身死有頉外一幷無違特待之
意更爲提飭事奉承　堂上大監敎是分付內如是
發甘爲去乎各須知悉擧行爲有矣萬一違越甘罪不辭

寶城三公兄處　堂上私庄
無他宮庄秋收每年林上郁擔當擧行矣今不在邑
云故更今林聖源擧行矣此意告官後分付林聖源
處宜當向事

乙丑十月二十五日　全羅監營營吏處
無他本宮屬公忠道恩津縣江鏡浦北魚船收稅
卽　三聖朝判下折受之地而近浦百里內一幷自宮
收稅前後節目炳如日星多年無弊遵行矣挽近
以來咸悅熊浦臨陂羅浦等處無賴射利輩不顧
判下所重鏡浦入去北魚船中間勒執私自卸下恣
意買賣不爲納稅以致莫重上納欠縮之境故春
間有所申飭而汝矣等視以文具不卽甘飭該邑豈有

如許無嚴之習乎所當別般嚴處是矣姑觀來
頭次更爲　启稟後玆以圖署公事下送爲去乎
到卽措辭行關於咸臨兩邑使之嚴飭熊浦羅
浦等處同北魚船更毋得如前勒執而使該京監
近浦百里內依例收稅是遣如或有頑拒之漢是去
等依京監所報上使嚴懲之意告營門惕念擧行
後形止馳告以爲稟達之地宜當向事

乙丑十月十九日

八堂島頭民韓用云金奉哲所志據題音內無論
水陸間有些少之災難保其必無而以設箭與否敢
希　進上之闊狹極爲痛駭汝矣身從當有別處
者向事

乙丑十月初八日　內司甘結

右甘結爲粘連戶曹甘京畿各邑名成冊詳考擧行
爲有矣萬一違越甘罪不辭

龍洞宮　竹山二十六結　移送富平
抱川五結　移送龍仁
朔寧十三結七十一負八束　移送龍仁
慶淑郡主房　南陽十八結十八負九束　移送仁川
竹山一百結 非宮所管 移送交河

乙丑八月十一日

龍洞宮掌務金昌寬身死代金景錫掌務差定事[9]

乙丑十月　日

內需司爲相考事節呈龍洞宮手本內　大殿丙寅年

朔膳物膳等價米錢依例磨鍊而米五十石代太一百石

一體磨鍊上下趁卽輸送之意司以移報宣惠廳爲良

結手本是置有亦手本內辭緣相考施行爲只爲合行

牒呈伏請照驗施行須至牒呈者

各宮　書題所前　私通

除煩本宮　大監敎是來月二十二日德山　墓所行次

敎是時熟手擧行浩多各宮熟手奴子來月初五日待

令于本宮事爲敎故玆以仰通伊時星火起送俾無

臨時之困如何敢通　雲峴宮任等

龍洞宮　金釗　朴元亨

平壤蛤島監官處

無他宮屬本島蘆扳作伕次別定宮差先爲下送爲

去乎汝矣身眼同宮監詳細看審依已例作伕俾無不

謹抵罪之地爲旀畓鹿收稅等節代宮監下往依知委

擧行宜當向事

9　【欄外】其子也

乙丑十一月十七日

乙丑九月初八日全羅道金堤礪山臨陂務安萬頃等五邑田

稅船沈沒於瑞山地旺山里釗嶼前洋極出完米從時價

作錢每石通同磨鍊三兩三戔

龍洞宮礪山免稅米六十三石一升

色米六斗三升　落米十二斗六升　船價米九石三斗

乙丑十二月初十日　順天三公兄處[10]

無他宮屬本府注巖等面田庄導掌卽黃田申班而

多年隨行矣張鳳翼漢本以悖類出沒京鄕假稱

導掌符同舍音百般作梗云原導掌自在是去乙

渠焉敢若是張漢之所爲極爲無嚴是矣今因刑曹

決處趙張兩漢已爲落空下去不必加疊是如乎須以此

意告子汝矣官家同張金兩漢嚴枷牢囚是遣其間

如有所收之物則這這督捧出給申班是旀卽爲

發令從速收刷以爲上納之地宜當向事

順天注巖金漢宗處

無他汝矣身每年以舍音擧行則熟知黃田申生員

之爲導掌而今聞汝矣身符同張鳳翼輩收稅作奸

云此何道理乎自本宮本無以張漢爲導掌公文而汝

何枝挾此巧惡之漢同爲收稅乎汝之罪惡萬萬痛駭

10 【追記】堂上大監分付據 / 書納　依草書之

固當嚴刑遠配是矣以觀來頭之勤慢姑爲安徐是
在果其間若與張漢有所犯用處之物則一一徵納於汝
矣身矣以此知悉惕念擧行宜當向事

乙丑十二月初八日　內司甘結
右甘結爲　月廊分付內官案修正以入次玆以發甘爲去
乎限三日修成冊來納以爲擧行之地爲有矣萬一遲緩
甘罪不辭

乙丑十二月二十二日　內司甘結
右甘結爲　月廊分付內今月二十五日寅時　壽進宮所
奉　祠宇移安于各　墓所祭廳敎是時各宮房侍陪
則後陪所任一人侍陪奴子五名式今二十五日待闕漏等待于
壽進宮亦敎是置玆以捧甘爲去乎各須惕念擧行爲
有矣萬一遲緩甘罪不辭

1866년(병인)

丙寅正月初十日　內司甘結
右甘結爲今二月十八日　健陵　仁陵幸行敎是時各宮房
假別監例錢依庚申三月例以三百兩磨鍊發甘爲去
乎依後錄卽爲輸送于別監房爲乎矣萬一遲緩甘罪
不辭

丙寅正月十八日　甘結

右甘結爲粘連戶曹全羅道各邑所在各宮房免稅移送文書詳考擧行次

益山移送羅州　長興移送井邑　礪山移送長興

順天富饒面導掌處

無他上納紙地卽　御一年覽會計與　內用及各項文書所用所重自別絃除良許多年十二月內無違上納以爲雖用矣至於昨年無難越歲以致文書所用狼狽之境如許導掌之習前所未有如有一分嚴畏之心豈敢如是肆然延施乎所當行關捉上各別嚴治是矣十分參酌玆以牌飭爲去乎到卽上納紙地星火上送爲乎矣更或有遷就之弊則斷當別般處置矣除尋常惕念擧行

丙寅二月初九日　內司甘結

右甘結爲知悉擧行事今此　元陵　綏陵　景陵幸行敎是時假別監例錢以五十兩磨鍊後錄發甘爲去乎卽爲輸送于別監房爲有矣萬一遲緩甘罪不辭

丙寅二月二十二日　內司甘結

右甘結爲惕念擧行事卽者　大院位大監敎是分付內三亥酒已有朝令禁飭而卽聞各宮房憑藉祭享無難優數造釀云寧有是理乎萬萬駭然姑先申令之意如是甘飭爲去乎自今以後更毋敢如前造釀三

亥酒爲有矣如或有犯則小次知內人掌務庫直當然
以法嚴繩矣萬一違越甘罪不辭

通津柴場山直及頭民洞長等處
無他本宮出物柴木尙今拒納故都山直身乙捉來査
問則所告內場民輩無難頑拒以至晚時云者聞甚痛駭
汝矣等洞場頭民視若尋常不爲董飭莫重宮物
柴木冬節過半以至難運之境萬萬駭然所當公
事本邑爲先不飭之汝矣身照法嚴繩是矣姑以
令申之意玆以牌飭爲去乎同未收柴木四百餘同不日
內嚴督收捧出給都山直處使之氷泊別運納之地宜
當向事

順天三公兄處
無他本宮所在本屯稅米卽　御供水剌米所重逈別是去
乙挽近以來混同兩稅而捧上米色麤劣以至自宮改春精
進排之境豈有如許道理乎今年段宮監眼同以極精
白米各別擇捧自本官星火執船裝載趁早上送爲旀
同稅米五百二十四石十斗八升五合內一百石以代錢收捧上
送之意告本官惕念擧行宜當向事

玉果三公兄處
無他宮房本縣立石一面所在有土免稅四十九結六十七負
11 八束乙丑條稅米收捧上納次京監下送爲去乎傳令嚴

飭於面任處以稍定戶各別擇付星火督捧上送爲乎矣
挽近以來一事遷就以致上納晚時之境豈有如許道理
乎今年段必於四月內到京上納之地爲乎矣若或有如
前漫漶之弊則斷當別般嚴處矣汝矣等以此意告
本官惕念擧行宜當向事

朴春崗處[12]
無他本宮　內供沈醬及各項進排次貿鹽江舍音汝
矣身差定爲去乎着實擧行俾無不謹抵罪之弊爲
旀若或有侵魚之弊是去等以此帖文憑考勿侵宜當向事

帖文　沙工李長蘭
無他本宮　內供沈醬及各項進排次貿鹽船沙工汝
矣身差定爲去乎着實擧行俾無不謹抵罪之弊爲
旀所經各邑鎭堡以此帖文憑考勿侵宜當向事

丙寅二月　日　戶曹甘結
右甘結爲惕念擧行事舟橋司設置後兩湖稅穀之
擔當載運抽籤分劃自是法例而挽近法綱解弛奸僞
漸生專事請囑各自圖倉揆以古典寧不慨歎自今
爲始初運船隻到泊後依舊例抽栍以爲均分各倉之地
爲旀至於各宮房納免稅米之自別營別庫捧上後移

11 【欄外】二月十三日 / 撤簾問安爲 / 之
12 【追記】磚洞請

送各該宮房當初受　敎定式極爲鄭重本曹提
飭不啻申複而邇來船主與宮奴輩私自直納定式
甘飭視同弁髦已極駭然而都營將又不能操制團束不
有劃倉任其直納者尤萬萬駭惋此後則另加嚴束毋
至如前之弊是遣且以各倉捧上言之郞官拘於
請囑員役鉗於情費不計穀品之麤劣斛內之
盈縮每每混捧及其頒放之際呼寃狼藉報縮夥多
仍歸逋藪而看作尋常言念及此極爲寒心今番段各邑
稅船未到之前先事發甘爲去乎如是申飭之後更或有
復蹤前習之弊則隨其犯科自當有箇箇摘發嚴處
之道矣除尋常愓念擧行毋至抵罪是矣萬一違越甘罪
不辭

丙寅二月二十二日　內司甘結
右甘結爲粘連戶曹甘結內免稅米毋得直捧申飭辭意
相考擧行爲有矣萬一違繣甘罪不辭

丙寅二月二十八日　內司甘結
右甘結爲星火擧行事明日再揀擇後　詣本房敎
是時各宮房全數侍陪明日別別早食後待令于曜
金門外爲旀壽進宮則所任八人奴子二十名六人轎六名
一體等待爲乎矣萬一違繣甘罪不辭[13]

13 【追記】所任五人　奴子十五名

丙寅三月初一日　江華分宮照檢色吏處

無他本宮糶糴米之每年春秋送宮監斂發其來久矣而挽近自營門句管之後年年以代錢捧留司倉是如成冊中懸錄上送見今留庫米不過爲四分之一烏在其重糶糴之本意哉今春段昨冬司倉封留代錢米一百七十石八斗七升七合零盡數分給後待秋成幷耗捧上入庫以爲糶舊糴新之地爲於今秋又或稱以換色米是如耗條漏錄之弊則乾沒之色吏斷當查出刑配懲厲矣知悉爲於本宮庫直所居家舍多有破傷處不可不修補矣留庫米中四石穀上下以給後成冊詳細修正上送之意幷只告營門惕念舉行後形止馳告以爲憑處之地宜當向事

丙寅三月初八日　內司甘結

右甘結爲星火擧行事儀仗差備婢子本都監點考在於今初十日是如乎明日辰時所着與衣服諸具幷只持是遣預先逢點于本司爲有矣萬一違越甘罪不辭

丙寅三月初四日　內司甘結

右甘結爲三揀擇日自本房詣　闕與詣別宮敎是時各宮房全數侍陪鮮明服色初六日開東前等待于安洞本房爲於函負軍按袱差備幷依前例擧行爲有矣萬一遲緩甘罪不辭[14]

丙寅三月十二日　內司甘結

右甘結爲星火擧行事今十三日妃受冊　親迎習儀
敎是時各差備女伶等同日曉頭着鮮明服色待令于
別宮爲有矣萬一違越甘罪不辭

丙寅三月初三日　內司甘結

右甘結爲粘連　嘉禮都監二房甘儀仗差備各　宮
房婢子五十名依前年例磨鍊後錄捧甘爲去乎小名
成冊各二件明日內修正來納以爲越送都監之地爲乎
矣萬一遲緩甘罪不辭

嘉禮都監二房稟目所考各年謄錄則　親適牢
宴敎是時　大殿儀仗因　傳敎以小駕磨鍊而差備
醫女五十六名中宮殿儀仗差備醫女五十五名　朝見禮
敎是時　大王大妃殿儀仗差備醫女五十五名　王大妃
殿差備醫女五十五名　大妃殿差備醫女五十五名而　朝
見禮敎是時以　大殿儀仗差備醫女推移用之而差備
不足之數各宮房婢子秋曹婢子充數擧行事載錄
是乎所壬戌甲辰辛亥則各宮房婢子五十名秋曹婢子
三十名是遣丁酉則各宮房婢子五十名充數擧行矣今番
則何以爲之事題辭內各宮房婢子五十名秋曹婢子三
十名捧甘

---

14 【追記】所任十人　奴子十五名

二房甘結內

今此嘉禮敎是時儀仗差備女伶工曹尙衣院針線婢元額外不足充數次秋曹婢子三十名各宮房婢子五十名各別抄揖不日內修小名成冊來納事

丙寅三月十九日　內司甘結

右甘結爲惕念擧行事今二十一日早朝　府大夫人詣闕行次敎是時各宮房全數侍陪無一人一名稱頉落漏鮮明服色同日待開門預先等待爲有矣萬一遲緩甘罪不辭

丙寅三月十九日　內司甘結

右甘結爲都監二房甘據今二十一日親迎敎是時及二十二日二十三日朝見禮敎是時儀仗差備女令幷預先領率等待于　本宮以爲次次擧行之地爲有矣萬一違繣甘罪不辭

平壤三公兄處

無他本宮所屬載寧庄土昨年秋收租七十石十一斗穀春作次本府穀商黃錫煥處捧標出給使之入庫積置矣今聞該鄕監之所告則同黃錫煥以犯逋收納事本宮逢授租盡數放賣以爲逋納云聞甚駭然大抵公錢公穀一般所重而本宮租亦是公穀是去乙莫重宮穀私自放賣以公充逋者法例垂當乙仍于玆以圖署下送爲去乎到卽告本官後本宮逢授租七十石零價錢下往宮監處還出給是遣渠之所逋錢則徵族了刷事理當

然以此擧行爲乎矣如或不遵宮令則斷當　启稟後
別般措處矣惕念擧行爲於擧行形止以公兄文狀卽
速馳告以爲入　稟之地宜當向事

丙寅三月二十四日　內司甘結

右甘結爲今月二十七日早朝　朴貴人詣本房敎是時各宮房
依例侍陪同日待開門預先等待于闕外爲有矣萬一遲
緩甘罪不辭

【별지(別紙)】

丙寅三月　日　龍洞宮江華還米分留成冊謄出記

米留庫貳百拾肆石參斗陸升柒合伍勺壹里內

壹百貳拾陸石拾參斗捌升陸合捌勺貳分元還錢留條 ┐還分
肆拾參石玖斗玖升參勺伍里肆分留庫米代捧條 ┘

留庫米肆拾參石玖斗玖升參勺伍里肆分內

肆石因　本宮文蹟宮舍修改下

時留庫米參拾玖石玖斗玖升參勺伍里肆分丙寅八月

十八日因沁營傳令辭意內　大院位敎是分付據異樣

船防禦軍兵等粮米次出給

甲子四月　日　成冊一卷　十一月　日　成冊一卷

乙丑三月　日　成冊一卷　十二月　日　成冊一卷

丙寅三月　日　成冊一卷

自甲子丙寅至三年還米成冊五卷及留庫米

軍粮次出給事沁營傳令一張丙寅十一月初二日因內司

甘結納于　雲峴宮

同日

右甘結爲今月二十六日　早朝方淑儀詣本房敎是時各宮房依例侍陪同日待開門預先等待于　闕外爲有矣萬一遲緩甘罪不辭

全羅道咸悅聖堂倉宮納沙工全民煥　所志

右謹陳所志矣段矣身以宮納沙工擧行是乎所每當各宮稅米上納時宮人作弊年增歲加因辱無數是乎加尼昨年特蒙遞等大監敎是下恤之澤少弛作弊是乎乃今年必有復踵前習之慮矣大抵漕典辭意元納先納宮納後納玆在法典而近來法意不古元納前宮人輩預爲外受瓮不除每石添米不遵古規橫侵莫甚豈有如許頑習乎自今以後依漕法使外倉捧上宮稅後該倉分給各宮則幸無弊端是乎遣假令宮人自外推去是良置依前例每石添米八升式推去外更無升合間侵漁則幸免上納欠縮故玆敢仰訴

丙寅四月三十日　內司甘結

右甘結爲粘連擧行事聖堂倉漕船沙工全民煥所志據戶曹甘飭題辭意幷詳考惕念擧行爲乎矣萬一違越甘罪不辭

同日粘甘

右甘結爲粘連文書相考擧行次

　　丙寅四月十六日　刑曹甘結

右甘結爲知悉遵行事卽者　大院位敎是洞

軫泮民之凋弊採探弊源可以施行者特爲許給

敎是如乎玆因　分付後錄發甘爲去乎到甘卽時

依此定式施行爲有矣萬一遲緩甘罪不辭

　　後

一懸房之作頭設始出於　御供進排無弊擧行之

事而紀綱解紐民習不淑憑藉貿易狼藉疊居其

悉波及於他懸房此是最大痼弊也自今爲始作頭

名色永永革罷則廿餘懸房度皆蘇醒　御供之節

無慮進排矣如是剏定之後或有復踵前習更置

作頭名色則斷當刑配事

一肉種貿易　供上所需也法意何如而宮屬之憑藉加

貿殆無限節至於私相酬應之弊云事體所在誠極

褻慢自今爲始　大內及各宮貿易件記次知員役具書

出秩而每行着署以爲防奸是遣貿易會計每朔　啓下

後與懸房手本同爲叩準次直下本館入直所如有相佐

之弊則自本館依丁巳　啓下節目以受　敎辭意不飭

之該宮次知草記論罪奴子嚴刑遠配事

一三司捕廳本是禁亂之所而至於懸房則禁隷輩橫

侵惹鬧罔有紀極云事甚駭然自今爲始雖有疊居之

弊則自本館各別推治是遣三司捕廳下隷切勿接足

於懸房近處是矣如是申飭之後如有犯科作梗之

弊則該隷輩嚴刑遠配事

一私居與坐賣行賣則三司捕廳一一譏訶另加禁斷如有現發者施以當律事

一祭享　宮家每年肉種所用自有樽節之定數而法外濫索亦極痛駭自今爲始每年所用件記這這成節目以送于本館定式施行毋使宮屬輩濫索之弊是矣如有違越則亦依受　敎節目該宮次知草記論勘該隷施以當律事

一所謂房錢及朔條之積久沈滯者壬戌年已爲　啓罷而近聞有更起作梗至於流報之擧云是豈成說乎自今四月以前毋論班常家舊債之尙存者一幷蕩滅朔條名色永永革罷俾爲安業之地是在果私債旣已蕩滌則四月以前三司贖錢未納者亦爲蕩給是矣此皆出於迫不得已存恤之意贖錢係是公納從今以後稱以厥隷一或慫納則存恤之意反歸虛地闕隷自渠輩所失所謂大行首及該頭目斷當嚴刑遠配事

一牛角骨灰之所用未知創自何時旣令進排則固當以本色捧用而加數濫責已極無據代錢徵納尤係可駭自今以後各司如有所用則量其應入該司官員踏印捧甘使之進排而自下責納切勿擧論爲旀代錢一款永爲禁斷而如或有故爲執頉夤緣誅之弊自本館往復該司永爲懲治事

一路邊六懸房油價每日一戔五分式義禁府羅將無端捧去極爲無謂永爲革罷事

一泮館之負木補縮條極是不緊永永革罷園頭補縮條

每日爲八錢云折半蕩減漁箭補縮條段每日一兩式永永
定式施行書吏使令補縮條亦是討索永爲革罷事
一懸房市民輩犯屠於泮外則法司捕廳隨現捉致是
遣若於泮中私屠法司捕廳勿爲擧論自泮館捉致移
送照律勘處事

丙寅四月十六日　內司甘結

右甘結爲粘連刑曹甘據懸房捄弊條一一詳考謄置以
爲常目遵行之地爲有矣萬一違越甘罪不辭

丙寅四月十五日

爲相考事道內咸安馬輪面所在龍洞宮田畓三十四結四十
六負三束丙戌免稅之設自本宮許多年間一未收稅云
是何委折是喩此必是該色輩舞弄田政以時起爲陳廢
從中偸食之致揆以法意萬萬駭痛此不可一向任置
以致稅法蕩然田政紊亂之境乙仍于玆以發關爲去
乎到卽別定幹事營校眼同邑吏馬輪面所在田畓
一一摘奸該宮所屬田土逐庫查出字號卜數消詳
修成冊報來俾無把束遺漏之弊爲旀流來幾十年
之間莫重折受田土稅納乾沒於何處委折到底嚴
查從實回移以爲別般懲治之地宜當向事

同日　粘甘

右甘結爲粘連文書相考擧行次　龍洞宮

各宮書庫處　丙寅五月初七日　行使

卽見還簿各宮留庫米皆是四五年之久則非但鼠

縮自多腐朽言念餉穀所重豈不悚悶趁今改色在

所不已以此擧行分給民間待秋捧上俾完餉穀宜當向事

丙寅五月二十二日　內司甘結

今二十五日　麟坪大君祠宇移奉于　新宮時侍陪

依此數擧行事知委

各所任二人幷騎馬　奴子三名式待令于大宮事

同日　內司甘結

右甘結爲粘連錄紙相考擧行爲乎矣萬一遲緩

甘罪不辭

丙寅五月十八日　江華分宮照檢色吏處

無他本宮糶糴米一自營門句管之後年年以代錢司倉

捧留半留半分之法因爲廢却留庫米之四五年仍留積

儲者實由於此矣本宮之前後申飭亶出於重餉穀

之本意而該色輩視若文具一事幻弄言念法綱

萬萬駭然今當營門改色之時不可不依施是如乎留

庫米一幷分給後修成冊上送爲旀今秋段必以本色米幷

耗盡捧自明年爲始依法典半留半分以爲糶舊糴新之

地爲乎矣若更有作奸之弊則斷當行關照法嚴繩矣

汝矣身以此意告營門除尋常惕念擧行形止馳報宜

當向事

江華分宮庫直李炳春處

無他留穀米盡分事依營飭許施之意照檢色吏處牌旨下送爲去乎知悉此意當秋若或有汝矣身該色輩漫漶之弊是去等先爲馳告以爲自宮入啓嚴處之地爲乎矣若有不謹舉行之弊則汝矣身爲先除汰後報營刑配矣惕念擧行宜當向事

丙寅五月二十一日　內司甘結

右甘結爲文章以表貴賤冠帶衣履之謂也其所制度等級截然挽近侈靡成俗雖以常着鞋子言之庚鞋緞氈之飾貴賤無分揆以典式寧有是也其在導衛之方庸寓令申之義玆以鞋子隨尊卑著爲定制後錄知委爲去乎今年七月初一日爲始一遵定制莫敢違越是矣先自漢城府眞諺翻謄揭付坊曲俾無一民不知之弊爲有矣萬一違越甘罪不辭

同日粘甘

右甘結爲粘連議政府甘結內辭意詳考知悉施行爲有矣萬一違越甘罪不辭

後

朝官黑皮發莫 ┐
　　　　　　　├ 從便爲之
黑皮鼻鞋 ┘

士庶生徒吏胥黑皮獨鼻鞋妓女同　徒隸以下繩鞋油鞋女鞋兒鞋勿論

丙寅六月初六日　內司甘結

右甘結爲　內班院分付內各宮房官案中多有未修正處消詳知悉卽速修納亦敎是置限三日內修成冊來納以爲修正入　啓之地爲有矣萬一遲緩甘罪不辭

內需司爲相考事節呈龍洞宮手本內來丁卯年大王大妃殿朔　膳價木以二十同磨鍊新捧木中趁卽上下輸送之意司以移報宣惠廳爲良結手本是置有亦手本內辭緣相考擧行爲只爲

丙寅六月初六日　內司甘結

右甘結爲惕念擧行卽因　大院位大監敎是分付內各宮房庫直以下奴子等幷着繩鞋事申飭亦敎是置玆以發甘爲去乎各須知悉擧行爲有矣萬一違越甘罪不辭

丙寅六月初八日　順天三公兄處

無他宮屬本府富饒面所在田畓每年收稅造紙上納以供內用擧行及各項文簿所需矣昨年條紙地無端越歲至于今杳無動靜豈有如許道理乎此不可尋常置之乙仍于玆以圖署公事下送爲去乎到卽土居

導掌中興祚身乙捉致官庭各別嚴治後同上納紙地
使之星火上送爲乎矣更或有遷就之弊則該導
掌之別般嚴處致不可而已汝矣等亦難免不飭之罪
矣以此意告本官除尋常惕念擧行後形止馳報以
爲憑處之地宜當向事

丙寅六月　日　金在信處
無他宮屬黃州金光里田畓陳廢處居多不可如例責納
故往去癸亥稅錢中永減二百兩以五百兩爲定而尙無憑
後之蹟纔以圖署成給恪勤擧行宜當者

丙寅四月初七日　輪直　當日夕問安

初八日　幷直　朝夕問安

十二日　撤罷　十一日爲始　朝問安

初八日
堂上大監宋　罷職　二十八日分揀

五月初三日　洪判書下棺問安

二十九日　營建都監
賜牌時眞苽五貼桃三貼林檎三貼式兩宮各依此數
貿納而看品次亦依昨年例同爲貿納當日早朝擧行事

丙寅六月二十六日
壽進宮　龍洞宮　月廊聽　令

忠州三公兄處[15]

無他宮屬本牧周柳面倉田洞等處所在田畓今則移屬
順和宮是如乎煙戶雜役與還餉簽丁諸般雜役勿
侵等節當依前節目遵行是遣當初宮錢一百兩出給
吏廳亦是拔例之事則其前擧行等節不可以久緩乙
仍于玆以牌飭爲去乎一依順和宮圖署辭意恪勤施
行之意告本官惕念擧行宜當向事

丙寅七月　日　陰竹監官李基龍及舍音李龍出處

無他春夏已過旱澇相接而一無農形之馳告汝
矣等擧行萬萬駭然如有一分嚴畏之心焉敢如
是稽忽乎且每年早稻宮監下去前汝矣等任自刈穫之
狀亦極無嚴故今年段先此牌飭爲去乎使令一名
臨時上送以爲宮監下去同早稻一依宮監知委打作爲
乎矣如是申飭之後雖把束之微擅自刈穫之弊當
別般嚴處矣知悉擧行爲旀所謂舍音有名無實
凡諸擧行一不干涉云豈有如許道理乎今年段監官
舍音各分其任恪遵職責俾無如前漫漶之弊宜
當向事

內需司　長房前　私通

除煩　大監敎是分付內各宮房庫直與大廳直自今

15 【追記】磚洞請

特許黑鞋事有　敎故玆以仰通以此意輪通於各

宮房之地如何敢通　雲峴宮等

丙寅七月二十八日　內司甘結

右甘結爲粘連　大院位大監分付私通辭意詳考

擧行爲有矣萬一違繡甘罪不辭

丙寅八月初一日　內司甘結

右甘結爲粘連議政府甘漁鹽船稅變通　筵奏辭

意相考擧行爲乎矣萬一違越甘罪不辭

筵奏辭意

啓諸道各浦口鹽盆漁基之稅自是均廳所管而挽近

中外牟利之輩圖囑各宮各司與夫鄕班土豪創出

稅名或冒作節目或稱有立旨督索勒奪推剝隨

之廟堂之前後申禁亦屢矣而外邑則徒事觀

望海戶則漸致離散紀綱所在寧欲無言此不可不

嚴立科條另行一切之法凡於沿浦如有均廳所不知而

私自創設者一幷劃付該邑以補軍需而陳告之律

法典昭揚後若以如此事冒囑京鄕者一一摘發依

典幷施重律之意捧甘各宮各司亦爲措辭關飭於各

道道臣何如

上曰所陳甚好期有實效可也

丙寅八月十一日　內司甘結

右甘結爲知悉擧行事今此　綏陵　景陵幸行敎
是時假別監例錢以五十兩磨鍊後錄發甘爲去乎卽
爲輸送于別監房爲有矣萬一遲緩甘罪不辭

丙寅八月十五日　內司甘結

右甘結爲今此　幸行敎是時假別監例錢捧甘中
范淑儀房以無折受不得擧行云云是如前者甘結姑
爲休紙施行爲遣更爲磨鍊後錄發甘爲去乎依此卽
爲輸送于別監房事

安岳三公兄處

無他宮屬本郡所在大元坊排串坪畓稅與遠城坊蘆
稅收捧次京監下送爲去乎自本官爲先傳令嚴於鄕
監頭民等處如有當納而拒納之類是去等依京監
所告捉致官庭這這嚴囚督捧俾無上納遲滯之弊事
告本官惕念擧行宜當向事

鳳山三公兄處

無他宮屬本郡所在文井土城楚邱等三坊田畓收稅次京
監下送

嘉山三公兄處

無他宮屬本郡所在才公浦西巡垌六所垌等處所在田

畓收稧次宮監下送爲去乎作人中或有當納而拒納
之類是去等依宮監所報這這懲治督捧爲旀昨年東
巡里居民之誣訴本官虛戶一戶之移送西巡里者卽爲
依前還送東巡里之意幷只告本官惕念擧行宜當向事

鳳山舍人坊

載寧　安岳遠城　　長興　安岳馬餉　　甕津　信川
扶安　洪州　中和　古阜　龍仁　金海　康津　梁山
安岳　嘉山

長淵三公兄處[16]

無他宮屬本府東外牧甘大曲等坊所在新買田畓收
稧次京監下送爲去乎如有當納而拒納之類是去等
依京監所告這這懲治督捧爲旀結還分俵雖在私土時
而今爲宮庄則所重逈別自今爲始結還名宅永勿侵責
於宮庄爲旀新差舍音金章源煙戶雜役段置依事
目頉給之意幷只告本官惕念擧行宜當向事

順天三公兄處

無他宮屬本府富饒面住岩等處所在田畓卽每年收
稅造紙上納者而土居導掌申興祚昨年收稅條盡數
乾沒上納紙地無難越歲拖至于今番無皁白豈有

16 【追記】此非本宮庄土而李判書景夏宅暫時假托者

如許無據之習乎今年則又不可任他擧行故玆以別
定宮差下送爲去乎到卽捉致該導掌及舍音金
漢宗宮庄稅收記一一推納出給宮差處今年稅租使宮
差看檢收捧從時直放賣昨今兩年上納敦厚紙一百八
十卷白紙九百三十三卷準數貿納而收稅之穀若不備
貿紙之數是去等其不足條段星火責納導掌處
爲乎矣導掌與舍音輩或有頑拒之弊是去等各別
杖囚嚴治以爲懲勵之地爲旀秋收時拒納作人亦依宮
差所告這這懲治督捧之意幷只告本官惕念擧行後
形止馳告以爲憑處之地宜當向事

順天注岩導掌及舍音金漢宗處
無他汝矣等身爲導掌舍音莫重上納紙地矣
無難越歲收稅穀沒數乾沒豈有如許無嚴
之習乎法典自在則偸弄公納罪將何居今年段
自宮收稅貿紙上納次玆以宮差下送爲去乎到卽近
年以來秋收記一一出給宮差處以爲這這收稅昨今兩
年條壯白紙準數貿納爲旀如有不足之弊是去等
汝矣身依數充納爲乎矣若或一向頑悖敢有不遵
宮令之弊則前罪幷以斷當報營刑配矣除尋常
惕念擧行俾無罪上添罪之地宜當向事

丙寅十一月初一日　內司甘結
右甘結爲粘連　議政府文蹟與　內班院文蹟相考

擧行爲有矣萬一遲緩甘罪不辭

今十月三十日　大臣政府堂上引見入侍時左議政金

所啓　長寧殿位土所收今無歸屬處　祭享條受

價外又有多少捧稅者幷付之鎭撫營五宮內司三營

見有斂散之穀當初設始卽所以備不虞也顧今人民

渙散之餘如例糶糴實無其路亦使之革付本營

如何　上曰依爲之　大院位分付敎是內內司

五宮之江華所在還穀與屯土文劵斯速待令于

雲峴宮事

丙寅八月十九日　江華分宮照檢色吏處

無他卽見本房傳令辭意則以分宮留庫米接濟

防水軍兵云雖非用於當用當此之時不可無推移

變通之道故庫舍鑰匙玆以下送是在果留庫

米上下後成冊則修正上送爲旀本宮留庫米之

如此零星都由於色吏輩近年以來舞弄作

奸以致遺儲枵如之境矣前後宮飭徒歸文

具使此緩急之備不能及時需用事極慨惋

須以此意告營門以爲憑處之地宜當向事

丙寅十月二十五日　內司甘結

右甘結爲今番　水刺間進排加貿易物種價

四宮各拾兩肆戔式今日內收合送于本司

之地爲有矣萬一遲緩甘罪不辭

月廊聽令

犒饋日子促急則罔夜擧行而黃肉則自明日
收納于後苑演慶堂事星火知委屠牛成
冊今日內以從其匹數修成冊送于內需司犒
饋餠則今日爲始各處分派十八日申時來納
事着念擧行　壽進宮　龍洞宮　明禮宮

丙寅十一月初六日　金海新島監官裵絅旻處

無他上納月當過限許久而杳無動靜汝矣身所爲萬
萬兇悖春上納之拖至冬月而晏然無所顧忌之心
胡至此極乎終當行關營邑定將差詳查鹽盆所收
以爲上納歸正之方然後嚴治汝矣身頑肆之罪是在果
爲先今年上納催促次玆以宮差下送爲去乎到卽同上納
不留晷刻星火上送後以待本宮措處宜當向事

丙寅十月十五日　內司甘結

右甘結爲今番出征將卒撤還後　親臨犒饋于春
塘臺事有敎是如乎各其宮宰屠牛幾隻
修成冊今日內來納本司以爲枚報政府之地
爲有矣萬一遲緩甘罪不辭

甘結

右甘結爲今此犒饋所用餠二十日待開門酒十九日熟肉
明日爲始進排事　更所後苑演慶堂

甘結

右甘結爲今此犒饋時各宮熟手沒數起送待令于

水刺間是矣十七日待開門待令事

月廊聽令

犒饋日子更以今二十日退行出　傳敎矣以此擧行事

丙寅十月二十三日　楊花鎭別將

無他宮屬通津柴場今秋上納柴木以船漢逃避之致

尙此遲滯玆以宮差下送爲去乎嚴飭鎭屬以完固容

載船星火擇執以給宮差處以爲氷泊前裝載柴木

上納之地宜當者

通津三公兄處

無他宮屬本府浦內柴場今秋上納柴木尙此未納莫重

內用擧行萬分時急玆以宮差下送爲去乎別定將差眼

同宮差以完固容載船執船裝載氷泊前無弊上納

之地告本官惕念擧行宜當向事

今番出征將卒撤還後今月二十日間似有　親臨犒

饋于春塘臺敎是故犒饋餠與肉炙依歲時犒饋

例磨鍊分排于內司四宮事有　敎矣趁卽豫備以

待知委擧行事

丙寅十月十四日

內司　拳撫餠六千箇熟牛肉二千斤濁酒二百八十伍耳鐥

五盞

四宮各　拳撫餠三千箇熟肉一千斤濁酒一百四十二耳

鐥六盞

丙寅十月十四日　內司甘結

右甘結爲粘連　內班院文蹟詳考擧行俾無稽緩

之弊爲乎矣萬一違越甘罪不辭

丙寅十月十九日　甘結

右甘結爲　月廊分付內犒饋所擧行使喚軍不足

故捧甘爲去乎依後錄卽刻待令于延慶堂無弊

遲滯事

後

內需司十名　龍洞宮　壽進宮　明禮宮　於義宮

各五名

丙寅十月初十日　內司甘結

右甘結爲粘連議政府草記捧甘內辭意詳考擧行

爲乎矣萬一違繾甘罪不辭

議政府

啓曰畿沿慰撫之行纔已復　命矣沿民之所以資生

專在漁鹽而今其浦口之商利莫售村底之錢路

孔艱此時公納如例督責則勢有所行之不得者戶兵
曹均惠廳各營各司應捧中如有過當者姑令限明春停
退雖以中外從征者言之赴陣暴露合有酬勞之擧
今年身布還餉及煙戶雜役特許蠲減俾盡優恤
激勵之地何如

順天三公兄處

無他宮屬本府富饒面住岩等處所在田畓卽每年收
稅造紙上納者而土居導掌申興祚敢生不測之計昨
年收稅條盡數乾沒上納紙地無端越歲拖至于今杳
無皁白豈有如許無據之習乎今年則又不可任他擧
行玆以別定宮差下送爲去乎到卽拒致該導掌及舍
音金漢宗宮庄秋收記詳細推納出給宮差處今年
稅租使宮差看檢收捧從時直放賣昨今兩年上納敦
厚紙白紙準數貿納而導掌與舍音輩或有頑拒
之弊是去等各別杖囚嚴治以爲懲勵之地爲旀秋
收時拒納作人亦依宮差所告一一懲治督捧之意告本
官惕念擧行後形止馳告以爲憑處之地宜當向事

順天住岩導掌及舍音金漢宗處

無他汝矣等身爲導掌舍音莫重上納紙地無難
越歲收稅穀沒數乾沒豈有如許無嚴之習乎國
有法典則偸弄公納罪將何居乎今年段自宮收稅貿
紙上納次玆以宮差下送爲去乎卽到近年以來秋收記一一

出給宮差處以爲這這收稅昨今兩年條壯白紙準數貿納
爲旀如有不足之弊是去等汝矣身依數充納爲乎矣如
或一向頑悖敢有不遵宮令之弊則前罪幷以斷當刑配
矣除尋常惕念擧行俾無罪上添罪之地宜當向事

丙寅十月初五日　陰竹監官李基龍處
無他立冬已過屯租船運船尙未裝發前所未有氷泊在邇而如
是漫漶汝矣身擧行萬萬無嚴玆以別定宮差下
送爲去乎到卽打貼稅中隨其先捧星火出浦裝載
不日上納爲旀載運暈納段置鱗次了刷無遺上
送爲乎矣若或拖至風高氷合而未及到京江之弊
則汝矣身爲先捉上宮庭各別嚴治後移法司嚴繩
矣除尋常惕念擧行爲旀遲滯委折先卽馳告
宜當向事

丙寅十月初十日　龍仁水餘面直洞三所任處
無他本洞所在本宮位田畓每年送京監無弊收稅上納
矣至於今秋作民輩稱以洋船之騷擾應納穀物一事
拒納云豈有如許道理乎所當別般變通是矣姑爲安
徐玆以牌飭爲去乎到卽汝矣等這這曉喩於作民等處
未收上納使之星火來納爲旀況洋醜之出去已久而又爲
憑藉推納則斷當報營刑配矣以此意各別知委俾無
一民不到犯科之地宜當向事

內司爲相考事節呈龍洞宮手本內丁卯年　大王大妃
殿朔　膳價米錢依例磨鍊而米七十五石代太一百五十石一
體磨鍊上下輸送之意司以移報宣惠廳爲良然手
本是置有亦手本內辭緣相考施行爲只爲合行牒呈
伏請　照驗施行須至牒呈者　一
右　牒呈
宣　惠　廳　　　　　　　典需
同治五年十月　日　　　　別坐

丙寅十月　日　利川三公兄處
無他本宮所管陰竹所在田畓收稅穀卽水剌
米與各項內用之需矣今秋穀物載運次別
定李國賢船隻下送矣自本官謂以軍糧米執
船李國賢船隻所在篙竹五箇及錢十二兩下屬
無難奪取云一般公穀所重有何彼此之殊
而若是其無嚴乎事之寒心莫此爲甚乙仍
于玆以牌飭爲去乎到則所奪篙竹與十二兩錢
嚴飭還給後更無得如前侵漁俾再運穀無
弊裝載上納之地爲乎矣若或有不悛舊習
之弊則汝矣等難免刑配之典矣以此意告本
官惕念擧行宜當向事

丙寅十一月二十一日　內司甘結
右甘結爲議政府甘結內各宮房有土免稅

無論陳起修事徵捧前後令飭何如而未聞
實效一依民田踏驗例從實收稅爲有矣以
此捧甘事申飭是如乎各須知悉擧行爲有矣
萬一違越甘罪不辭

丙寅十一月二十五日瑞興三公兄處
無他本宮所管宣禧宮於義宮納本府所在加
火田稅粟六百六十餘石代錢自本府句管收捧
年年自官上納之意曾已圖署申飭數年無弊
遵行矣至於今年月當已過尙不上送豈有如許
道理乎事極怪訝玆以圖署公事下送爲去乎
到則同火粟代錢不日內準數上送以爲及時內用
之地事告本官惕念擧行俾無不謹遲滯之
弊宜當向事

丙寅十一月三十日　內司甘結
右甘結爲粘連議政府甘結筆洞懸房新設文蹟相考
擧行爲有矣萬一違繣甘罪不辭

議政府　甘結
京都南山一邊人民聚會尤有緣於北村而設庖之處
由來稀濶肉種日用之需果難遠貿故特依所訴許設
懸房於筆洞近處使之開庖是如乎以此知悉擧行
是矣禁亂各司下隷侵漁討索之弊須自各其衙門

嚴加察飭俾無敢更襲謬習之地爲於如是甘飭之後
或有入聞者隨所現發斷當別般嚴處矣以此惕念爲
有矣萬一違繣甘罪不辭

丙寅十二月初六日　內司甘結
右甘結爲惕念擧行事卽者　大院位大監敎是分付
內近來各宮房下屬之不知法意作弊行惡聞極痛駭
걺除良各處上納捧上時情費之科外討索餘他司各
營所納無難橫奪之習尤萬萬無嚴爲先橫辭甘
飭如或有犯科入聞之境則斷當別般嚴處亦敎是
置玆以發甘爲去乎各須知悉另加操束更無敢如前亂
雜之弊爲有矣萬一違越甘罪不辭

丙寅十二月十九日　內司甘結
右甘結爲粘連免稅邑移定文書相考施行爲有矣萬
一違繣甘罪不辭

同日　粘甘
右甘結爲粘連兩帳文書相考擧行次
公忠道觀察使兼巡察使爲相考事各邑所在各宮
房納無土免稅限滿或數多結縮則輪定他邑自
是法例乙仍于道內各邑宮結之移送他邑者移文後
錄爲乎旀釐正入錄於年分磨勘文書計料爲去乎
相考施行宜當向事

慶尙道觀察使兼巡察使爲相考事道內丹城縣所
在各宮房折受田畓限滿移送昌寧緣由纔已粘移
是在果同田畓幷卽移送後今年爲始免稅出稅之意
知悉各該邑邑名結數移文後錄爲於亦爲懸註於田案
中是去乎相考施行向事
丹城龍洞宮折受畓肆拾結移送昌寧

順天三公兄處
無他卽見宮屬本府所在土居導掌所告則以爲宮庄
經界近漸紊龍住岩面師字田三十三負九束雙岩面列
字田十五負松光面聖字田七負七束及嚴字畓䨋三日
浦廉字畓四䨋或爲民塚圖占或爲奸民偸耕莫重宮稅
無以責出上納欠縮云聞甚駭然乙仍于玆以圖署下送爲
去乎一依土居導掌所告相考邑量案這這摘發推尋以
完宮庄之地爲於前舍音金漢宗處未收錢九十八兩四
戔及諸作人處未捧條亦爲一一督捧出給導掌以充上納
之意幷只告本官惕念擧行宜當向事

1867년(정묘)

丁卯正月初八日　南海三公兄處
無他宮屬本縣錦山場永作宮屯稅米收捧上納次宮
監下送爲去乎作民中如有頑拒作梗之類是去等依

宮監所報這這懲治督捧星火裝載俾無遲滯之
弊事告本官惕念擧行宜當向事

順天三公兄處
無他宮屬本府所在有土免稅米收捧上納次宮監下送
爲去乎到卽不留晷刻嚴辭傳令於當納頭民等處同
稅米星火督捧後卽爲執船裝載發送以爲二月內到
京江上納之地爲乎矣稅米中二百石以代錢依三稅價亦
卽從速收捧趁早上送俾無宮監滯留之弊事告本
官惕念擧行宜當向事

丁卯正月十五日　順天火粟導掌李孟文處
無他汝矣身當初導掌差定本意何如而忽自數年
以來上納錢歲前如干塞責太米越歲之狀極爲無嚴
今番則行關營門斷當別般嚴處是矣十分參酌玆
以牌飭爲去乎未收上納錢不日上送爲去乎更若遷就之
弊則非但除汰而當施以刑配之矣除尋常惕念擧行
俾無罪上添罪之地宜當向事

丁卯二月初三日　長湍三公兄處
無他卽見月峰山柴場山直梁千宗所告則以爲本宮元
山直三十名內時存擧行者爲十六名矣其中洪千得白
德良白乭石黃一萬等四漢稱謂洞布之混侵不爲應
役於本宮昨秋上納柴木于今未納至於本官題旨截

嚴而四漢漫不畏輯聞甚駭然當初所謂洞布之混侵
宮家山直者已無法綱而今此四漢之頑拒尤極無嚴乙
仍于玆以牌飭爲去乎到卽同四漢捉致宮庭各別嚴治
後使之依前擧行昨秋上納柴木星火裝載運納俾無遲
滯之弊事告本官惕念擧行宜當向事

丁卯二月十二日　玉果三公兄處
無他宮屬本縣立石一面所在有土免稅四十九結六十七負
八束丙寅條稅米收捧上納次京監下送爲去乎到卽
傳令嚴飭於面任處以稍實戶各別擇付星火督捧
上送期於二月內到京上納之地爲乎矣每年圖署申
飭不啻鄭重而一向玩揭之狀萬萬駭然今年段必須
恪勤擧行俾無抵罪之弊事告本官惕念擧行宜
當向事

丁卯二月十五日　全羅道左水營營吏處
無他卽見本宮所管長興府來德島民人等狀則以
爲本島與會寧鎭一水相隔鎭在南邊島在北邊是
乎所今番會寧鎭戰船新造之役不設於本鎭而移
設於來德島設役之節各設之弊全責於島民監
役吏胥與許多工匠役卒日日成市於島中一丸小島之
民供給饔飧猶爲不暇是去乙且督島民使之鋸之
斧之繼以鞭笞狼藉號泣之聲載該島民將至
顚死在堅之境是如千里裹足來訴本宮聞不勝驚

愕萬萬大抵本島卽全島　賜與之地諸般雜役
一切勿侵事　前聖朝前後　啓下節目炳如日星雖
營邑之例納亦爲一遵節目莫敢違越叱除良況
鎭自鎭宮自宮經界各異是去乙造船之役捨本
鎭而故爲移設於宮庄者苟把情跡極爲可痛是旀
侵漁討索於島民不有餘地東作邇始之時廢農
破産而少顧念此不可尋常處之乙仍于玆以
啓稟後圖署公事下送爲去乎到卽嚴關該鎭
造船之役卽爲還設於該鎭境內使該鎭民赴役是
遣誣告鎭長橫侵島民夤緣作奸之鎭吏段這這
査出捉致營庭各別嚴治以杜後弊使此島民專意
耕作俾無宮庄廢棄之地事告營門惕念擧行後
形止馳告以爲入稟之地宜當向事

安岳郡三公兄處

無他本宮新買畓在於本郡大元坊排串坪而此庄本
是洪府院君宅出財起墾之地結納則其時以奴名
興吉及趙明來注名合錢二十九兩三戔六分叱每年
納邑至于近十年之久是遣所謂永陳結三十負舊
訓屯所屬者挽近以來兩處鄕監輩互相推委年年
相持云故再昨年宮監定送使之本郡結捧冊子詳
考則永陳三十負結果是舊訓屯懸錄昭載者宮監
親見歸正矣今見鄕監之所告則屯鄕監敢生不測之
計符同前鄕監誣訴訓營成出關文付之本郡

永陳結勒移宮庄云聞甚慨然所謂前鄕監金
星辰含憾於鄕監之見汰今此證者尤極可痛㐹除
良徵參官庭時與訓誣告汝矣等三公兄擧行豈容
若是無嚴旣有屢百年收結之冊子昭詳是去乙
無難移施於宮庄者萬萬駭惋乙仍于玆以圖署下
送爲去乎到卽告官後捧結冊子詳考歸正更勿
橫侵是㫆擧行形止以公兄文狀馳告以爲　入稟之地
宜當向事

丁卯二月二十五日　李承旨宅奴祐錫白活
云云本宅昨年則買畓於黃海道白川柳川面而右畓本
邑堤堰起墾故有所水稅上納於本宮是乎所昨年則
有相詰於恩全君房故全無所收而亦不關攝矣今才歸正
故此由仰訴於本宮堂上前爲白去乎伏乞　參商敎是後
永以年年五十兩式自來上納之意關杳於該邑該面以爲
永久遵行之地　題音內莫重上納以中間相詰豈可闕
納乎昨年納待秋來一體幷納是遣土是宮上原付者也不
必相關於本邑向事

丁卯三月初三日　內司甘結
右甘結今此　睿陵　禧陵　孝陵　明陵　幸行敎是
時假別監例錢以五十兩磨鍊發甘爲去乎依後錄卽
爲輸送于別監房爲乎矣萬一遲緩甘罪不辭
龍洞宮　四兩七戔

李省益白活

矣身白川導掌看檢以來至癸亥六七年上納依數奉
行是白加尼自甲子以後籌司關飭內儲水蒙利處一
齊革罷故本宮導掌亦不得起耕是白乎則莫重上
納不能奉行故至于丙寅不得已轉賣導掌於平洞李
直閣宅是白乎則甲乙兩年上納到今徵納極爲冤枉特
爲蒙放之地事據　題音內橫竪之辭不足取信莫重
公納豈敢虛徐然而積月滯因督徵有涉龜毛待秋來
前後未納條沒收以納次特姑放送爲去乎如更貳參其
說則斷當嚴處向事

丁卯四月二十四日　內司甘結

右甘結爲惕念擧行事粘連內班院出標紙內辭意
相考明日內修成冊來納以爲收聚入呈之地爲有矣萬
一遲緩甘罪不辭　口傳知委內各其有無懸錄事
內司　壽進宮　於義宮　龍洞宮　明禮宮　景祐宮
安峴宮　自四歲至十六歲內人成冊以入事卽日知委也
下敎敎是內各宮與內司內人成冊照驗年前所入者女息
之有無及年歲之多少或多相左並除良以若所屬之
衆多豈曰全無從當別岐廉探若有入聞隱瞞之罪
各別嚴處矣此成冊還出給使之從實懸錄以入

丁卯四月二十七日　內司甘結

右甘結爲粘連文蹟相考擧行爲有矣成冊段明日內

修整來納爲於毓祥宮宣禧宮良中內入成冊至十六
歲從實懸錄以入之意一體知委事內班院分付亦敎
是置玆以發甘爲去乎卽爲星火擧行爲有矣萬一遲緩
甘罪不辭

丁卯五月初一日　內司甘結

右甘結爲粘連　內出件記詳考擧行今初七日待開門各
領率等待于通化門外爲乎矣萬一違越甘罪不辭
龍洞宮　大廳直奴正圭女四歲　成玉女六歲　壽永女六歲
入役奴元亨女六歲　壽億姪女五歲　奉學妹十一歲
婢子　永鎭孫女十二歲　古刀釗女十四歲

丁卯五月初一日　內司甘結

右甘結爲官案修正以入事　月廊出來故玆以發甘爲去
乎明日內修成冊來納以爲擧行之地爲乎矣萬一遲緩
甘罪不辭

丁卯六月初一日　內司甘結

右甘結爲惕念擧行事因泮人輩呈訴于　雲峴宮以
錄紙轉入于　闕內以爲昨夏特蒙無前大澤申明舊典
成給節目肉種之私貿私買去益尤甚莫之禁過弊
倍於前見今懸房多有撤廢從今以往每五日各　殿宮
貿易手本中如有欺蔽濫貿違越宮式者則以其手本
與泮館踏印公文直爲進呈于本宮當有別般嚴處

之擧矣爲先措辭嚴飭奉甘事奉承分付玆以發甘
爲去乎各須知悉另加操束爲有矣萬一違繣甘罪不辭

丁卯六月初八日　戶曹甘結

17 右甘結爲惕念擧行事　大院位敎是分付內各宮房免
稅結之除三手條而備納卽各道通行之規而惟獨京
畿免稅則不除三手條者未知創自何年而均是　宮
結不可異同㐲除良京畿所在免稅結中多有他道
所在結移來者則豈可無所區別而混同不計乎且三
條卽輦下親兵接濟之需也所重自別而稅入因
此漸縮以致莫可策應之境自今年爲始雖京畿所
在免稅依他道例除三手條而捧上俾無違繣之弊
亦敎是置玆以奉分付捧甘爲去乎甘到卽時自內司
一一消詳知委各宮房俾無違越之弊爲有矣萬一遲
緩甘罪不辭

丁卯六月初八日　內司甘結

右甘結爲粘連戶曹甘結內辭意相考施行自今年
爲始京畿所在各宮房免稅一依他道例除出三手粮
條捧上爲有矣萬一違越甘罪不辭

玉果三公兄處

---

17 【欄外】京畿道之無 / 三年條以各 / 陵寢所奉之致 / 蠲免者也

無他宮屬本縣立石一面所在有土免稅米代錢督捧
上納次春間下送宮差矣于今四五朔杳無動靜豈
有如許道理乎大抵此稅錢每年秋冬間自本邑
已爲收捧而中間爲該色輩之舞弄月當已過無難
遷就緫除良宮差之逗遛許久而視若尋常一事
玩愒苟有一分嚴畏之心寧容若是事體所在誠極
痛惡乙仍于玆以圖署公事下送爲去乎到即同上納
錢星火出給宮差處以爲不日上納之地爲乎矣更或有
漫漶之弊則斷當　啓稟後該色吏行關刑配矣
告本官除尋惕念擧行宜當向事

丁卯七月日　白洛瑞處

無他宮屬順天府依山六面火田免稅實起八十餘結
每結稅錢八兩式收捧監官李孟文除下代汝矣
身差定鄕監爲去乎收稅等節着實擧行爲旀上
納錢除浮費四百五十兩式每年十月內準數上送俾
無違越抵罪之弊宜當向事

丁卯七月初六日　戶曹甘結

右甘結爲惕念擧行事卽者　大院位敎是分付
內各道田畓都是戶曹版籍帳內則雖尺土之微皆
有稅納而惟獨文化信川豊川載寧黃州鳳山安岳
長淵等八邑蘆田柴場多有漏稅處此曷故焉京
鄕牟利之輩互相和應憑藉宮庄圖出帖文不爲納

稅之致紀綱所在萬萬寒心發遣計士上項八邑蘆田
柴場已爲一一打量以來是在果旣知其帳付內應稅之
地而積年爲牟利輩肥己之資則不可不釐革乃已故
自今年爲始一倂付屬本曹作爲收租案定送計士從
實收稅以補經用事已爲發關該道亦以此意捧
甘所關各宮房及內需司各該司亦教是置　分付內
辭意奉審施行爲有矣萬一違越甘罪不辭

丁卯七月十七日　陰竹監官李基龍處
無他汝矣報辭知悉是在果今年潰水不甚浩大而塔
村垌堰之潰決專由於平日不謹修築之致苟究其源
罪將何歸待宮監下往看審董率作民輩各別完築
俾無後慮之地爲旀早稻作奸每年爲汝矣身之伎倆
矣昨年綻露自宮收稅事當恪勤舉行之不暇而今
年則早稻一不播種有若含憾於不敢作俑之態極爲巧
惡所當捉上懲治是矣十分安徐玆以牌飭爲去乎宮
監下往前如或有一把禾先自刈穫之弊則前罪幷以
別般嚴處矣除尋常惕念擧行宜當向事

黃海監營營吏處
無他道內延安府石串面下屯里所在庄土本是廢棄
之地自宮費財累千金募民起墾之時特下圖署戶
役段以十五戶永定後成出完文遵行至于數十年之
久矣今聞自本邑元還外稱以小米還分是如七十五戶

沒數勒倲則庄民萬無支保擧皆渙散云聞甚駭惋

大抵旣有自官成給之完文㐌除良所謂作民皆是

三枝結幕不可以戶爲名者若是侵漁勢無奠接由

此而害及宮庄未免陳廢之境此必是奸吏輩之舞

弄乙仍于玆以圖署下送爲去乎到卽告營門後嚴

飭延安府使之依完文十五戶㐌分還是遣加數勒

分者一幷還收以爲窮民保存俾無宮庄廢棄之地

宜當向事

丁卯八月初一日　忠淸監營營吏處

無他本宮屬恩津縣江鏡浦北魚船收稅本是

三聖朝判下且庚子　筵稟定式時稅錢段減定爲一

千兩付之該郡使之上納伊來久矣挽近以來該縣

公兄輩無難乾沒以至三年條全不納之境累度公

文畢竟排捧而由是自宮收稅之意該縣馳報則勢將

依舊浦底船主人處一一收捧以爲上納本宮亦是三年

是乃稅錢年減歲縮今此別定宮監下送爲去乎隨其

所告自營門成出完文革弊然後莫重宮納依前

準納乙仍于玆以圖署下送到卽告營門別般措處

之地宜當向事

恩津江鏡浦收稅鄉監金鍾奎處

無他宮屬本府納北魚稅錢自春至秋一一探知收捧

以爲及期上納之意汝矣身別定鄉監矣乙丙兩年上

納無難減縮是何委折是喩每以北船之來比前零
之說事甚訝惑㐆除良莫重宮納如是年減歲縮
萬萬駭惋今此別定宮監下送爲去乎今年所收稅納
各別廉探從速收捧上送爲旀這間爲弊事端一一
抄出告于宮監以爲報營釐弊條列成出完文永久
遵行宜當是遣從今以後每浦底船主人爲業人姓名
錄上以爲憑治之地宜當向事

本宮蘆田之在於本邑者結役自有定數矣不意昨
稱以改量有加徵之數今春又以六等爲三等而添徵云是
何委折是喩蓋此庄非一朝一夕之創置也量案自在定
稅有數豈可猝加減於其間是旀况蘆田之結俱以六等
磨鍊亦是古來之定規今不可改革至於隱結之搜出
云者是何成說桑田碧海雖是古語寧有一二年間潮
退而成蘆田至於倍蓰乎其所誣訴推此可明若依所
捧之加數徵出則以其蘆田之所出不足以排備㐆除良宮
庄從以廢棄豈不痛駭哉且加卜從徵之禁載在法
典所當一一査出痛徵其無嚴之習是矣姑爲安徐玆
以申飭爲去乎所謂加徵名色一切掃滌依前例以二百三十
餘兩結稅永爲遵行是遣且有鹽田二作之稅納未捧者
自宮亦爲推尋後鹽田段付於宮監使之一同看檢宜當向事
移宮後　神堂齋飛都聚奉安于守宮大廳五月朔
望及六月朔告祀不爲擧行矣六月望日爲始告祀設
行事承　敎而齋飛不爲排付徜日床㐆虛列于守

宮大廳至行守宮大廳基址兩處告祀依順和宮例爲之
而今朔則姑以望日爲之來月爲始初一日遵行事

丁卯八月二十八日　內司甘結
右甘結爲今此　仁陵幸行敎是時侍衛假別監
例錢依壬戌年例以二百兩磨鍊發甘爲去乎
來月初二日內輸納于別監房爲乎矣萬一遲
緩甘罪不辭　龍洞宮十七兩六戔二卜

丁卯八月二十七日　月廊聽令
人定後各色掌出來所任一人待令于
月廊事　所任一人進詣丹鳳門外各色掌一名
自門隙口傳知委內　龍洞宮次知　宋減下
崔　差下事　聽傳敎云云

丁卯九月初二日　內司甘結
右甘結爲星火施行事今此幸行敎是時假別
監例錢以二百兩磨鍊已爲捧甘是在果初十日出
宮進定於初九日龍驤鳳翥亭宿所改付標是
如乎停宿雖爲三宵路程未滿四日故要以五十兩
加磨鍊玆以發甘爲去乎卽刻輸送于別監房
爲有矣萬一遲緩甘罪不辭

丁卯九月二十四日扶安三公兄處

無他宮屬本縣所在西道面新宮村三間坪及
下西面斗浦里三村而當初築堰作畓之時募民
耕作次煙戶雜役還上等節一幷勿侵事前後
判下節目炳如日星許多年無弊遵行卽一邑之
所共知而挽近以來不顧判下所重無難以還上勒
俵宮庄者揆以紀綱萬萬駭然若此不已庄民渙
散宮土陳廢乃已乙仍于玆以圖署公事下送爲去
乎到卽宮庄作民還上雜役依前勿侵使之安
堵耕作之地爲乎矣若或有一向侵漁之弊則
斷當　啓稟後別般嚴處矣幷只告本官惕念
擧行事

全羅左水營營吏處

無他今春會寧鎭造船捨其本鎭橫設於本宮
屬長興府來德島百端作弊禁斷事已有所圖署
下送以爲懲治矣今見該道民人等狀辭意則會寧
鎭吏輩含憾於今春事無難施惡於島民云如此
而因循置之則來頭勢將渙散島內空虛乃已莫重
宮納句管處陳廢可乎此不可尋常處之乙仍
于該島民狀粘連圖署下送爲去乎到卽告營
門後稱托作弊之鎭吏發差捉致爲先嚴棍牢
囚前後侵漁之端一一査覈嚴刑定配後自營門
釐弊條列成出完文出給島民使之依舊奠接之
地爲旀擧行形止星火報來以爲　啓稟之地宜當向事

丁卯八月二十二日

右完文永久遵行事本宮所屬恩津縣江鏡浦北

魚收稅本是　三聖朝判下且庚子大臣　筵稟定

式時稅納特減五百兩以一千兩永定該縣使之上納

至于三十餘年之久矣挽近以來北船所來稀貴所

收稅錢每以未滿宮納是如乎莫重定式如此年

減歲縮故別定宮監下送探知其實事然後特

念事勢宮納中四百兩式限三年蠲減自今年爲始

六百兩式準納是遣至三年後復舊例每年一千兩式準

數限內上納爲乎矣此本汝矣六主人都中收稅上納

者今此釐正亦依復舊例之事古之六主人名色今

爲北魚主人也以此永久擧行俾無抵罪之地宜當向事

一北魚船之來雖曰稀貴各處漁船所載北魚收稅

汝矣都中一一採探收稅事

一收稅段隨其北魚所到主人處詳探其馱數稅錢

收捧是矣如或有稱托頑拒之弊則宮納專

爲擔當於該主人處使之上納事

一毋論水陸私商如干貿來北魚一并收稅以充宮納

事

一今此別定宮監探知其事實特念汝矣等事情限

三年如此蠲減然而至於庚午年依前每年一千兩

式準納之意依所願許施事

一汝矣等既有納侤音文蹟自在依此擧行是矣

莫重宮納十一月晦內準數上送而如或有違越

相持之端則汝矣等別般嚴處事

一上納過朔自宮宮差定送之境則來往所費與

留連雇債汝矣等都中徵給之意如是定式事

一鄕監擧行自春至秋北魚收稅一一採探收捧以

爲限內宮納之効勞不可不念而宮納中萬無除給

之道每年收稅上納外餘剩條中汝矣都中量

宜許給以爲擧行事

江鏡浦北魚收稅鄕監處

無他今聞別定宮監之回告則近年以來北船之

來果然稀貴如干漁船所載北魚收稅未滿宮納

之事實洞知然而莫重　筵稟定式上納如此

蠲減者此亦特念之政依願成完文下送以此擧

行是矣三年後則復舊例每年一千兩式準數

上納是遣汝矣北魚主人擧行亦是古之六主人

擧行事惕念擧行俾無抵罪之地宜當向事

丁卯九月初四日　內司甘結

右甘結爲星火擧行事今此　幸行敎是時

初十日出宮進定於初九日龍驤鳳翥亭宿所

改付標以下是如乎因　內班院分付假監例錢依

庚申三月　幸行時例以三百兩磨鍊而二百兩分排

則前已發甘故更以一百兩錢加分排後錄捧甘爲去乎

卽速輸送于別監房爲有矣萬一遲緩甘罪不辭

丁卯十月廿五日　刑曹甘結

右甘結爲知悉擧行事卽者　大院位大監敎
是分付內向以各懸房肉種貿易一依定式施行
事今秋曹成給節目使之永遵矣行之未幾
弊復如前固當施以違越之典而特以令申之
義節目辭意更令秋曹後錄甘飭爲去乎
嗣後則每五日貿役手本書納于泮館入直所每
朔踏印修呈於內需司考其毁劃與否是在果
如是申飭之後復或違拒斷當依法論勘而下
隷輩尤當嚴繩爲於所謂疊屠旣令泮館捉送
事有所定制而雖以私屠肉之坐賣呼賣言
之三司捕廳之所以禁斷者勿侵懸房肉只禁
私屠之意已成節目而混侵坐賣延及懸房者
是豈定制之本意乎纔以申明分付是在果又
或有犯斷當依節目照律嚴繩幷只以此甘飭
預先知悉擧行事奉　敎發甘爲去乎萬一
違越甘罪不辭

後

節目辭意各其謄本書揭事
右節目爲肉種貿易卽莫重日下　供上也進需
也當初定制何等嚴重下隷輩虛藉加貿私
相酬賣殆無限節事體所在誠極悚悶自
今爲始　祭享宮家每年入用自有準
折定式則下屬之法外濫索亦極痛駭自今以

往每朔入用數爻這這成適記踏印以送于本
館定式施行而使下屬輩毋敢如前濫討是矣
如有相左違越之弊則自本館一依丁巳　啓下節
目受敎辭意不遵之各該宮下屬嚴刑遠配
是矣此弊多由於色掌輩朔下豫賣之端旣
無所粮則自將濫討到今事勢不得不乾淨操
束一依舊依令大行首任意黜陟勿令禁飭者之
名色反作生弊者之隨從而如是之後貿役及
疊屠之的有犯科之端而若自泮館或有掩
匿因循之弊則斷當責有所歸餘外和應下屬
幷施反坐之律
一新設四懸房房錢一依往十里追設懸房例每
　日二兩的定所謂贖錢九戔段卽典刑所在之物
　也焉敢私相賣買幷令勿施房錢二兩及贖錢
　九戔中　宮納外幷付大行首處作爲儲置俾補
　許多公逋事
一四懸房新設之意不是幾箇名都庫專利之藪
　卽使諸泮民曠市之政也從今以往各懸房良中
　通同删定平均排數俾蒙一視之惠澤事
一三司捕廳下屬輩近益誅求之誰某固當以法從
　事而姑且容貸是在果此後則與受者幷照律
　嚴繩事
一懸房　大行首之役致極微賤莫重　大內日下供
　上進排之節專當擧行不敢須曳擅離者也每於

各宮各司及士夫家種種有無端犯捉之弊凡一日之內不知爲幾次除非貢上外毋或犯捉是矣如有不得已之端關由本館及內司後使之擧行事

一肉種貿賣也㗆囑指點之弊頭目擇差也名以傳授怙勢與奪之習一幷嚴禁而如有冒犯者斷當刑配事

江華府營吏處

無他今見本宮屬通津舍音所告則分宮庫直料給租六石督納沁營云事甚可訝糶糴旣已革罷有何憑據而料租督捧是喩此本宮庄秋收上納中劃給者則今以何名色料下懸錄於　御覽會計乎此必是汝矣等從中舞弄事體所在誠極駭然玆以圖署公事下送更勿侵責不當之舍音是矣如或更侵則汝矣等斷當嚴處矣惕念擧行宜當向事

丁卯十月二十八日　平安監營營吏處

無他今聞秋收宮監所告則載寧地秋收宮租姑無都買之人積置於平壤次輸運之際平均劉達英爲名人自願逢授故七十石租捧標出給矣今忽以破船失穀樣馳告云此必是劉漢符同船漢中間作奸推委遷延之事甚痛駭大抵毋論公私穀平均自願逢授渠自捉船載運

是如可船致徵納自是法例是去乙莫重宮穀無難謀避者萬萬可痛乙仍于玆以圖署下送爲去到卽告營門穀商劉達英與船漢發差捉致牢囚營獄宮租七十石從市價每石七兩式代錢刻朔督捧出給宮差使此宮納俾無白失之地宜當向事

丁卯十月二十八日　頭民金鳳哲等處

觀此所訴稱托漁箭之傷莫重進上無難遷延之計萬萬無嚴若不及朔來納則汝矣等三任斷當別般嚴處是在果箭機之破傷旣有徵捧之手記固當推尋是矣如或頑不給之端則從當自宮捉致督捧矣知悉擧行宜當向事

廣州八堂島漁箭頭民等處

無他卽者　壽進宮私通內弊宮屬楊根柴木載運船忽遇大風急流過涉之際貴宮屬塘亭里漁箭抹木幾箇少傷而執捉船人侵漁多端上納柴木趁不運納是如云抹木果至破傷不用之境則似不待汝矣等督責而船人輩自當修葺以給而如干受傷略費人力則可以依舊之事何至相持之境是旀且非船人之故犯而因風浪所觸之致則莫重宮柴所載之船斷不可侵責乙仍于玆以牌飭爲去乎到卽更勿漁使之無弊運柴之地爲

旀氷泊在邇而　進上魚鮮之尙此遲滯者萬萬
無嚴不日內準數上納俾無抵罪之弊宜當向事

丁卯十月十七日　江華府營吏處
無他本宮所管通津府柴場刈取柴木卽　御
供餠食與各項內用之需也每年風高前裝載上
納矣今者船人輩謂以見侵本府收稅是如擧皆逃
避不願載納宮柴云大抵公納柴穀載運之船隻
豈有責稅之理乎汝矣等以此意告本官傳令嚴
飭於收稅處本宮柴木載運船段使之勿侵以爲無
弊上納之地爲乎矣若或有漫漶之弊則斷當
啓稟變通矣除尋常惕念擧行宜當向事

安岳三公兄處
無他宮屬本郡靑龍垌馬飼浦等處所在田畓及
遠城坊蘆田收稅次宮監下送爲去乎作民輩若或
有頑拒作梗之類是去等依宮監所報這這懲治
督捧俾無宮監滯留之弊事告本官惕念擧行
宜當向事

丁卯九月初八日　呂州三公兄處
無他宮屬陰竹所在屯畓今秋春精水刺米及各
穀載運次白岩居沙工李日復尹順如船隻別定下送
是在果裝載上來之時官隷之稱以執船侵漁多

端每致氷泊經冬之弊言念事體萬萬悚懍乙
仍于玆以圖署公事下送爲去乎到卽告本官各
別令飭於官隷本宮水剌米及各穀載運船段所
經處一切勿侵以爲氷雪前到京上納之地爲乎矣若
或一事漫漶之弊則斷當報營嚴處矣除尋
常惕念擧行宜當向事

帖文　白岩居沙工尹順如
無他宮屬陰竹屯畓　進上水剌米及各穀載運
次汝矣身船隻別定下送爲去乎着實載運星火
上納爲旀所經各處以此帖文憑考勿侵宜當向事

通津三公兄處
無他宮屬本府所在柴場刈取柴木卽一年　內入
餠食及各項進排之需而每年給船價使之風高
前裝載上納矣今聞都山直所告則宮柴載運船
隻混同責稅船人輩擧皆逃避不願載納宮柴以山
直之力萬無執船之路云汝矣等以此意告本官
定將差執捉完固船同柴木星火裝載不日上納爲
乎矣　若或有漫漶之弊則斷當別般嚴處矣
除尋常惕念擧行宜當向事

內需司爲相考事節呈龍洞宮手本內　大王大妃
殿戊辰年朔　膳價米錢依例磨鍊而米一百二十五石

代太二百五十石一體磨鍊趁卽上下輸送之意司以移報宣惠廳爲良結手本是置有亦手本內辭緣施行爲之爲合行牒呈伏請

丁卯十月初一日　臨陂三公兄處

無他本縣龍治里卽本宮所起之地也量案在於本宮而以差人不實之致間爲闖失矣今爲綻露故定京監下送而玆以圖署分付爲去乎卽時到底查實幾年貼租一一納上而使京監俾無客地逗留之地宜當向事

丁卯八月十三日　內司甘結

右甘結爲今此　綏陵　景陵　幸行敎是時假別監例錢依前例磨鍊發甘爲去乎依後錄卽爲輸送于別監房爲有矣萬一遲緩甘罪不辭

龍洞宮　四兩七戔

丁卯八月十四日　南海監官報狀

自六月念後大旱至八月初三日得雨而未洽兼以風濤海溢比前水高二丈醎鹵所侵一粒難收稍遠處壞堰謹得含尖姑待來年而已災許日至尤甚處摘奸則赤地無餘者甚多勢不可看坪給災緣由文報云云題音內此土本是牧庄移屬者毋論豊歉特爲減稅以結稅磨鍊定式則此與兩稅無異豈有給災之例乎秋事已

至今不可以送宮監摘奸依當初定式準捧使此莫
重惟甚之宮納毋至減捴之地宜當向事

丁酉十月十四日　內司甘結
右甘結爲舉行事官案修正以入事出來故玆以發
甘爲去乎明日內成冊修送于本司以爲修正入呈之地爲
有矣萬一遲緩甘罪不辭

全州左水營營吏處
無他今春會寧鎭造船捨其本鎭橫設於本宮
屬長興府來德島作弊多端禁斷事已有所圖
署下送以爲懲治矣今見該島民人等狀辭意則
會寧鎭吏輩含憾於今春事無難施惡於島民
云如此而因循置則來頭勢將渙散島內空虛乃已莫
重宮納句管處陳廢可乎此不可尋常處之乙仍于
該島民狀粘連圖署下送爲去乎到卽告營門後稱
托作弊鎭吏發差捉致爲先嚴棍牢囚前後侵漁之
端一一查覈嚴刑定配自營門釐弊條例成出完文
出給島民使之依舊奠接之地爲旀舉行形止星火
報來以爲　啓稟之地宜當向事

嘉山三公兄處
無他宮屬本郡才公浦西巡垌等處所在田畓收稅
次京監下送爲去乎作民中如有頑拒之弊是去等

這這懲治督捧爲於內黃城員及遊齋員深井員等
處宮庄自落駸駸江落者甚多是遣其後民私畓
亦隨而江落者矣宮庄則近來如干推尋於泥生處
是遣民庄則姑未泥生者居多矣昨秋良中諸民輩
等訴本邑泥生處欲爲尺量以推渠之庄土者容或
無怪是如乎今秋更或願爲尺量是在等別定解事校
吏眼同宮監這這尺量宮庄爲先泥生處一一區別後
民庄中追後江落處有所泥生是去等亦爲詳細推
給是矣若或不分先後之境界陰圖肥已頑悖作挐
之民是去等各別懲治俾無敢恣售奸計之意幷只
告本官惕念擧行宜當向事

瑞興三公兄處

無他本宮所管　宣禧宮於義宮納加火田稅粟六百
六十六石零代錢每年十月內自官上納之意圖署定
式之後挽近輒事遷就至有迫歲上來之境者事
極無嚴今年段期於限內上送俾無不謹抵罪之
弊事告本官惕念擧行宜當向事

刑曹爲相考事湖南直上納二十五邑田稅大同船
各營各司各宮房移劃雜卜添載時船價雜費稱
以捄弊創出雜卜補縮契委折查案入鑑後卽者
大院位敎是分付內船卜自是舟橋司案付所管也稅
穀又是度支之定例則今此湖南二十五邑之直上納於

宮家者何例有之乎所謂全甲源者藉托宮房幻弄公
穀合置重辟第因李平甫輩慫恿等事則蚩蚩愚
漢固知靠背之勢有此理外之事亦出於昧爽之前
則今不可追究嚴刑一次放送李平甫段渠本江干挾
雜之類做出無例之事締結宮屬無難　天聽究
厥所爲萬萬痛惡嚴刑二次遠惡地定配曹景三段分
付左右捕廳刻期捉得與李平甫一體照律其餘諸漢
自本曹分輕重酌處以此事實移文戶曹及舟司船卜
上納等節依前管領所謂雜卜契完文成冊及廟堂節
目一一推覓官庭爻周事奉分付今方自本曹擧行而亦
玆文移爲去乎相考施行爲旀形止回移以爲入　鑒憑處
之地宜當向事

丁卯十一月十一日　內司甘結

右甘結爲粘連刑曹公事辭意相考擧行爲有矣各
宮房免稅米錢自本曹盡數捧上移送宮差輩直推
誅求之弊事卽丙申受　穀定式者而近來各宮不
知法例暗自直推以致京鄕弊端云自今爲始切勿直
給之意今方發關各道是在果如是申飭之後又
或有某宮房直推之弊則斷當別般論勘事奉
承　大院位敎是分付內玆以捧甘爲去乎以此意一一
知委各宮房俾無不聞不知之弊爲有矣萬一遲
緩甘罪不辭

通津三公兄處

無他本宮柴場今秋柴木執船裝載上送之意已有所圖署公事下送矣汝矣等不知所重謾不擧行以致上納柴木之尙此遲滯究厥罪狀萬萬痛駭所當別般嚴處是矣十分安徐玆又牌飭爲去乎到卽依宮差所告星火執捉完固船同柴木不日內載運上納之地爲乎矣若更有慢忽之弊則汝矣等斷當　啓稟後上使懲勵矣惕念擧行俾無罪上添罪之地宜當向事

丁卯十一月二十七日　內司甘結

右甘結爲知悉擧行事卽者　大院位大監敎是分付內各宮房若有他宮房免稅結買得者結數價錢幾許與年條消詳懸錄爲旀又有移屬者何年何月因　傳敎或　判下移屬是如結數亦爲消詳懸錄而若無買得者以買得無乎事懸錄俾無錯誤遺漏之弊亦敎是置各須相考修成冊卽速來納本司以爲都聚轉納之地爲乎矣萬一遲緩甘罪不辭

丁卯十一月三十日　內司甘結

右甘結爲各　宮房肉種貿易受價自成均館每五日手本於本司自本司考準各宮房貿易件記以告事前已捧甘是在果明日平明時各其貿易件記持是遣

等待以爲考準擧行之地爲有矣萬一遲緩甘罪不辭

丁卯十二月初三日　內司甘結

右甘結爲今因成均館所來各宮房肉種貿易進排成冊考準各該宮房貿易件記則或有相左處矣本司　堂上大監敎是分付內未知緣何而致此相左是喩若以此告課必有生梗之慮就相左宮房更爲捧甘有何委折與否雖告于本宮　堂上大監前必須歸正明日內修成冊來告卽爲擧行亦敎是置各須知悉擧行爲乎矣萬一違䘏甘罪不辭

丁卯十二月初九日　長興三公兄處

無他宮屬本府所在來德等各島還上雜役永永勿侵事旣有　列聖朝　判下節目而今者眞木加玉兩島良中分俵別備還島民之呈訴屢矣二終不頉給云聞不勝驚駭幾百年依節目遵行之地忽地創出無前之例雖欲勒分於島民獨不念　判下所重乎此不可尋常處之乙仍于玆以圖署公事下送爲去乎到卽眞木島分還米七十五石十一斗代錢及加玉里分還米五十石四斗依節目卽爲還收俾島民安意耕作之地爲乎矣如是申飭之後若或一向玩愒則斷當　啓稟後別般嚴處矣汝矣等以此意告本官惕念擧行俾無不謹抵罪之弊宜當向事

丁卯十二月十五日　內司甘結

右甘結爲卽接戶曹私通則以爲　大院位大監敎是
分付內各　宮房買得田畓價今欲上下也何以區處輸
去是喩詳問告課爲旀各宮房移來免稅結欲爲出
稅其代土價亦爲量宜報來亦敎是置玆以捧甘爲
去乎各須知悉明日內修成冊消詳懸錄報來以爲移
送戶曹受　處分爲乎矣萬一遲緩甘罪不辭

丁卯十二月　日

傳曰國之經用比於人之津液經用匱乏國何以爲
國津液枯渴人何以爲人度支結摠一入於折受則
不復還稅因此而經用無排備之望竟至民斂之境
民亦何以聊生昧爽以前勿論繼自今新設宮房折
受依法典無土劃給待親盡還稅如或有永勿罷
之命有司之臣必爭執復逆以爲萬年法式而流
來各宮之移買結摠與庚申釐正時勿論宮結幷
令一一還稅事分付戶曹
云云　傳敎內辭意奉審施行爲有矣各宮移買
結摠與庚申釐正時勿論　宮結幷爲後錄發關爲
去乎到卽今年爲始一一出稅入錄收租案形止卽爲
馳報事申明知委各該邑宜當向事
　後
龍洞宮買得慶淑郡主房無土免稅
　　　振威一百結

南陽十八結十八負九束

金浦二結

積城二十結

陽智二十結七十一負八束

忠州十八結

牙山十五結八十一負八束

林川四結

貴人房無土免稅

安城六十結

陰竹十結

果川二十結

始興十結

禮山五十結

和柔翁主房無土免稅

長興五十結

和平翁主房無土免稅

忠州一百結

仁川三十結

以上幷自今爲始一一出稅次

粘甘

右粘連各宮房移買結摠與庚申勿論宮結出稅關

草相考擧行次

丁卯十二月二十七日　內司甘結

右甘結爲粘連戶曹甘結內辭意相考施行爲有矣

萬一違劃甘罪不辭

丁卯十二月二十七日　內司甘結

右甘結爲戶曹甘粘連京畿所在免稅分劃邑名結

數成冊相考謄出事

利川二十結

南陽十五結

竹山十結

高陽五結

金浦二百七十結六十三負四束

二結　慶淑君主房

四十結　丁卯長湍來

安城五結　丁卯富平來

朔寧十三結七十一負八束

振威七十六結

龍仁五結

果川五結

陰竹三十結

陽城二十五結

二十結　丁卯富平來

積城二結

陽智五結

龍洞宮二十五結　丁卯豊德來

丁卯十二月二十五日　長湍柴場山直所志題辭

所告洞悉而當此時捨汝其誰而更差仍爲着實

擧行是遣所謂白德良漢從當嚴下公事照律

嚴處爲旀柴山定界之欠縮明春定宮差下送使之

巡審依舊定界以此知悉宜當向事宜當向事

安岳導掌洪完白活

右謹言段矣身本宮所管安岳安谷文山兩坊所在蘆場

與堰畓多年下往收稅上納是如乎此兩坊蘆稅收

捧每爲五百六十餘兩又兩坊堰畓本無引水處每以雨

水起耕則積年多有陳廢今之起墾者不過幾石

落只中此亦若不得儲水而兼有春旱之時則無一

斗落耕播矣今年亦以春旱之災竟至赤地所

謂畓樣可謂十分一得故本宮上納與雜費六百餘兩

自前專以蘆場一款收捧奉行矣今年則蘆場自戶

曹收稅爲三百六十兩云其零縮不少𥘶除良矣身全無

收來之物是乎乃莫重上納不可遷延故間以二百兩先

取上納是乎尼今之餘數一百五十一兩四戔特蒙河海之

澤待明秋上納千萬望良事

丁卯十二月二十九日

莫重宮納無難稱歉停退則烏在其作導掌定

稅之本意哉既納一百兩與戶曹推來三百六十兩第
爲先納是在果零在一百五十一兩四戔卽速繼納俾無生
梗之地宜當向事

1868년(무진)

戊辰正月初四日　內司甘結
右甘結爲　大院位大監分付內私鑄與官鑄多有
不同各　宮房與凡人錢中或有不同者與破碎不分明
者一一收聚以戶曹所在官鑄錢換給事爲　敎矣
雖一分錢收納于戶曹後換來而日限則自初五日至初
六日矣以此知委亦敎是置玆以發甘爲去乎各須知
悉擧行爲乎矣萬一遲緩甘罪不辭

戊辰正月初四日　戶曹甘結
云云卽者　大院位敎是分付內年前當百錢出非徒
富國裕民爲其便利之義也近來牟利輩看作利
竇暗鑄行用厚價貿貨物價從以高騰民情去益
遑急云監鑄禁斷卽有國大法欲禁其鑄先塞
其源自各營各司收其錢樣不同鐵色懸殊之私
鑄者鳩聚收成冊移送本曹以所儲之官鑄錢
今初五日初六日兩日內換去亦敎是置到卽星火擧
行俾無違繾之弊事

同日　內司甘結

右甘結爲當百錢私鑄者換去事才已捧甘是
在果又因戶曹粘連更爲發甘爲去乎到卽相考
星火收成冊移送戶曹換去爲乎矣萬一違纔甘
罪不辭

戊辰正月十九日

爲相考事昨冬以各宮移買結摠與庚申釐正時
勿論宮結幷依各宮房成冊所報自今爲始一一出稅
事有所發關矣更考免稅案與庚申出稅謄錄
則邑號與結數多有誤錄處故一從免稅案與謄
錄所載更爲一統抄出詳細後錄發關爲去乎依
此擧行而前關勿施爲㫆今年租案一不出稅懸錄
故年分收租冊幷如是下送爲去乎星火改修正罔夜
上送宜當向事

後

龍洞宮買得慶淑郡主房無土免稅

振威一百結

南陽十八結十八負九束

金浦二結

積城二十結

陽智二十結七十一負八束

忠州十八結

牙山十五結八十一負八束

林川四結

貴人房無土免稅

安城六十結

陰竹十結

果川二十結

始興十結

禮山五十結

大興五十結

和柔翁主房無土免稅

羅州五十結

和平翁主房無土免稅

忠州一百結

仁川三十結

於義宮　瑞興加火田一千五百日耕

以上幷自丁卯爲始一一出稅次

內司甘結

右甘結爲粘連戶曹甘及各道關草與自昨年條爲始一一出稅事文書詳考擧行爲乎矣萬一違繿甘罪不辭

戊辰正月十七日　聽傳敎

龍洞宮掌務李圭興減下代李奎顯事務差下

稤宮金在泳掌務差下

書員趙龍哲掌務差下

戊辰二月　日　南海三公兄處

無他本宮屯土在於錦山場而此稅之當初定式特念民情比諸牧稅蠲減收捧者無異無土兩稅則此乃修正之王稅是去乙屯民輩不知法意無難稱歉減納之計萬萬駭惋此意告本官後嚴飭傳令於該屯長處使之曉喩屯民依前準納俾無宮納欠縮之地宜當向事

錦山庄屯首洞任等處

無他昨秋得見屯監之所告則海溢所致屯畓多有毀破以至收稅果難云聞甚駭然大抵設有海溢損穀是良置莫重惟正之王稅豈可稱損減納乎民情雖曰矜惻今不可減稅以此意汝矣等曉諭屯民依前準納使此莫重宮納俾無減縮之地宜當是遣如或減稅之境則自本宮當有別般措處之策卽依舊例幷作施行矣以此知悉惕念擧行宜當向事

順天紙所導掌處

無他宮納所重何如而無難過期汝矣身擧行萬萬痛駭秖除良丙寅條零在未納壯紙三十卷白紙二百三十三卷是遣丁卯條以至全不納事之寒心莫此爲甚幺麽一箇鄉導掌眼無法意又無所憚

汝矣身處豈無照法嚴繩之時乎丙寅丁卯兩年上納紙物各別擇品星火上送是矣如或視若尋常二月內若不上納則汝矣身斷當嚴下公事於營門期於嚴刑定配矣惕念擧行俾無抵罪之地宜當向事

順天倉主人處

無他本宮納屯米今年則準取裝載然後宮用排備石數夥然今不可牧船添載勢將完固船隻預爲執捉等待於倉底使之隨捧分石流伊裝載以爲上送是矣汝矣身必爲騎船領納是遣此例非今創始已有前例以此惕念擧行俾無抵罪之地宜當向事

順天三公兄處

無他宮屬本府所在屯稅米卽　御供水剌米所重逈別是去乙挽近以來以麤劣不精米苟充上納者究厥所爲萬萬駭然今年段以精白米各別擇捧趁卽裝載上納俾無宮監滯留之弊事這這告本官惕念擧行宜當向事

戊辰二月初四日　內司甘結

右甘結爲今此　健陵　幸行教是時假別監　例錢以四日程宿磨鍊錢三百兩分排後錄發甘爲去乎今二十日內各負輪送于別監房爲乎矣萬一遲緩

甘罪不辭　龍洞宮二十七兩二卜

戊辰二月初七日　公忠監營營吏處

無他以舒川所在本宮導掌開也召島收稅事昨

年已有圖署　啓下具由知委是在果今且定京

監下送爲去乎如有頑拒沮戲之類一依昨年圖署

俾無愆滯之弊爲旀擧行形止這這馳報宜當向事

戊辰二月初八日　內司甘結

右甘結爲今此　健陵　幸行教是時假別監例錢

三百兩已爲分排捧甘是在果卽因　全溪大院君宮

勿論事奉承本司　堂上大監教是分付更爲磨

鍊後錄發甘爲去乎各須趁期輸送于別監房

爲有矣萬一違劃甘罪不辭

龍洞宮二十八兩六戔伍分

戊辰二月初七日　內司甘結

右甘結爲議政府甘內水鐵契貢人等狀據題

辭內情費之年加月增極爲痛駭一依節目施

行是矣萬一不遵朝飭一坐侵責則斷當照法嚴

勘是遣工字鑄鼎進排依所許十月爲限亦教

是如乎相考擧行爲乎矣萬一違繣甘罪不辭

戊辰二月初五日　內司甘結

右甘結爲日前戶曹甘各宮房移屬買得有土免稅
還出給者自丁卯條爲始出稅之意行關各道矣卽因
大院位大監敎是分付丁卯條旣已捧納勿論自戊
辰爲始出稅事更爲發關亦敎是置知悉擧行爲
乎矣萬一違繣甘罪不辭
龍洞宮　明禮宮　於義宮　明溫公主房　德溫公主
房　和平翁主房　宜嬪宮

二月初四日　戶曹關草
各宮房移買與庚申勿論　判下結摠自丁卯爲始
出稅事已有所發關是在果丁卯條則已爲收捧輸
送各該宮勿爲還捧改以戊辰條爲始出稅之意奉
承　大院位敎是分付玆以更關爲去乎到卽以此意
星火知委於各該邑宜當向事

戊辰二月十五日　玉果三公兄處
無他宮屬本懸立石一面所在有土免稅四十九結六
十七負八束丁卯條稅米代錢督捧上納次宮差下送
是在果此上納卽歲前收捧者而每爲中間舞弄
一向延拖年年申飭不啻鄭重而視爲文具無所
顧忌之狀萬萬無嚴所當別般嚴處是矣十分
安徐玆以圖署分付爲去乎今年段三月望前必以葉
錢參半到京上納俾無遲滯罪之弊事告本
官愓念擧行宜當

通津三公兄處

無他本宮　御供餠食所用柴木所重與他自別是去乙昨年未納柴不得捉船之致如此經歲遲緩者汝矣等難免不善擧行之罪所當嚴下公事查實嚴處是矣姑以令申之意如是更飭星火捉船擧行俾無抵罪之地宜當向事

江華營門收稅處

無他本宮柴場在於通津府內面而此柴木卽　御供餠食所用所重自別叱除良此與私商柴木有異是去乙稱以收稅無難侵漁云萬萬痛駭以此公文相考勿侵宜當向事

通津柴場都山直崔允成處

無他昨年納柴草無難經歲未納之罪昨冬十分參恕是在果今二月內未收柴木盡數運納爲乎矣萬一過期則汝矣身斷當捉上移刑曹定配矣知悉星火擧行俾無抵罪之地宜當向事

戊辰二月十五日　金成福處

無他宮屬順天富饒面紙所導掌申興祚汰去代汝矣身差定爲去乎敦厚紙玖拾卷白紙肆百陸拾陸卷拾張每年十一月內準數上納俾無不謹抵罪之弊爲旀同導掌段傳子孫任意區處宜當向事

載寧三公兄處

無他本郡所在本宮買得　福溫公主房海倉畓累十年流伊江落仍災結爲一結四十二負四束自來頉給已爲多年是如可今忽出稅云是何委折是㫆　和順翁主房南垌尾生兩處新買畓再昨年江落處內築垌垈入無形址畓結爲七十三負一坪之所共知𠳐除良該鄕監已爲呈訴蒙題是去乙不顧法例應頉災結不爲許施一向出秩督納云大抵兩處買得宮畓處在海邊一經漲水未免毁破番番內築宮畓由此減縮無形止畓結無難勒稅此無異白紙納稅豈有如許法意乎海倉畓仍災結與南垌畓垌垈結俱是無形址結卜依法典特爲頉給之意告本官惕念擧行後形止以公兄文狀馳告以爲入稟之地宜當向事

戊辰二月二十四日　內司甘結

右甘結爲　大院位大監敎是分付內自今爲始內司與各宮房所捧各樣上納及免稅以葉錢三分一捧上是矣如有拒納之弊卽爲來告亦敎是置各須知悉擧行爲乎矣萬一違越甘罪不辭

月廊敎是分付內今此　幸行敎是時　水剌擧行次各宮熟手來月初十日待開門待令于　水剌間是矣萬一遲緩之弊則入直廳任甘罪不辭

龍洞宮熟手二名

戊辰二月二十九日　周達福

無他長興府所在本宮屯所管回山倉舍音以汝矣身差定爲去乎看坪與作人初耕及倉舍音守直等節着實擧行俾無不謹抵罪之弊宜當向事

戊辰三月初六日　內司甘結

右甘結爲　大院位大監敎是分付內自今爲始內司與各宮房所捧各樣上納沒數以當百錢捧上是遣間或有葉錢三分一已捧而未出尺文者葉錢還出給使之換納亦敎是置各須知悉擧行爲乎矣萬一違越甘罪不辭

戊辰三月二十九日　帖文

驪州白岩居沙工李國瑞尹順汝代李國賢　二張成給

戊辰閏四月初八日　帖文[18]

右帖文爲勿侵事全羅道順天屯土稅米裝載次平安金重汝船隻自京執捉下送爲去乎經各浦口依例勿侵以爲宮穀及時運納之地宜當向事

18 【追記】樂安金重海船　乙巳更裝載次下去時 / 勿侵帖文成給

戊辰閏四月初十日

辰時王子誕生宮人李氏

戊辰三月　日　宣惠廳甘結

右甘結爲年例劃送藥材價米待稅船到泊自本廳分劃而每當移劃之際船人輩百般謀避互相紛競事面極爲羞慚苟究其弊職由於司宮之間捧上之濫斛情費之徵討殆無限節云自今年爲始情費與斛上一依本廳捧上例施行是矣如或復踵前習一向作弊之說有所入聞則當該司屬宮屬斷當嚴懲矣以此捧甘俾無不聞不知之弊事奉承　大院位敎意玆以甘飭爲去乎亦以此意發甘知委於龍洞宮爲有矣萬一違劃甘罪不辭

戊辰三月三十日　內司粘甘

右甘結爲粘連均廳甘結內辭意詳考擧行藥材價米捧上時毋得濫捧情費爲乎矣萬一違繕甘罪不辭

戊辰三月二十六日　朴澗秀處

無他宮屬廣州八堂島田庫舍音以汝矣身差定爲去乎秋收上納等節着實擧行爲於汝矣身役及煙戶雜役段置以此圖署告本官

依事目憑考頉免宜當向事

戊辰閏四月　日　錦山屯監處

無他昨年條今年納屯米第爲準捧納上然而依

當初定式每年準數上納是矣如或稱災之端則當該監官難免嚴勘𢳆除良

屯長與洞首斷當行關嚴治矣此意預爲頒布於

屯民等處俾無生梗之地宜當向事

戊辰閏四月初十日　甘結

右甘結步轎禁斷事前後朝飭不啻申嚴而

挽近朝士之凡於公故擧皆乘轎隨品恒式之輿

馬反爲罕用之具其在事體實爲慨然自今爲

始公行則一切嚴禁私行則自五月初十日爲始設禁而

六十以上特爲勿論爲㫆至若士庶六十以上之無屋

轎及女人則毋論有屋無屋亦爲勿論是遣只令

設禁於部字內爲有矣萬一違越甘罪不辭

19 右甘結私鑄痛禁之後已有如干自納而愚蚩之民

私慾所蔽明知其爲無用之物而猶自藏置云是

亦冒法之大者且不無公私相混之慮故所以有前

此飭禁之截嚴則固當一一摘發直用重律而特以

令申之意如是發甘定限爲去乎今月十五日內私

19 【欄外】私鑄自納錢 / 自戶曹更磨 / 光行用

鑄錢不計多寡隨其所在一幷收納于戶曹以爲鎔化之地是矣若或依舊隱匿不卽來納入於現捉之時則斷當施以私鑄之律以此甘辭眞諺翻謄揭付坊曲俾無一民不知之弊爲有矣萬一違越甘罪不辭

戊辰閏四月十一日　內司甘結

右甘結爲粘連議政府甘步轎及私鑄錢禁飭辭意詳考擧行俾無疎忽之弊爲乎矣萬一違繣甘罪不辭

戊辰五月　日

內需司爲相考事節呈龍洞宮手本內
大王大妃殿己巳年朔　膳木以二十同錢邊中加磨鍊上下輸送之意司以移報宣惠廳爲良結手本是置有亦手本內辭緣相考施行爲只爲合行牒呈伏請照驗施行須至牒呈者

右牒呈　　　　　　　典需
宣惠廳　　　　　　　別座

戊辰五月二十五日　月廊聽令

龍洞宮所任崔英欽減下代其子興源掌務差下事有　敎敎是矣

慶尙監營營吏處

無他宮屬折受田畓在於金海梁山兩邑境內而

三手米每結一斗二升卽法典所載而各邑通行

之規是去乙惟獨梁山邑每結一斗六升式濫捧

者抑何所據是喩莫重宮納未免減縮之境是

遣金海德島居耆莫分耆孫玉兩漢隱匿宮

結多至五十負而作爲己物暗自耕食者爲五十餘年

之久矣今始現露渠亦自首是如乎此等蔑法

之類不可尋常處之乙仍于玆以圖署公事下送

爲去乎到卽以此意告營門後行關兩邑梁山三手

米段自今爲始依法典以一斗二升式收捧爲於金海

隱耕不利段一一徵捧後耆莫分耆孫玉兩漢

各別嚴治爲乎矣兩邑公兄若有漫不擧行之弊

是去等上使懲治之意措辭嚴飭以杜後弊之

地爲旀形止馳告以爲入稟之地宜當者

龍洞宮色掌車聖郁　白活

右謹陳所志矣段各宮房移買結昨冬良中因朝令

還爲出稅是白乎所自今年條上納本曹之意月

前本曹敎是旣爲草記定奪是白乎則丁卯條之結稅

自可依前捧納于各該宮乙仍于玆敢仰訴爲白去乎伏

乞　參商敎是後本宮買得丁卯條結稅米錢段依後

錄輸送本宮之地千萬望良爲白只爲

戶曹處分

戊辰五月　日　所志

後

慶淑郡主房

忠州免稅十八結丁卯條稅米二十二石十四斗三升四合

牙山免稅十五結八十一負八束丁卯條稅米二十石十三斗四升八合三勺

林川免稅四結丁卯條稅米五石一斗

貴人房

禮山免稅五十結丁卯條稅錢文三百四十二兩三戔五分

和柔翁主房

長興免稅五十結丁卯條稅錢文三百四十二兩三戔五分

和平翁主房

忠州免稅一百結丁卯條稅米一百二十六石五斗六升五合[20]

際

題辭內依所訴移送事分付穀授及上下色向事

戊辰五月十五日　內司甘結

右甘結爲　大院位大監敎是分付內今此移御敎是時

闕內各　殿宮各樣器自五宮擇招定幹事佡俐掌務照若

受出着實領納于　景福宮差備內爲乎矣俾無疎

忽抵罪之弊事申飭亦敎是置玆以發甘知悉擧行

而萬一違纏甘罪不辭

東闕掌務文世鎭　　　景福宮掌務文世元

20 【追記】此則齋洞宅買得條

趙漢廷　　　　　　　　趙泓廷

姜世貞　　　　　　　　金在泳

李奎顯　　　　　　　　崔鳳圭

移　御敎是後　所任各木二疋　奴子各一疋　官庫上下

戊辰六月二十二日　議政府甘結

右甘結爲各公廳墻垣頹圮處圍排限營建畢役間

姑勿進排事已有年前甘飭而今夏潦雨後或有依

舊責待之處云宮役擧行極爲浩大而又此添役多

有掣碍之端一依前飭毋得侵責之地爲有矣萬

一遲緩甘罪不辭

同日　內司粘甘

右甘結爲粘連議政府甘結內辭意相考擧行

宮役畢役前勿以雨漏頹圮處圍排等事侵責爲乎

矣萬一違繣甘罪不辭

戊辰六月初五日　內司甘結

右甘結爲銘念擧行事卽者　大院位敎是分付內京畿

所在各宮房免稅結爲幾許是喩所謂三手條卽訓局軍

兵接濟之需也無論元結與免稅結三南江原則每結

收二斗二升而西北兩道及京畿則元無三手條收捧之

例故各宮皆以京畿望定頉除良或他道所在結亦皆

移定於畿邑由是之故三手稅條日縮而軍兵接濟[21]

無以塗抹矣自今爲始雖畿邑所在宮結依他道例幷爲計除而受去則在該宮卽不過十匙一飯之損在該營庶可有經費補益之効以此意預先知委各該宮房亦教是置依此著式施行而至於三手條除捧之節不可不區別酌定是如乎海西移來結依海西例每結除以二斗二升湖南移來結依湖南例除以一斗二升當初宮房新設時元在望定結段依三南例每結幷以一斗二升除納爲有矣萬一違越甘罪不辭

戊辰七月 日 紙所導掌梁致奉 白活[22]

云云本宮上納屢年擧行而白地徵納豈非寃抑乎自來上納所關田畓十二石十七斗落也這間遺失田畓不少是乎遣成川浦落畓四五石落也而成川浦落則去甲寅丁巳兩年水災中而又況今年成川五斗落也而上納則無一除減極爲寃枉特下處分無至宮納白徵之地事據

題音內甲寅丁巳水災之後依例上納是如可稱以成川五斗落永稅上納欲爲減納乎更勿煩訴向事[23]

戊辰七月十九日 內司甘結

右甘結爲粘連戶曹甘節目草詳考恪遵擧行爲乎矣萬一違繣甘罪不辭

21 【欄外】此實不然
22 【追記】卽申興祚
23 【追記】數次更呈皆爲退送

節目草

右節目爲各宮房無土免稅折受復望定各邑自
該宮房委送導掌收捧稅納卽是古例而導掌宮屬
輩下去外邑科外誅求之弊年增歲加外邑吏民實難
支保之致往在　正廟朝丙申深軫此弊導掌下去
捧稅永爲革罷自該邑直納本曹自本曹分劃各倉
卽於官庭稱量捧上後分送各宮房以除民邑切骨
之瘼事受　敎定式矣法久解弛不入官庭自
外與受而所謂營庫兩倉自有私主人名色稱曰宮納
主人與各宮所屬互相符同稅米到泊京江則下陸入倉
前船頭直推去之弊已來痼瘼情費濫索殆無
限節甚至於縛打船主色吏必欲充慾乃已丙申
受　敎定式之意顧安在哉從今以往宮納主人
名色幷爲革罷使不得干預接足而捧稅等事專屬
別監使其該掌執吏必須官庭捧給俾無濫索
作奸之弊爲有矣情費中不得不宮納時縮米也宮
屬情米也役人雇價也擧行人役價外不緊不當之
冗費一幷刪減後取其餘剩米以補經用事奉承
大院位敎是分付永爲定式爲去乎擧行條件及情
費磨鍊列錄于左依此永久遵行者

一免稅米每百石情米十五石計納自是元例特減一石
　以十四石酌定捧上使之需用於各項情費爲於元米
　未滿百石則情費亦次次除減

一宮納時每石縮米四升情米二升係是元例以情米

十四石捧上中計給宮屬處酒債每結一戔式亦是元
例以版籍錢中移來上下

一擧行役人雇價每石八合依付屬內司時例上下

一役價米每石二升二合式參酌磨鍊上下

一挽近以來各宮房不知法意或有直推外邑以致元
數之欠縮今於變通之初宜有一新之政捧甘各宮
發關各道直推之弊一切禁斷

戊辰七月日　粘連戶曹甘結

節目內辭意相考擧行者

戊辰七月十九日

堂上大監聽

慈教教是分付內掌務文奎行有闕之代加出掌務金東
赫陞實金東赫陞實代文世麟加出掌務差下事有

教教是矣

戊辰七月初六日

堂上大監聽

慈教分付內嚴令之下犯科之狀無嚴掌務文奎行
減下事有

教教是矣

戊辰七月初二日[24]

景福宮移　御教是時

侍衛小次知千道亨

掌務文奎行

文世元

趙泓廷

按袱差備掌務文世鎭

趙漢廷

姜世貞

李奎顯

侍衛奴子八名　所任每人各一名式陪行

當日

本殿差備問　安爲之　翌日問　安爲之

自公費　黑糖四十七斤　入二盒

石硫黃六十丹[25]

已上兩種當日

進上于

兩殿

戊辰七月十二日　內司甘結

右甘結爲粘連戶曹甘京畿全羅道所在各宮房免

稅結成冊相考舉行爲乎矣萬一違纑甘罪不辭

24 【追記】自初一日至移　御時雨連綿道路泥濘 / 移　御教是後快晴

25 【追記】每丹百葉餘桀青紅黃三色

戶曹甘結

右甘結爲京畿全羅道各宮免稅結分纏成冊

相考擧行次

丁卯條各宮房免稅分劃邑戶結數成冊

南陽丁卯豊德來十五結

高陽五結

金浦丁卯長湍來四十結

金浦二百七十結六十三負四束

安城丁卯富平來五結

丁卯豊德來十結

朔寧　十三結七十一負八束

振威　七十六結

龍仁　五結

果川　五結

陰竹丁卯長湍來三十結

陽城　以上前劃二十五結

同邑　丁卯富平來二十結

積城　二結

陽智　五結

豊德來　二十五結

全羅道　寶城

五十結移屬結	移送順天
五十結補逋結	

羅州

五十結補逋結移送樂安

二十結移送務安

戊辰七月十四日　通津府浦內高陽浦洞長頭民等處

無他本宮所管柴場上納柴木卽　御供水剌餠食所用

所重自別是去乙近來柴場近處居民輩暗自偸刈以

致上納柴木欠縮之境云聞甚痛駭所當一一摘發這這懲

治是矣事屬既往姑爲安徐玆以牌飭爲去乎若或有

無知之類如前偸刈之弊有非但偸竊之柴一幷屬

公斷當行關捉上施以刑配矣汝矣等以此意曉諭各垌

俾無一民不知犯科之地爲乎矣不善禁斷之汝矣等先

難免重繩矣除尋常惕念擧行宜當向事

通津柴場山直

金漢用代　車壽萬　金漢吉代　金光吉

金萬碩代　權萬用　差帖圖署成給

戊辰七月　日　長湍柴場山直白德良處

無他汝矣身居在柴場近處本宮山直三十年擧行與他

新入山直有異是去乙恣意呈官謀免應役以至三年之

久豈有如許無嚴之習乎所當捉上嚴治是矣十分參

酌玆以牌子分付爲去乎更勿稱托汝矣父子兩漢未納柴

木準數上納後依前擧行爲乎矣如或有不遵宮令一向

頑拒之意是去等眼同宮差星火來待本宮以爲移法

司照律刑配之地宜當向事

戊辰七月二十一日　陰竹監官李基龍處

無他早稻打作泊頭故宮差一名先爲下送是在果打作

等節着實看檢收捧後趁卽裝載星火上送俾無

遲滯之弊爲旀打作成冊與升五租落種幾許詳細馳

告宜當向事

全羅各浦口

右道　扶安茥浦

興德沙浦

左道　樂安筏橋浦

順天芮等乙浦

長興栗浦

南山浦

鎭海浦　各浦民人等自願屬宮

收稅監官

幼學高惠謙

幼學柳學炳

幼學林輔黙

幼學金炳洹　以上錄紙自內書下

戊辰七月二十九日

堂上大監聽

慈敎分付內依此錄紙圖署九張書入事有　敎

所任齊進告課于　堂上前甲子年各浦口革罷事

大王大妃殿　傳敎鄭重而今者此浦之付屬於龍洞宮

事極未妥況本宮所管金川江陰七浦口亦入於革罷中此意

稟過于

大院位前然後可以圖署成給矣以此意　稟達何如

慈敎內此是渠輩基業而或恐見奪於人欲爲依托之意

宮則無所相關而亦無稅錢之可捧但可圖署書入也

八月初一日又爲齊進告于

堂上前若圖署成給則本宮擁虛名而受實害萬萬不可

之意　更　稟

慈敎內圖署書入

戊辰八月初一日　扶安三公兄處

無他本縣所在乼浦民人等以本浦之無所管攝自

願屬宮故從民願付屬本宮後玆以圖署公事下送

爲去乎如或有射利輩中間圖奪之弊是去等依

監官所告一切禁斷之意完文成給以爲永久遵行之

地事告本官惕念擧行宜當向事

興德三公兄處

無他本縣所在沙浦民人等　措語上同

樂安三公兄處

無他本縣所在筏橋浦民人等

長興三公兄處

無他本府所在栗浦南山浦鎭海浦民人等以本浦 幷上同

無他全羅道扶安縣所在芸浦興德縣所在沙浦民人
等以本浦之無所管攝願屬本宮故依願許施後以汝矣
身監官差定爲去乎着實擧行俾無不謹抵罪之地
宜當向事

無他全羅道樂安郡所在筏橋浦民人等以本浦

無他全羅道順天府所在芮等乙浦民人等以本浦

無他全羅道長興府所在栗浦南山浦鎭海浦 已上措語同

順天三公兄處

無他本府所在芮等乙浦民人等以本浦 合九張

戊辰八月初一日 內司甘結

右甘結爲今此
綏陵幸行
崇陵親祭經宿敎是時假別監例錢以二日停宿
例更爲磨鍊壹百兩後錄發甘爲去乎卽爲星火輸
送于別監房爲乎矣萬一遲緩甘罪不辭
龍洞宮九兩八戔六分

戊辰八月日　金海三公兄處

無他本宮蘆場在於本府新島北島兩處而今者兩島

加稅爲一百五十兩之多是乎所同蘆場年年江落漸次

泥生於月堂蓀山等地無稅耕食已爲多年而宮庄加

稅全不添助豈有如許無據之習乎此若不釐正後弊難

言乙仍于玆以圖署公事下送爲去乎別定解事監色眼

同監色一依　御覽量案從實執卜修成冊上送俾無本

宮稅納欠縮之地事告本官惕念擧行宜當向事

申龍珠處

無他宮屬金海府所在蘆田監官以汝矣身差定爲去乎

自今爲始收稅上納等節着實擧行俾無不謹罪責之

弊爲旀以下刪汝矣身役及煙戶雜役段置以此圖署告本官

依事目憑考頉下宜當向事

朴德權處

無他宮屬金海府所在蘆田舍音以汝矣身差定爲去乎

自今爲始收稅上納等節着實擧行俾無不謹罪責之弊

爲旀汝矣身役及煙戶雜役段置以此圖署告本官依

事目憑考頉下宜當向事

戊辰八月日　帖文

右帖文爲

御供餠食所用粘米赤豆菉豆荏子黑荏子貿易次別

定京監下送爲去乎趁卽貿得星火上送爲旀所經各
處以此帖文憑考勿侵宜當向事

戊辰八月　日　瑞興三公兄處
無他本宮所管　宣禧宮和平翁主房加火田稅粟
六百六十六石十斗內和平宮納四百石旣有自戶曹收
捧之關飭此不擧論是遣宣禧宮火粟二百六
十六石十斗則依邑例每石代錢二兩一戔式合錢五百
六十兩準數出給於下去宮監以爲趁早上納之地事
告本官惕念擧行俾無不謹抵罪之弊宜當向事

嘉山三公兄處
無他宮屬本郡才公浦西巡垌六所垌等處所在
田畓收稅次宮監下送爲去乎作民中如有當納
而拒納之類是去等依宮監所報這這懲治督捧
俾無遲滯之弊事告本官惕念擧行俾無不謹抵
罪之弊宜當向事

戊辰九月初四日
月廊聽令　掌務韓俊錫有頉代韓先吉差下
　事有
教矣

同日　堂上聽　令

差備分付內韓先吉掌務差定仍爲除本仕事有

敎矣

當日以加出掌務文世鎭陞實事

稟達矣

慈敎內各宮所任中加出稱號幷勿施事有

敎矣

戊辰九月初四日　內司甘結

右甘結爲各宮所任中加出稱號一幷勿施捧甘之意

內班院分付　下敎是置知悉擧行爲有矣萬一違

繣甘罪不辭

江華府營吏處

無他宮屬通津府所在柴場刈取柴木卽

御供餠食與各項　內用之需也每年風高前準給船價

裝載上納以供各樣擧行矣挽近以來船漢輩謂

侵於江華收稅處是如擧皆逃避遠走不願載

納宮柴云豈有如許道理乎大抵公納與私商輕重

懸殊而一直侵責於莫重宮柴裝載船人處使此宮

柴不得上來之狀萬萬無嚴乙仍于玆以圖署公事下

送爲去乎到卽這這告營門本宮裝載柴船段更無

敢責稅是遣如前上來之意措辭嚴飭於本營所

管收稅處以爲氷雹前無弊上納之地爲乎矣若

或有漫漶不謹之弊則

啓稟後汝矣等斷當別般處置矣除尋常惕念
舉行後形止馳報以爲憑處之地宜當向事

通津三公兄處
無他宮屬本府所在柴場刈取柴木卽
御供水剌餠食及各項進排之需而每年準給船價
使之風高前裝載上納矣挽近以來船漢輩謂以
見侵於江華收稅處是如舉皆厭避逃走云故江
華營吏處使不得侵責於宮柴裝載船人之意公事
下送後汝矣身處玆以圖署分付爲去乎此意告本
官後別定將差執捉完固船隻同柴木星火裝載期
於今月內趁早上納爲乎矣若或有漫漶遲滯之弊
則汝矣等斷當別般嚴處矣除尋常惕念舉行
爲旀山城居船人輩年前曾受船價而不爲載柴之
船漢一依都山直所告船價錢一一督捧以爲今秋柴木裝
載上納之地宜當向事

內司　先生前私通
卽者　大院位敎是分付內海西各樣所用錢中當百
苟艱而葉錢有裕之致葉錢一萬兩換用當百次報
狀先爲來到而錢則當不日上來矣此葉錢待來到當移
送內司以爲分用各宮之地而換去當百錢若或雜錢混
雜則須非換去之意必竟貽弊外邑矣當百錢一萬兩
必以好品者各別極擇兩端封標後踏條預先輸送

于戶曹以爲自戶曹更擇下送之地事分付亦敎是置
諒此着實擧行如何敢通　戊辰八月二十七日戶曹等

　　戊辰八月二十七日　內司甘結

右甘結爲粘連海西葉錢換來事戶曹私通辭意相
考擧行當百錢極擇好品二千兩式兩端封標星火來
納本司以都聚預先輸送于戶曹之地爲有矣萬一遲
緩甘罪不辭
壽進宮
龍洞宮
明禮宮
於義宮
內需司

　　內司先生前私通

日前以海西葉錢換去當百錢一萬兩各別擇
送兩端封標以送事奉承　大院位敎是
分付有所通告矣同錢何至今不爲輸送是喩
示之以爲告課之地如何敢通
　　　　　　　　戊辰八月二十九日戶曹等

　　戊辰八月二十九日　內司甘結

右甘結爲粘連戶曹私通內辭意相考後
換葉錢次當百錢卽爲兩端封標各別擇

送以爲越送戶曹之地爲有矣萬一遲緩甘罪
不辭

戊辰九月初八日　載寧三公兄處

無他宮屬本郡所在海倉來臨所田品卜等各處所在
畓庫收稅租卽舂精作米以供
水刺米及各項　內用之需也載運上京次執船下送爲
去乎依宮監所報本宮稅租段隨所捧一幷出浦
裝載以爲風高前到京上納之地爲乎矣若或有
侵漁勒執之弊則斷當
啓稟後別般處置矣汝矣等以此意告本官各別
嚴飭使之趁卽出浦上送俾無遲滯抵罪之弊
宜當向事

戊辰九月十一日

大王大妃殿議　號問　安　本殿差備爲之

戊辰九月十四日　通津柴場都山直崔允成處

無他今者下往宮差使江華營吏及本府公兄處
圖署公事下送爲去乎卽爲到付後星火執船今
秋柴木趁卽裝載不日上納爲乎矣若或有遲
滯晩時之弊是去乃柴木未收零在之弊則
汝矣身斷當捉上別般嚴處矣除尋常惕念
擧行宜當向事

戊辰九月十六日　臨陂三公兄處[26]

無他宮屬田庄在於本縣西三面京浦而本庄逼在浦邊海水往來將至陳廢之境且畓結爲一結三十九負四束而本浦居民不滿五戶白骨徵布雜役橫徵爲五六十兩是遣流來軍布又爲百金之多錢浦居民未免難保之境是如乎此若不一番矯革非但宮庄之廢棄居民畢竟渙散而後已乙仍于玆以圖署公事下送爲去乎到卽以此意告本官自今年爲始各項結布與雜役一并蠲減後完文成給於該舍音處使之永久遵行一以完宮庄一以安居民之地爲旀擧行形止卽爲馳報以爲入稟之地宜當向事

安淵德處[27]

無他宮屬臨陂西三面京浦所在田畓與浦口收稅舍音以汝矣身差定爲去乎着實擧行俾無不謹抵罪之弊爲旀汝矣身役及煙戶雜役段置以此圖署告本官依事目憑考頉下宜當向事

戊辰九月十八日　金海三公兄處

無他宮屬本府所在蘆田鹿良中收稅上納次京監下送爲去乎作民中如有頑拒作梗之類是

26 【追記】本宮原無此庄

27 【追記】已上二張因　內分付書入

去等依京監所告這這懲治督捧俾無上納遲滯
之弊事告本官惕念擧行宜當向事

戊辰九月二十三日　帖文　驪州居船主朴潤玉
無他本宮所用饌物載運上納次汝矣身船隻
別定爲去乎着實擧行俾無不謹之弊爲旀所
經各處口以此帖文憑考勿侵宜當向事[28]

戊辰十月初六日　豊德三公兄處[29]
無他本府西面中連高隻黃江等地所在洑庄移
屬本宮故收稅次京監下送爲去乎作民中如或有
頑拒之端各別董飭趁速收捧上送俾無抵罪
之地爲旀四處洑監考四名煙戶雜役等節卽
爲頉下俾爲勿侵宜當向事

戊辰十月十七日　金大義處[30]
無他新付屬於義洞本宮基址作人以汝矣身差
定爲去乎起田與　進上等節着實擧行俾無不
謹抵罪之弊宜當向事

戊辰十月二十日

28 【追記】因磚洞　令監分 / 付書納　條牌子
29 【追記】因　內分付書入
30 【追記】因　內分付書納

興寅君夫人卒逝

中宮殿差備問　安爲之

戊辰十月二十三日

成服問　安

戊辰十一月初十日

發引問　安

戊辰十一月十一日申時

下棺問　安　已上　中宮殿差備問　安

戊辰十一月初八日申時

翼宗大王上　尊號問　安爲之

戊辰十一月十一日　通津三公兄處

無他宮屬折受田畓在於本府浦內之地而打量

年久境界紊亂㐀除良導掌換面往來之際

宮土見失夥然以至年減歲蹙之境則不可不及今

釐正以完宮庄乙仍于玆以圖署公事下送爲去乎

到卽汝矣等以此意告本官別定解事校吏眼同宮

差本宮庄內一依量案所載逐庫踏驗這這尺量

俾無宮畓遺漏見失之弊爲旀字號卜數斗落

時作詳細區別

御覽量案修正上送以爲入　稟之地宜當向事

戊辰十一月初八日　內司甘結

右甘結爲粘連三軍府捧甘是在黃海道瓮津

各處漁箭收稅牌旨文記粘文尺文與康翎屯
鷗洲浦鹽分文劵來納辭意相考擧行爲有
矣萬一違劃甘罪不辭

瓮津
峰串漁箭淑善宮牌旨一張
蛤隅漁箭司僕收稅所捧上標一張
鹽谷頭漁箭龍洞宮舍音先稅文記一張
德巖漁箭┐明禮宮帖文一張
獐項漁箭┘

長淵
下甘漁箭恩彦宮牌旨一張捧稅尺文二張
上甘漁箭恩彦宮捧稅尺文四張

戊辰十一月初一日　甘結
右甘結因海伯狀請道內各處漁鹽私稅一幷查括
付之新設火砲軍衣料之需事自本府覆
啓蒙　允是如乎粘連成冊相考施行爲㫆訓局康
翎屯德溫公主房鷗洲浦鹽盆文劵卽爲來納
爲有矣萬一遲緩甘罪不辭

戊辰十二月　日　西原三公兄處
無他宮屬田庄在於本縣西江外一面及西江內一面

等地而此庄以舊陳廢棄之地築洑新起者則勢
不得不募民耕作故在於設始之初自營邑完文定
式凡此五洞居民除雜役及還上軍餉等事故當
其時也人民日聚田土日闢而國結歲增矣近年
以來完文定式漸漸廢却還上雜役一無得免故居
民日散而起者還陳若此不已則勢將民盡無而
耕盡廢矣到此地頭公私之計具爲良貝是豈
成說乎若不一番矯革非但宮庄之廢棄居民畢
竟渙散後乃已乙仍于玆以圖署公事下送爲
去乎到卽以此意告于官家自明年爲始各項雜
役一弁蠲減後完文成給於該舍音處使之永久
遵行一以完宮庄一以使居民奠接之地爲於擧行
形止卽爲馳報以爲入
稟之地宜當向事

錦營營吏處
無他宮屬田庄在於西原西江外一面及西江內一面等
地而此庄以舊陳廢棄之地築洑新起者則
勢不得不募民耕作故前前設始之初自營邑
完文定式凡此五洞居民除雜役還上及軍餉等事
故當其時也人民日聚田土日闢而國結歲增矣近
年以來完文定式漸漸廢却還上雜役無一得
免故民以日散起者還陳若此不已則勢將民盡散
而耕盡廢矣到此地頭公私之計兩相良貝是豈

成說乎若不一番矯革非但宮庄之廢棄居民畢
竟渙散後乃已乙仍于玆以圖署公事下送爲去
乎到卽以此意發關該邑自明年爲始各項
雜役一幷蠲減後完文成給於該舍音處使之
永久遵行一以完宮庄一以使居民奠接之地爲旀
擧行形止卽爲馳報以爲入
稟之地宜當向事

金海三公兄處
無他本府境內右部面斗谷員田二石十五斗落
下北面望川員田六石落新川員田二石十三斗落
又基地一石十斗落又竹田一石落加樣員田四石六
斗落水助員田三石落安谷員田四石落壯元
員田四石十斗落明洞員田四石落仁峴員田一石落
御屛員田一石十五斗落合田參拾陸石伍斗落只
庫乙自本宮給準價買得乙仍于玆以圖署
分付爲去乎若或有無賴之輩有所作梗之弊
是去等依監官所告各別懲治俾無作挐之弊
事告本官惕念擧行宜當向事
已上圖署三張因
差備分付依　內下草書入以宮無此庄又無買土而圖
署成出事涉惶悚之意
稟達矣書入事有
敎

瑞興三公兄處

無他本宮納加火田稅粟代錢中三百兩馱來是

如可馬夫漢中間逃走之致定宮監持公事下往

馬主朴處逑處一百兩錢先爲捧上而餘數二百兩及

宮監往來浮費錢六十兩尙今過限遷就之狀萬萬

無嚴乙仍于玆以圖署公事下送爲去乎到卽

朴處逑處二百六十兩錢及馱價十四兩星火督捧不

日上送以爲趁歲前到京上納之地爲乎矣若或

有遲滯漫漶之弊則處逑漢之重繩叱除良

汝矣等先難免不謹之罪矣以此意告本官惕

念擧行後形止馳報宜當向事

戊辰十二月二十日　內司甘結

右甘結今番犒饋所入宰屠牛幾隻式修成

冊明日內來納以爲報政府擧行之地爲乎矣萬

一遲緩甘罪不辭

용동궁등록 제4책

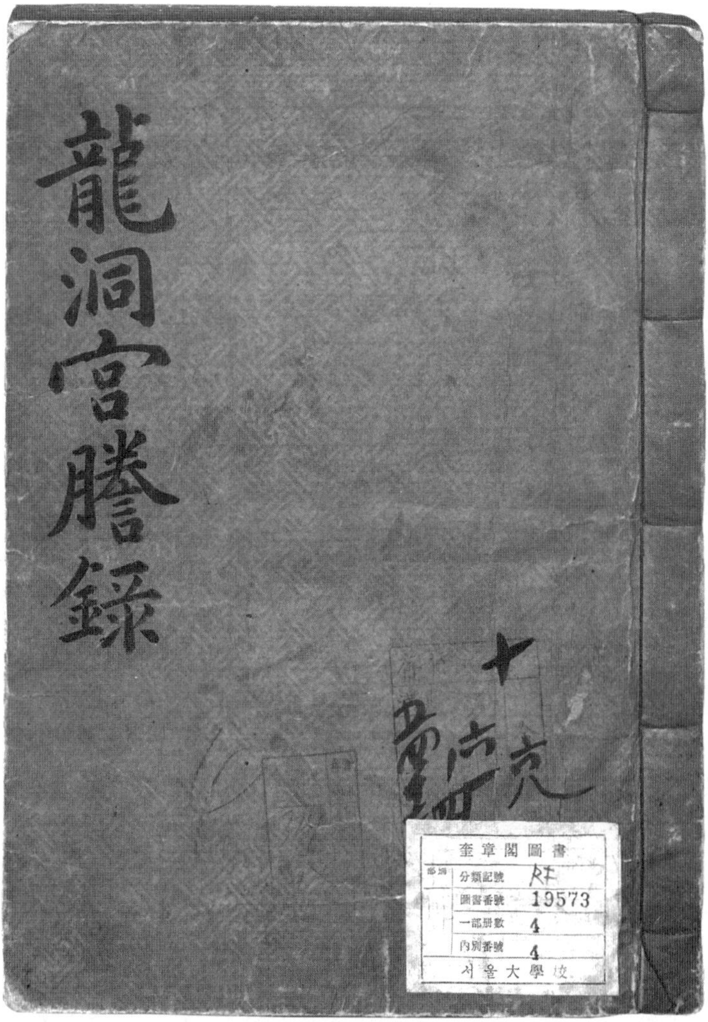

1884년(갑신)

甲申正月十一日　水刺間甘結

右甘結爲先行都薛里大監敎是分付內今十三日

永禧殿　動駕敎是時各其宮熟手二名式十二日待

開門等待于　大殿水刺間是矣萬一遲緩甘罪不辭

甲申正月十三日　內司甘結

右甘結爲粘連政府甘結江原道年分狀　啓及草記與

批旨內辭意奉審施行爲有矣萬一違繣甘罪不辭

甲申三月初一日龍洞宮手本

右手本爲本宮屬各邑元結五百六十結昨冬移定於忠

淸道淸州牧而癸未條收租案已爲上來不可釐正云癸

未條自各邑依前上納甲申條爲始自淸州擧行之意司

以移報戶曹爲只爲

甲申三月初五日　內司甘結

右甘結爲粘連政院文蹟內辭意相考施行爲乎矣

萬一遲緩甘罪不辭

司僕寺官員以一二提調意　啓曰馬匹每日定送

猶爲不足今番寒食祭去馬則自各宮房貰用之

意

分付何如

甲申三月十六日　內司甘結

右甘結爲粘連戶曹甘辭發甘爲去乎相考施行次

甲申三月初九日　戶曹甘結

爲相考事卽接內需司牒報則以爲龍洞宮免稅錢結忠淸道禮山五十結全羅道全州五十結淳昌一百七十結谷城一百結慶尙道咸陽五十結昌寧九十結江原道淮陽五十結合五百六十結自癸未條爲始移定淸州者更以甲申條爲始施行事牒呈是置有亦更自甲申條爲始移定爲旀收租案中亦爲釐正宜當向事

同日粘甘

右甘結爲粘連公事草相考擧行次

甲申三月二十三日　內司甘結

右甘結爲粘連戶曹甘結謄出忠淸全羅兩道所在免稅結移劃文書相考施行爲有矣萬一違繣甘罪不辭錦營關據各宮免稅結移去移來事後錄

新昌九十五結移送淸安　米秩

谷城一百結移送全州　錢秩

淳昌一百七十結移送全州　錢秩

甲申三月二十七日　水剌間甘結

右甘結爲夏享　大祭先行都薛里大監分付內

各其宮熟手二名式四月初一日待開門等待于　水剌

間是矣萬一遲緩之弊則甘罪不辭

四宮各二名

甲申四月初四日　內司甘結

右甘結爲粘連戶曹甘結謄出政府甘辭發甘爲去乎

相考施行次萬一違繣甘罪不辭

甲申三月　日　議政府甘結

右甘結爲毋論漕船之到泊京江之後自宮房私家有所

捧元納入倉之前船頭奪取以致正供之欠縮事體道

理萬萬駭然從今以往一切嚴禁事奉承

筵敎玆以捧甘爲去乎如有似此惡習下屬輩自各其衙

1 門直送法司嚴刑遠配不飭之次知中官該官長草記

論勘爲有矣萬一違越甘罪不辭

三南京畿海西關東監司了

爲相考事京司情費今旣釐正自各該衙門頒送節

目是在果外邑段置前日所捧於民間從實減削然後

實惠可以下究另飭列邑到底察檢俾無一毫濫徵

---

1 【欄外】四月十一日 / 掌務千 / 道亨 / 有頃代 / 千一成 / 掌務 / 差下 // 掌務崔 / 道潤減 / 下代崔 / 東昱掌 / 務差下 // 書員趙 / 載玄代 / 趙載弘 / 差下

之弊事奉承　筵敎玆以發關爲去乎各其邑

湖南則加鎭字元納情費幾許一一列錄修成冊上送于各該

衙門以爲憑驗是遣將此關辭揭付坊曲以爲宣布德

意之地爲旀形止馳報向事

右甘結爲因北關京邸吏等所訴差定都界首使之

舉行是如乎各邑所管之事專責於該邸吏三所任

眼同推捉之弊各別禁斷爲有矣萬一違越甘罪不辭

　　同日　戶曹甘結

右甘結爲粘連政府甘結相考擧行次

　　甲申四月二十八日

內需司爲相考事節呈龍洞宮手本內

大王大妃殿乙酉年朔　膳價依甲申例磨鍊而米九十石

代太一百八十石則待秋捧輸送是遣米木錢則趁卽上下

輸送之意司以移報宣惠廳爲良結手本是置有亦

手本內辭緣相考施行爲只爲合行牒呈伏請

照驗施行須至牒呈者

右　　牒　　呈

宣　　惠　　廳

光緖十年四月　日　典需
別坐

龍洞宮手本

右手本爲

大王大妃殿乙酉年朔　膳價米木錢上下輸送之

報宣惠廳公事一度成帖爲只爲

行下向敎是事　甲申四月　日書員姓名着啣

甲申四月　日　戶曹甘結

云云卽者議政府甘結內本府　啓曰摠管畿沿海防事

務閔　上疏批所陳諸條乃防務之切急者也今廟堂

稟處事　命下矣取見其疏本則其一營陣之間餉

資雖給器械衣裝輜重之費歲計不些望定結之

在外道者尙多一幷屬之京畿通計前後剩數定式公

用外悉盡海防歲以爲常事也原定餉額外器裝輜

重其費必多各道望定結幷送京畿與京畿已在宮

結而除却定式公用計取餘剩屬之該衙門俾爲補用

而係是結政也今度支發關知委施行之地何如

傳曰允亦敎是置各道所在各宮房免稅結依後錄自

甲申條爲始盡數移送于京畿爲旀來秋收租案

中一一釐正關到形止亦爲回移宜當事

後錄

禮山五十結

全州三百二十結

咸陽五十結

昌寧九十結

淮陽五十結

甲申五月初十日　水刺間甘結

右甘結爲先行都薛里大監敎是分付內今十二日

景慕宮　擧動敎是時各其宮熟手二名式今十

一日待開門等待于　水刺間是矣萬一遲緩甘罪不辭

四宮各二名

甲申閏五月初九日　戶曹甘結

右甘結爲本曹　堂上敎是分付內凡於稅穀先爲

上納後各　宮納之追後捧上自是法典而近來紀綱

解弛每有先捧於船頭之弊云揆以事體寧容若

是此後無敢如是之意預先申飭是矣若有復

踵前習之弊斷當別般嚴處亦敎是置玆以捧

甘爲去乎惕念擧行是矣萬一違繾甘罪不辭

甲申閏五月二十五日　內司甘結

右甘結爲卽者　月廊聽

傳敎內自今爲始各宮房所任有闕勿補勿許賣買

爲旀又或有除仕役及永受由之人料布與諸般應食

并勿上下是矣如有違越此式斷當嚴處事使之永

久遵行亦敎是置玆以發甘爲去乎

下敎內辭意奉審施行爲有矣萬一違越甘罪不辭

同日

全羅道群山倉田稅沙工等等狀

右謹陳所志矣段本倉所屬全州沃溝泰仁三邑以荐歉之致各宮房所納添載米今秋裝載來納之意已有本鎭僉使牒呈而各宮房奴隷稱以沙工乾沒課日來鬧將至元納米奪去之境故玆敢齊聲仰訴爲白去乎參商敎是後該鎭僉使秋裝公文的實之意各宮房良中措辭發甘俾免橫奪元穀無至白地致逋之地千萬伏祝

題辭內

各宮納之未及上來已於差使員所報知悉是在果今此正供捧上前切勿侵責之意致爲捧甘內需司俾無生梗向事

甲申六月十二日　內司甘結

右甘結爲粘連　月廊出文蹟相考擧行爲去乎萬一違繿甘罪不辭

衣服變制事禮曹節目既爲

啓下矣內司各宮掌務稤宮書員奴子等衣制以此捧甘於各處

執吏 各宮所任	依官人私服而緣則除之

書員與各宮書員依各司書吏之服奴子青色周衣長衣間便宜爲之加青色褡子黑絲帶而垂不過周

尺一尺襘子則苧木布間爲之　限則十七日

甲申六月二十二日　戶曹甘結

右甘結爲湖南未收戊寅以上各宮免稅靈光龍洞宮

米五十四石十斗五升於義宮米十三石和順宣禧宮米

三十石谷城於義宮米六十一石十一斗五升一合壬午十一月

幷代錢裝載於掛帆船上納于親軍營也以此知悉次

甲申七月初八日　內司甘結

右甘結爲粘連政府文蹟相考擧行各其修成冊限

三日內來納以爲都聚送呈政府之地爲有矣萬一

違越甘罪不辭

領議政大監分付內三南左右道各樣上納米錢木布

新舊未納壬午以上舊未納
癸未條新未納分左右道毋漏從實列錄

而如或有存拔之弊該員役別般重繩事

甲申九月二十三日

龍洞宮手本

右手本爲本宮屬全羅道全州元結一百五十結稅米

每違月當延拖越歲以致莫重

內用擧行苟艱之境言念事體不勝悚惶叱除良

癸未條于今愆納此專由於該吏輩幻弄之所致是

乎則來頭爲弊之端有不可勝言乙仍于玆以手本

爲去乎司以移報戶曹癸未條稅米則促關督捧

是遣甲申條爲始移劃于求禮古阜兩邑以爲
無弊上納之地爲只爲

1885년(을유)

乙酉正月二十二日　內司甘結　二十五日來

右甘結爲錦營關文與後錄及政府文蹟謄出發甘
爲去乎相考舉行次
錦營關文內道內各邑所在與他道所在各　宮房免
稅結移送京畿及道內各其邑後并爲釐正於收
租案玆以移文後錄爲乎旀德山所在龍洞宮六十結段
該邑本無此宮結故不得移送是去乎相考施行次

道內禮山龍洞宮五十結移送淸州

淸州德溫公主房五十結移送德山

牙山淸衍郡主房五十結移送連山

德山和吉翁主房二十結
淸衍郡主房一百結
淸瑾縣主房二十結
毓祥宮六十結
移送京畿

全羅道長興全溪大院君宮一百七十結移送牙山

泰仁全溪大院君宮五十結移送鎭川

全州龍洞宮五十結
淳昌龍洞宮一百七十結

谷城龍洞宮一百結	移送清州
慶尙道咸陽龍洞宮五十結	
昌寧龍洞宮九十結	
江原道淮陽龍洞宮五十結	

東營所報內各宮房有土免稅差人等不分陳起惟事

比摠大關民隱從時起收稅之意自政府捧甘嚴飭

何如

畿伯所報內各宮房屯土勿拘定摠從實收稅爲白齊

乙酉正月二十二日　內司甘結

右甘結爲

月廊出官案修正次玆以發甘爲去乎到卽修成冊

限三日內星火來納爲有置萬一遲緩甘罪不辭

乙酉二月十一日　戶曹甘結

右甘結爲粘連文書相考擧行次

全羅道觀察使兼巡察使爲相考事卽到　曹關

內全州府所在　龍洞宮米結一百五十結甲申條爲始移

劃於求禮[2]古阜[3]兩邑後收租案亦爲釐正亦爲有

矣收租實數前已修　啓各邑稅穀亦已畢捧到今

移劃實無其路乙酉條爲始分劃兩邑計料相考

---

2 【追記】一百結

3 【追記】五十結

爲宜向事

右　　關

戶　　曹

光緖十一年正月十一日

全羅道觀察使兼巡察使爲到付事　龍洞宮

所屬免稅米結一百五十結甲申條爲始移定於求

禮古阜兩邑事　關到付爲遣合行移關請

右　　關

戶　　曹

光緖十一年正月十二日

　　乙酉三月十三日　水刺間甘結

右甘結爲　都薛里大監分付內今十五日

永禧殿　擧動敎是時　水刺擧行熟手依例待

令于水刺間是矣若未及之弊則甘罪不辭

　　乙酉三月初一日

　恩津江景浦徐敬模孔允會方春商等

右謹陳惶悶情由段本浦北魚稅納事良中數十年

以來屢降　德澤特軫浦殘而每減稅納敎是乎則

本浦之尙存其名寔由是　惠也孰不敢銘肺而感誦

哉但迨玆甲申加之以下道純用葉錢本浦純用當五

之致商人好葉載魚之船不向本浦止泊下道以是而

雖有幾許級之馬駄而登陸至也未見一個尾之船載而
自海來者是乎尼矣等生業之全數狼貝固不足恤
也莫重稅納之模着無處最爲一大惶悶而亦實
非人力可及是白乎所昨秋宮差李俊哲之來也初聞
此語猶有未信查探場市摘奸家戶然的的是如斯
而已則渠亦自悟還慰矣等曰姑且安堵豈無他年
乎云云是乎乃目下事勢亦將何以則可乎稅錢一百六十
五兩今旣貿苧　上納是白在果伏聞事極則變變久
則通無已則有一焉矣等愚昧以爲稅納更自乙酉
姑勿定數秖隨來魚一一收稅隨書上納則公私俱便
乙仍于據此實狀齊聲仰籲爲白去乎
參商教是後　特下　處分俾蒙終始惠澤之地
千萬伏祝爲白只爲
　題辭內當葉相關之致魚船不泊於本浦因此
　而收刷爲難云事勢固然依訴許施向事

　　乙酉三月十三日　龍洞宮色掌金錫俊白活
右謹陳所志矣段本宮屬各道元結免稅錢多違
月當以致延拖越歲之境故年前移劃于京幾各
邑而其中忠淸道禮山五十結移定于淸州矣目今
宮用時急各處稅納催促探問則淸州稅錢自本邑已
爲上送云故玆敢仰訴爲白去乎　參商教是後同
稅錢卽爲輸送俾免擧行狼貝之地千萬望良
爲白只爲

戶曹　　處分

題辭內發關屬耳姑未上來向事　初六日

粘甘

右甘結爲粘連所志題辭相考擧行次

龍洞宮淸州所在免稅五十結甲申條爲始永付侍講

院取剩事奉承

下敎事該院移文來到發關該道

乙酉四月初二日　戶曹甘結

云云關是置有亦依關辭自甲申條爲始幷移送

淸州後收租案中亦爲釐正宜當事

同日粘甘

右甘結爲侍講院　啓下關據本曹行會公事草

相考擧行次

侍講院爲相考事忠淸道所在錢免稅畓結

淑善翁主房二百二十五結三十二負五束　於義宮九十

三結　毓祥宮一百十八結十五負九束　慶善君房

十二結　和協翁主房二十六結和柔翁主房一百結

和寧翁主房五十結　和吉翁主房二十結　淸衍郡主

房一百結　淸瑾郡主房二十結　龍洞宮五十結以上

免稅畓結合九百二十四結四十八負四束移送京畿

監營海防衙門取剩者奉承

下敎永付本院取剩救弊是如乎此係

特旨　判下敎是者則事體重大與他自別同九

百二十四結四十八負四束自甲申條爲始移送淸州之

意發關於該道該邑以此知悉擧行宜當向事

　　乙酉四月初九日　戶曹甘結

右粘甘爲群山倉所納米報狀相考擧行次

全羅道群山倉捧稅差使員行同鎭水軍僉節

制使爲牒報事歲前十二月良中全州府兼任中

營將文移內同府癸未條龍洞宮納米一百九十一石十

四斗內三分一六十三石十四斗六升六合自同府代錢上納

在實納米一百二十七石十四斗三升四合於義宮納米一百

六十五石十二斗八升內五十五石四斗二升七合自同府代錢

上納在實納米一百十石八斗五升三合本色輸納是如成

冊修送是乎所上項全州府所劃龍於兩宮納癸未條

三分一一百十九石三斗九升三合自該府代錢上納三分二條

二百三十八石七斗八升七合以本色收捧今番春漕添載

上送爲乎旀緣由先爲牒報爲去乎以此意兩宮良中

發甘知委事　處分行下爲只爲

照驗施行須至牒呈者

右　　牒　　呈

戶　　　　　曹

全羅道群山倉捧稅差使員爲上送事本倉屬全

州沃溝泰仁三邑癸未條營宮納米漕船代貰船添

載別件成冊修正上送爲乎乙在果就其中全州府

龍洞宮實納米一百九十一石十四斗內三分一六十三石十四斗

六升六合於義宮實納米一百六十五石十二斗八升內三分一五

十五石四斗二升七合自該府因本道巡營門關飭以代錢

直納是如不爲輸納只以龍洞宮三分二條一百二十七石十四

斗三升四合於義宮三分二條一百十石八斗五升三合輸納是

乎所兩宮三分一代錢直納條雖未知何據而然是乎矣

營邑勢殊旣不得收捧今以三分二本色所納條準數

上送爲去乎兩宮良中申明知委事　處分爲只爲

右　　牒　　呈

戶　　　　　曹

乙酉三月二十四日　四月初九日來

議政府啓曰畿內幾邑之結稅詳定寔由於萬不獲

已之政而昨秋更以還責本色者不但壞賦法意之

攸重爲其支調之極艱而然則到今事體固不當

低昂而該道臣以報以啓申懇不已其民情邑勢之

無奈措辦自可推知竹山陽智驪州抱川四邑稅納依已

施之例幷甲申爲始限三年詳代豊德朔寧向雖有

啓稟行會兩邑稅納亦依已例詳代而豊德之限尙餘兩

載不須更論朔寧則限滿止在甲申又展二年庸示終

始之惠且南陽一邑課歲責應極其浩繁合有別般軫

念軍布之蕩減大同之詳代幷只以今年條施行事

分付何如

傳曰允南陽之策應浩繁朝家之稔悉者也詳代

特加一年以示恤民之意

乙酉四月十一日　水剌間甘結

右甘結爲都薛里大監分付內　水剌擧行熟手二名

式各其明日待開文水剌間等待是矣萬一遲緩甘罪

不辭

內需司爲相考事節呈龍洞宮手本內

大王大妃殿丙戌年朔　膳價米木錢依例磨鍊而米一

百石代太二百石則待秋捧輸送是遣米木錢則趁卽上

下輸送之意司以移報宣惠廳爲良結手本是置有

亦手本內辭緣相考施行爲只爲合行牒呈伏請

照驗施行須至牒呈者

右　牒　呈

宣　惠　廳

光緒十一年四月　日　典需 別坐
相考

龍洞宮手本

右手本爲

大王大妃殿丙戌年朔　膳價米木錢輸送之意報宣

惠廳公事一度成帖爲只爲

行下向敎是事

乙酉四月　日　書員趙載弘着啣

乙酉五月二十九日　內司甘結

右甘結爲粘連政府文蹟玆以發甘爲去乎相考施行次

法聖倉沙格等以各宮上納時受情太過仰訴於政

府而題辭內宮屬之勒徵之弊一至於此若不痛

禁則末流之害將不至何境方今捧甘內司可以

勒捧者還推出事

乙酉七月二十六日　內司甘結

右甘結爲昨日

傳曰以沿江收稅事屢有提飭不啻申嚴而近日

朝家所不知責稅者尙多入聞甚至稅船到泊之

際恣行討索以致公納之虧欠揆以法綱駭惋極矣

所謂無名之稅一切革罷後或有冒犯者自各該

衙門一一摘發嚴刑遠配亦敎是置

下敎內辭意如是截嚴也萬一違越甘罪不辭

乙酉九月二十九日　內司甘結

右甘結爲卽者內衙門知悉發關完營內辭意

挽近船格監色輩　從中奸弄年增歲加以致上

納之愆淹揆以法綱萬萬駭惋明年段將以購來輪

船載運云云是如各宮房米亦於輪舶付來也以此

知悉次

全羅監司了

爲相考事正供固何如而挽近船格監色輩之從

中奸弄年增歲加以致上納之愆淹揆以法綱萬萬

駭惋乙仍于明年段將以購來輪船載運是如乎道

內各邑所納田大同米太砲粮各宮納米各營移結米三

手米與各漕倉關額船所載米太及三手砲粮各宮

米依定式十月開倉限歲前畢捧待正初輪船下去卽

其時準裝發送是矣苟或時日遲延當有大段生

梗將此關辭預先謄布於直納該邑各該漕倉幷

使之除尋常惕念擧行爲旀形止馳報宜當向事

1886년(병술)

丙戌正月十四日

忠淸道觀察使兼巡察使爲相考事前矣到付

貴曹關據道內各邑及全羅道光州牧所在各　宮房免

稅結移送各其邑爲乎旀此外或有數多結縮亦關

邑弊民瘼是如邑報請移之不得不變通者量宜移

送後幷爲釐正於收租案玆以移文後錄爲去乎相考施

行向事合行移關請

同日粘甘　戶曹

右甘結爲粘連錦營報狀相考擧行次

龍洞宮淸安一百八十五結移送淸州

丙戌正月二十六日　水剌間甘結

右甘結爲

宗廟永禧殿景慕宮　動駕敎是時先行都薛里

大監分付內各其宮熟手二名式今月二十八日待開門等待

于　水剌間是矣萬一遲緩甘罪不辭

四宮

丙戌二月二十八日　內司

右甘結爲濬川司甘結內今正月二十七日次對入侍時領議政

沈　所奏濬川之役今京兆戶別營使專管經始事

蒙　允矣同擧行條件依後錄爲之而赴役實數

成冊消詳修正幷與赴役錢不日來納于濬川所是

置玆發甘爲去乎相考擧行次

一各宮房所任幷十四日赴役

一各宮房庫直奴子工匠幷六日赴役

一一人雖有疊徵一從各其所管案付名數修錄成冊

而毋得存拔於其間事

此等中各其宮成冊來初三日內來納于本司次赴

役錢每名一日三戔式

丙戌三月十二日　內司甘結

右甘結爲卽者政府
啓下衣服定制釐正節目中各司吏胥嚴禁紗
緞紬帛敎是而各宮房所任則有異於外司故司以
稟定後以出禁各司良中各宮房所任與掖屬之
官服紗緞紬帛勿侵之意承
分付私通于刑漢兩司是遣玆以發甘爲去乎相考施
行次

丙戌四月初三日　內司甘結

右甘結爲粘連政府私通玆以發甘爲去乎相考施行次

回通

依通辭章服勿禁事以　領相位分付詳細諭之于
法司也　諒之如何敢通　卽旋政府等

同日　內司甘結

右甘結爲粘連議政府題辭玆以捧甘爲去乎相考
擧行次

五穀廛市民等以各營門各宮房所用空石每以輕價
貿用難支各宮房各司之帖下者一切防塞事呈訴
於政府則題辭內物價高踴日以益甚矣只遵定例爲
害果不些矣合有變通而況有已施可據之例乎量其

事宜從略加定以爲一分紓力之地宜當向事

丙戌四月十四日

內需司爲相考事節呈龍洞宮手本內

大王大妃殿丁亥年朔　膳價米木錢依例磨鍊而米一

百石代太二百石則待秋捧輸送是遣米木錢則趁卽

上下輸送之意司以移報宣惠廳爲良結手本是

置有亦手本內辭緣相考施行爲只爲合行牒呈伏請

照驗施行須至牒呈者

右　　牒　　呈

宣　　惠　　廳

光緖十二年四月　日　典需 別坐
相考

龍洞宮手本

右手本爲

大王大妃殿丁亥年朔　膳價米木錢輸送之意報宣

惠廳公事一度成帖爲只爲

行下向敎是事

丙戌四月　日　書員趙載弘(手決)

丙戌四月二十二日　內司甘結

右甘結爲粘連政府甘辭發甘爲去乎相考施行爲

有矣萬一違越甘罪不辭

政府甘辭內該廛市民之進排空石本非規例
而挽近此弊日甚憑藉公用惟意帖下其所責納
無所不至而且各司下屬輩之威脅誅求殆無定限
以至於杖囚之境支保末由揆諸法綱寧容乃爾
此不可無別般救言故玆又甘飭爲去乎各營門地
排空石四宮應用燻造空石外他帖紙依前飭一幷
勿論是遣空石價錢則參互已例從略加給是矣
有網二戔五分無網二戔式預先出給以爲無弊資
生是矣如是令申之後或有依舊侵責之端則非
但下隷輩之重法處治責亦有所歸以此惕念事

丙戌四月二十日　內司甘結

右甘結爲卽者
月廊聽　令內各宮房所任以下內人成冊明日內捧
入是矣毋敢以無字懸錄亦教是置玆以發甘爲
去乎各須知悉星火修成冊報來以爲入
啓之地爲有矣萬一遲緩甘罪不辭

丙戌五月初二日　內司甘結

右甘結爲內人成冊入　鑑矣
傳教內今番成冊時毋得以無字懸錄事申飭截
嚴而如干懸錄者只以一二歲則各宮房所屬共
議而只生一二歲女兒者乎
嚴教視若文具紀綱所在萬萬痛駭固當嚴處而

第觀來頭之擧行矣更爲申飭於各處改成冊

以納事奉　敎矣不日內更修成冊以納事亦

敎是置玆以星火發甘爲去乎奉審擧行爲有

矣萬一違越甘罪不辭

　　丙戌五月二十九日　內司甘結

右甘結爲卽者司謁口傳

傳敎內今三十日

景祐宮祠宇移安敎是時各宮房侍陪以全數

擧行事玆以捧甘爲去乎明日未明預先等待爲

有矣萬一遲緩甘罪不辭

　　丙戌五月十八日

全羅道群山倉捧稅差使員書目

本倉屬各邑米太未收尙爲六千餘石之多而各宮

房納米亦在未收中先裝船隻良中未得裝送

而各邑未收另加督捧後裝六隻船幷與各宮納米

一體上納伏計先裝十二隻到京上納時自各該宮或

有侵責之弊以此意各宮良中預飭發甘知悉爲

臥乎事

　題辭內今此先裝中旣無各宮納之盡數來到

　則雖或有橫侵切無敢一包穀先納於各宮

　是矣如有從中侵索則執置飛告向事

丙戌七月初五日　內司甘結

右甘結爲粘連政府甘辭玆以捧甘爲去乎知悉
擧行爲有矣萬一違越甘罪不辭

政府甘結內漕船之來泊也各宮房元納添米
名色自有定數而近年以來宮房下隷直到船
上不有著式恣意濫捧欠縮此不但沙工輩
之呼冤相續其害必歸於民邑乃已豈有如
許駭歎之習乎自內司嚴飭毋敢科外徵索
俾免大段生梗事

丙戌八月初一日　內司甘結

右甘結爲　公事廳聽令內茵匠等每於　國役多有
效勞不可無示意然而區處無路則分排於各宮一名
式付之奴子官上下料食依給之事奉承
下敎玆以捧甘爲去乎依後錄以此擧行爲有矣萬
一違越甘罪不辭　龍洞宮一名　李元植

丙戌八月十六日　內司甘結

右甘結爲今月二十日
淑善翁主房祠宇自苧洞至校洞移　安敎是時
各宮侍陪依例來待事依私通發甘爲去乎萬一違
越甘罪不辭　四宮

丙戌八月十六日　戶曹甘結

右甘結爲

御覽免稅道俵冊今方修正入　啓次玆以捧甘爲

去乎依後錄本宮所在免稅邑名結數與米結錢結

消詳區別懸錄俾無相左之弊爲旀入呈今二十五日

內承　分付停當毋至晩時之弊次

　　龍洞宮免稅結

京畿廣州有土十二結六十三負七束

　　坡州無土四十八結十四負　畿邑無土一千五十七結三十五卜二束

　　利川無土二百二十九結四十九負四束

　　長湍無土九十一結

　　富平無土一百六十九結六十九負八束

　　通津有土十三結五十八負四束　十七結六十七負四束

　　　　無土十五結三十負二束

　　麻田無土一百六十結

　　交河無土三十八結五十一負六束

　　永平無土二十三結四十七負九束

　　加平有土二結七十四負　自議政府移去

　　安山無土二結

　　龍仁有土二十五結

　　果川有土三結四十三負　本宮無

　　　　無土五結

　　積城無土二結

　　砥平無土一結五束

　　陰竹無土三十結

漣川無土一百三結七十一負八束	
陽城無土一百六十結	
忠清道清州無土二百三十五結	一百八十五結米結 五十結錢結
舒川有土七結七十九負四束	
陰城無土四十五結	米結
丹陽有土九十六負五束	
天安無土五十結	米結
全羅道全州無土一百二十結	米結
順天有土三百七十八結四十負八束	三百七十七結二十負二束
長興無土二百十一結	三十結米結
扶安有土六結九十八負五束	一結九十八負五束
玉果有土五十三結六十二負七束	
慶尙道昌原有土七十七結二十三負	
金海有土五十五結六十九負一束	五十五結五十九負七束
梁山有土一百結十負五束	
南海有土九十結	
黃海道信川有土三十五結十二負一束	
安岳有土六十五結九十五負七束	畓三十結八十四負 蘆田一百九結六十二負四束
瓮津有土九結三十七束	
平安道中和有土十一結十負	

　丙戌九月二十七日　水刺間甘結 四宮

右甘結爲　宗廟　景慕宮　動駕敎是時先行

都薛里大監分付內各其宮熟手二名式今月二十八日

待開門等待于　水剌間爲乎矣萬一遲緩甘罪不辭

丙戌十二月初八日　內司甘結

右甘結爲粘連　筵奏辭意政府甘辭發甘爲去乎

相考施行爲有矣萬一違越甘罪不辭

政府甘辭內

雜類之公納替行禁斷事內此以又有仰達者各

邑上納到京之後稱多生弊不一其端而最是城內外無

恒産之雜類或稱以減費而替納或謂以有債而督償

待打船主侵虐領吏甚至於藉托班家借得率隷駭悖

之擧聽問可誓竟使正供欠縮無處指徵反以公納

不若私捧其在事體寧欲若是令各該司上納衙門

將臣所奏揭付壁上隨其現露直施刑配如有班家

之干涉毋論曲直之如何該家長草記論勘之意嚴飭

何如

上曰向有飭　敎之截嚴各該堂上有何顧忌不欲摘

發乎隨現捉直卽施刑配班家之干涉者其家長草

記論勘之意嚴飭可也

丙戌十二月十五日　內司甘結

右甘結爲

上尊號都監甘辭內初度習儀今月二十日再度習儀

二十一日三度習儀二十七日是置玆以發甘爲去乎儀仗差備

下典女伶各　宮婢子三十名依後錄鮮明服色今十九日爲先

看品于本司是旀伊日日出時等待于都監爲乎矣萬
一遲緩甘罪不辭　此等中小名成冊來納事
六宮　三名式

丙戌十二月十八日　內司甘結
右甘結爲　雲峴宮私通內今二十一日各宮房問　安除禮
事奉承　大監敎是分付敎是置玆以發甘爲去乎
相考擧行次

1887년(정해)

丁亥正月初六日　內司甘結
右甘結爲今此
進饌敎是時內習儀今初十日　萬慶殿設行是如
乎下典女伶十二名同日待開門依例等待于大有門外
近處次

丁亥正月十一日　進饌所甘結
右甘結爲今此
進饌敎是時內習儀再度今十五日三度十七日四度十八日
五度二十二日設行是如乎儀仗差備下典女伶依前例以
各宮婢子抄定十二名各其日待令于大有門近處次

丁亥正月十二日　內司甘結

右甘結爲粘連　進饌所甘結捧甘爲去乎依後錄擧行次

四宮　二名式

丁亥正月十二日　內司甘結

右甘結爲明日

內庭行禮敎是時下典女伶三十名等待于　闕門外爲

有矣幷只待漏廳來待而萬一遲緩甘罪不辭

龍洞宮　三名

丁亥正月二十二日　水剌間甘結

右甘結爲　永禧殿　景慕宮　動駕敎是時

先行都薛里大監敎是分付內各其宮熟手二名式

今月二十四日待開門等待于　水剌間是矣萬一

遲緩甘罪不辭

四宮

丁亥二月初二日　內司甘結

右甘結爲　雲峴宮私通內今初三日各宮房問安除

禮事奉承　分付敎是故玆以發甘爲去乎知悉施行次

丁亥二月十八日　內司甘結

右甘結爲次對擧條政府甘結各司上納中拘留

債先除之弊嚴加禁斷事甘飭矣玆以發甘爲

去乎各別禁斷爲有矣萬一違越甘罪不辭

丁亥二月二十日　戶曹甘結

爲相考事以龍洞宮乙酉條免稅米未納事屢有關
督經歲玩揭㨨以稅法已極駭然而況又宮用一時爲
急是如呈訴不已故玆以別關爲去乎到卽未納依後
錄刻期督刷眼同實監色星火裝發罔夜來納
是矣若復愆滯必致大段生梗惕念擧行裝發形止
亦卽馳報宜當向事

同日粘甘

右甘結爲粘連發關草相考擧行次

全州乙酉條龍洞宮納米元納六十三石一升雜費
二十三石六斗

丁亥二月二十八日

行忠淸道觀察使兼巡察使爲相考事前矣到付
貴曹關據他道所在各宮房免稅結移送於道內各
其邑爲乎旀此外或有數多結縮亦關邑弊民瘼
是如邑報請移之不得不變通者量宜移送後幷
4 爲釐正於收租案玆以移文後錄爲去乎相考施行
向事合行移關請

---

4 【欄外】三月十三日 / 掌務姜 / 重錫自 / 退代黃 / 熙鳳 / 掌務差 / 下

戶曹甘結

右甘結爲粘連移文相考擧行次

龍洞宮淸州一百九十五結移送德山

天安五十結移送陰城

丁亥四月初八日　內司甘結

右甘結爲今此

幸行敎是時假別監例錢以一日程五十兩磨鍊發甘

爲去乎依後錄卽爲輸送于別監房爲有矣萬一

遲緩甘罪不辭

龍洞宮　五兩八戔

丁亥四月十五日

內需司爲相考事節呈龍洞宮手本內

大王大妃殿戊子年朔　膳價米木錢依例磨鍊而米一百

石代太二百石則待秋捧輸送是遣米木錢則趁卽上

下輸送之意司以移報宣惠廳爲良結手本是置有

亦手本內辭緣相考施行爲只爲合行牒呈伏請

照驗施行須至牒呈者

右　牒　呈

宣　惠　廳

光緒十三年四月　日　典需 別坐

相考

龍洞宮手本

右手本爲

大王大妃殿戊子年朔　膳價米木錢輸送之意報宣

惠廳公事一度成帖爲只爲

行下向教是事

丁亥四月　日　掌務黃熙鳳(手決)

丁亥閏四月二十四日　內司甘結

右甘結爲粘連　毓祥宮私通發甘爲去乎相考

擧行次

內司　長房前　私通

除煩今二十九日巽時

大嬪廟祠宇移奉於舊宮教是時各宮侍陪等

節依例磨鍊知委擧行如何敢通

丁亥閏四月二十三日毓祥宮任等

丁亥五月十四日　內司甘結

右甘結爲粘連政府文蹟發甘爲去乎相考施行次

議政府

啓曰嶺伯所報各邑甲申條以上舊條收米太酌量

時價特許代納事

卽見嶺伯李鎬俊所報則道內各邑甲申條以上舊

未收米爲一萬六千六百二十餘石零太爲一千七百九十

餘石零而俱是船漢欠逋之流來未刷者也所逋船

主舉皆逃散故亦有伏法且荐遭慘歉末由持徵外
幷特許詳代爲辭矣流來船逋持徵無處而今若按
式强令督刷則其害也特歸於窮蔀而止依所報未收
米太酌量時價特許代納俾舒民邑事力何如
上曰有關國許而事勢旣如此依爲之

丁亥五月二十三日　內司甘結
右甘結爲　公事廳知委內近來門禁解弛無
名雜人無難出入於　閤門內掖隷與閑雜之類
分辨爲難自今爲始本司與各宮所屬出入於
閤內者章票以給毋至犯科事玆以捧甘爲去乎
知悉擧行爲有矣萬一違越甘罪不辭

丁亥五月二十五日　戶曹甘結
右甘結爲　領相大監分付內稅穀到泊後各宮房
下屬輩船頭討索之弊前後禁飭不啻申嚴而
卽聞此習又復如前云聞甚駭然以口傳知委使之
切勿侵責亦敎是置玆以捧甘爲去乎萬一違繣甘罪不辭

丁亥五月二十七日　戶曹甘結
右甘結爲卽者
領議政大監敎是分付內各邑稅穀捧上前各　宮房
以免稅米事下屬輩之作弊尤甚云各別操束嚴
飭無敢如前之弊亦敎是置玆以發甘爲去乎申明

知委擧行次

5 丁亥六月二十四日　戶曹甘結

右甘結爲　領議政大監敎是分付內今者漕運到
泊下陸時各宮房下屬輩無難討索云如此之弊一
切嚴禁事知委敎是置如是知委之後若有
復踵甘罪不辭

丁亥八月　日所志　界首等趙思一都致化吳君明

湖西京邸吏等白活

右謹陳憫迫情由事段矣徒等積弊深瘼曾是
列聖朝受敎曁　廟堂申飭不啻截嚴是白去乙
法乙久解弛百弊俱興尤甚於前科外責應殆無限
節敍除良至若界首擧行卽是通　命令之重
役其所關係逈別是去乙近年以來各營各司不念
廟飭之截嚴界首供役之攸重列邑中或有上納愆
滯與筆債朝報債許多各邑之未趁磨勘者則捨
其當該邑京邸輒捉界首三所任討索誅求無不
到東捉去而西被囚杖責荐踏殆無虛日若此不已莫重
啓牒何暇擧行乎此實最難支之一端是白乎中又
於日前月藝文館因唐津一邑朝報債愆滯事一還
以界首三所任出牒捉囚又以照律定配之意移文刑

5 【欄外】二十九日 / 掌務鄭 / 一範代 / 崔錫範 / 掌務差下 // 掌務姜 / 胤宅自 / 退代姜 / 甲淳 / 掌務差 / 下

曹是乎則朝報債本末該吏所關元非公納未聞以朝
報債事照律刑配是白乎尼雖曰賤役豈有此法外
之事乎且當該邑自在此牌督捧容或無怪至於
界首只是文牒擧行而每於列邑事輒牌界首三
所任侵責莫甚不勝悚悶玆敢據仰籲於　明庭
之下爲白去乎伏乞　參商敎是後特爲　燭矜
悶情由更勿侵漁界首推責當該邑之意捧甘各營
各司永爲矯捄此等弊端俾蒙生成奠保之澤千
萬望良爲白只爲

題辭內以各該邑之故責及界首豈成說乎方
捧甘於各司向事

政府甘結

右甘結爲粘連所志及題辭相考施行爲旀以此事
前後提飭不啻申複而挽近橫侵之習愈往愈甚致
此難保之境寧有如許駭惡之擧乎從今以往三
所任眼同推捉之弊自各該衙門一切痛禁是矣如
或現發有所入聞則該吏隷斷當別般嚴繩矣以此
知悉爲有矣萬一違越甘罪不辭

丁亥九月　日　水刺間甘結

右甘結爲今此

宗廟　動駕敎是時先行都薛里大監分付各其宮熟
手二名式今日午前等待于水刺間事

丁亥十月二十一日　內司甘結

右甘結爲粘連政府草記草與市民所志辭意相考施行爲有矣萬一違越甘罪不辭

各廛市民等狀

右謹陳所志矣段矣徒各廛禁斷之法　朝家五百年眷眷愛民之盛典是乎所竊伏念　英廟朝宣政門　親臨傳敎內辭意今聞市民弊端其最甚者亂廛云勿論諸上司軍門扈衛廳其亂廛者草記重繩之意令備局分付該衙門以爲嚴禁之定式云云敎是乎遣　正廟朝批答備局草記曰市民邦本中邦本爲渠輩利益云事

憲廟朝摠衛營承　傳敎招致各市民口傳者下敎曰廛物各種軍卒之恣意亂賣莫敢誰何如有廛物亂賣者如法往告以爲依律勘處之地云云敎是乎遣各廛市民之于今奠業保生皆　列聖朝深厚仁恩之曠絶也目下亂廛之熾盛百倍甚於昔時而其亂賣者無非諸上司各軍門之屬而亦皆挾他國憑藉之徒也京兆之禁飭非不申嚴而亂賣犯律者擧皆若是豪强則縱欲痛鋤而其不可得況矣徒殘劣之市民安可以抗勢制威隨捉告官乎挽近矣徒各市之業受害於他商者不可勝計而奪利於亂賣者亦不可勝數是乎則若不可蒙　朝家別般更飭之嚴哉必未免徒守空坐之境而亦指日可覩矣豈不痛

抑乎今我　聖上愛民保生之覆鴻德同符於
列聖朝弘廣之恩而朝廷之宣化天功幷協於節時之
載成是乎則今若痛禁亂廛之徒而更申嚴式特令刑曹捕廳詗察鋤捉是矣勿論
閑散輩與內外諸各司各軍門所屬隨現隨捉而所捉者之
物件段一一屬公而犯賣之徒使法司依舊例施以刑配
之律則各市亂廛廛律更立於今日而五百年資生之
舊業奠於此時故玆以細細條列而仰訴爲白去乎伏乞
洞燭敎是後依條列草記定式以奠各市五百年保生
之舊業云云
　　題辭
亂賣之弊恒所痛惋而亦豈圖至此之甚乎前探禁
飭之節具由　啓稟庶可爲一分矯捄之弊向事
啓曰近來各廛民之事勢已極凋殘而最所難支者卽
亂廛也亂賣禁斷著法本嚴且況前後特敎不啻申
複而蔑法怙勢之類恣意亂賣少無畏憚甚至有
憑托他國商狼藉賣買使仰役原廛徒守空基未免渙
散失業之境寧有如許駭痛之事乎其在顧恤之政
不可尋常拋置從今以往令刑漢兩司左右捕廳隨現卽
捉司京兆施律嚴繩而如是　啓稟之後苟或如前蕩
弛則該堂上該將臣當有重勘從中操縱之法司吏隷
及捕校卽爲嚴刑遠配之意另飭分付何如
答曰允廛市卽都下民命攸係凡所爲弊之端朝家前
後軫念顧恤固何如而所謂亂賣法禁自在如是狼
藉而禁斷者抑有何顧忌而然乎今民失業何以

聊生思之及此痛歎極矣不爲操飭之漢城判尹平

市提調幷從重推考若其亂賣之漢隨現卽捉照律

刑配事

後

一令刑曹左右捕廳另飭禁賣事

一所捉者之物件段一一屬公事

一非廛賣買者一一鋤捉是矣同施舊例刑配事

一內外諸各司胥從徒隷各軍門校卒之犯於亂賣者一

幷無拘隨捉卽施舊例刑配事

一我國之人憑藉他國而賣買者彼人則勿論而我人

則依律事

一刑曹所捉則刑曹施律捕廳所捉則移送京兆事

一各廛合力糾察是矣刑曹捕廳之先捉者勿論而

若市民先知者曹吏廳校故不趁捉則重繩事

一曹吏廳校以親知私坊斗護亂賣者而不爲趁捉

則亦施重繩事

丁亥十月二十一日　漢城府甘結

右甘結爲今因　新羅三王建殿崇奉諸　王陵修

治事自其姓孫出力而部內居各貫金氏及安東

權氏水原崔氏自各其司人數抄出今月晦日內一一列

錄修成冊來納之意玆以後錄發甘爲去乎依此擧

行爲有矣萬一遲緩甘罪不辭

丁亥十一月初八日　內司甘結

右甘結爲粘連政院文蹟玆以發甘爲去乎相考施行次

議政府

啓曰卽見江原監司鄭泰好災實分等狀　啓則江陵等七邑置之稍實原州等十八邑置之次歙谷一邑置之尤甚事目災五十結以舊陳新災之不得不分俵處從實派給而後錄諸條幷請令廟堂稟旨分付矣其一嶺東九邑大同布及各衙門軍布幷許折半代錢親軍營砲保事體自別不敢擧論事也其一各軍門屯稅及各宮房衙門有土免稅從時起收稅之意捧甘嚴飭事也其一尤甚邑限明秋勿定配所事也其一推奴徵債限明秋防塞事也因旱而秧節差晩得雨而農功善就足稱康年可慰民情若其歙谷之偏被水害實涉矜念分劑必有商度依此施行九邑大同軍布之分數永代旣出曠典則今不當更爲闊狹使之按式收納餘外條件俱是援例便民之請亦依狀辭許施何如

丁亥十一月二十一日

司謁口傳

下敎曰儀仗差備下典女伶抄集於閭閻每多騷擾今番則以各宮婢子使之擧行之意分付

同日粘甘

右粘甘爲
傳敎文蹟相考擧行爲於女伶小名成冊卽爲修送
于二房次

丁亥十一月二十三日　內司甘結
右甘結爲粘連
上號都監甘辭相考擧行次　四宮三名式

丁亥十一月二十一日　漢城府甘結
右甘結爲　新羅三王建殿崇奉諸王陵修治事奉
承　傳敎敎是置殿陵役需自其姓孫出力而各貫金
氏及安東權氏水原崔氏各其名下錢一兩式修成冊來月
初五日內以納于親軍營是遣受尺文考還本府矣萬一
遲緩甘罪不辭

丁亥十二月十七日　內司甘結
6 右甘結爲粘連
尊號都監私通發甘爲去乎相考擧行次

內需司　書題所前　私通
除煩今此
上尊號敎是時下典女伶以各宮婢子捧甘矣昨日

6　【欄外】二十日 / 掌務崔 / 興源自 / 退代申 / 錫仁掌 / 務差下

傳敎內以外殿行禮磨鍊事役敎是置下典女伶勿爲
知委如何敢通　丁亥十二月十六日尊號都監等

1888년(무자)

戊子二月初一日　水剌間甘結
右甘結爲
宗廟　景慕宮　動駕敎是時先行都薛里大監
分付內各其宮熟手三名式卽刻來待于水剌間是矣
若有未及之弊則甘罪不辭

戊子二月初二日　內司甘結
右甘結爲雲峴宮私通粘連發甘爲去乎相考施行次

內司　長房前　私通
除煩今初三日問　安除禮事奉承　分付故玆以仰
告諒此知悉於各宮房如何敢　雲峴宮等

戊子二月二十四日　內司甘結
右甘結爲今此
上號都監敎是時儀仗差備下典女伶以各宮房婢
子一百二十五名分排磨鍊後錄發甘爲去乎小名成冊各
二件限三日內修正來納以爲趁送都監之地是矣習儀

前期一日具服色來待本司預先點考爲有矣萬一
遲緩甘罪不辭　　十二名
內庭行禮習儀三月初十日
正日同月十三日

戊子二月二十八日　內司甘結
右甘結爲今此　幸行敎是時
世子宮　動輿敎是時有假別監十八分排各宮事有
敎矣玆以分排後錄發甘爲去乎姓名成冊不日內修
送以爲擧行之地爲有矣萬一違越甘罪不辭
龍洞宮　一名　朱寅植　待分付退定

戊子三月初六日　水剌間甘結
右甘結爲今此
永禧殿　動駕敎是時先行都薛里大監敎是分付
內各其宮熟手二名式今初七日待開門等待于水剌間
是矣萬一遲緩甘罪不辭

戊子三月二十七日　內司甘結
右甘結爲
月廊出官案修正次玆以發甘爲去乎到卽修成
冊星火來納爲有矣萬一遲緩甘罪不辭

戊子三月三十日　水剌間甘結

右甘結爲今此

宗廟　動駕敎是時先行都薛里大監敎是分付

內各其宮熟手二名式四月初一日待開門等待于水

剌間爲乎矣萬一遲緩甘罪不辭

戊子四月初五日

行忠淸道觀察使兼都巡察使爲相考事前矣

到付貴曹　啓下關據本道所在各宮房免稅結

中三千六百六十五結七十負三束移送於湖南嶺南

7 爲乎旀道內宮結所在邑中至殘劇弊邑段不得

不變通乃已乙仍于量邑之大小參互其結摠分數移

送後釐正於收租案玆以後錄文移爲去乎相考施

行向事合行移關請

同日粘甘　戶曹

右甘結爲湖西所在各宮房免稅中殘弊邑道內變通

移文相考擧行次

陰城五十結移送忠州　德山十結移送淸州

戊子四月二十八日　水剌間甘結

右甘結爲今此

8 景慕宮　動駕敎是時先行都薛里大監分付內

---

7 【欄外】九月十四日 / 掌務李 / 奎顯減 / 下代李 / 重信掌 / 務差下

8 【欄外】己丑十一月 / 二十二日 / 掌務趙 / 載弘減 / 下代朴 / 冀鎬掌 / 務差下

各其宮熟手二名式今月晦日待開門等待于水剌間
是矣萬一遲緩甘罪不辭

戊子正月十六日　內司甘結[9]

10 右甘結爲典圜局甘辭內今萬里倉設鑄方張統
領與各匠色設有被捉之端刑漢兩司左右捕廳
各宮房各營各司不得任意推捉載在事目故玆以
捧甘爲去乎俾無日後紛拏之弊爲有矣萬一違越甘罪不辭

戊子六月十七日　戶曹甘結

右甘結爲忠州所在各宮房免稅米分載成冊相考
11 卽爲知委各宮房推去次

戊子六月十九日　內司甘結

右甘結爲粘連戶曹甘結與成冊發甘爲去乎相考知
悉次
龍洞宮　六十三石十一斗

戊子八月十一日　內司甘結

右甘結爲　月廊聽
傳敎內黃海道所在各宮房田畓秋收數爻修成冊

9　【追記】遺漏故追後謄上
10　【欄外】庚寅三 / 月初三日 / 掌務崔 / 載鈺減 / 下代金 / 天熙掌 / 務差下
11　【欄外】庚寅七 / 月初七日 / 掌務朴 / 性默代 / 其子辰 / 石掌務 / 差下

以入事亦敎是置玆以發甘爲去乎秋成後穀數

成冊以納本司以爲入

鑑之地爲有矣萬一違越甘罪不辭

戊子八月十二日

堂上大監分付內龍洞宮所納畿邑免稅錢中一千五十

七結三十七負二束移付於陸軍統禦營每年自淸

州直納于本宮事　淮陽結亦入此結數中耳

戊子九月初九日　內司甘結

右甘結爲粘連戶曹甘結發甘爲去乎相考知悉次

內務部　啓曰統禦營新設應行條件成節目

以入之意敢　啓

答曰知道

統禦營新設節目

一統禦使廟堂薦堂下批政稟依例爲之爲白齊

一本營旣設兵丁已經演操依西南沁三營例以親

軍鎭南營外使下批

一中軍依西南沁三營中軍例以曾經邊禦人擇擬

一兼付捕使瓜限定以二十四朔營將與虞候幷革罷

一判官以附近之文義縣令爲淸州判官兼統禦營從

事官自吏兵曹下批淸州牧使減下衙役仍屬本營

一統禦使及判官兵符新造以給

一統禦使及中軍判官印信新造以送

一三道陸軍營鎭各邑兵符右一隻留置本營

一三道陸軍邑大軍案每式年來勘

一三道陸操狀啓依例爲之而停操時官鎭門聚點

依統禦營兩南兵營及三道營將處傳令知委

一本營兵丁與道內各邑武士春秋都試及砲科沒技

優等從實修啓

一三道陸邑軍餉依統制營例量宜設置耗穀以詳

定磨鍊

一京畿該邑及淮陽洪州所在各宮房免稅八千八百四十

六結二十九負八束移送統禦營以淸州時起結摠換

納取剩補用軍需

一營下本邑軍邊結自營專管磨勘則戎務民軍餉

符及雨澤農形年分如前依例修啓

一每歲首及式年薦擧單子依例修啓

一兩南兵營及三道陸軍邑餉穀磨勘文報依例爲之

一水陸聲援互相犄角而水軍邊情漠然無聞疎虞

莫甚三南水陸節度使及守令邊報依例爲之

一水陸軍節度使以下守令到營後公狀及每歲首公

狀依例牒呈

一水陸軍節度使以下守令軍務邊情體例等事若

違誤則啓罷

一三道陸軍統轄體統逈別三南監營中軍依守令

來見時具公服馳進

一本營中軍於三南監司面接則依守令例具公服馳

進於水陸節度使則與兵營中軍例同

一各道監留營及統制營移文以正書互相爲之

一流罪以下當爲自斷則檢律一員令秋曹差送

一未盡條件追後磨鍊

戊子九月初十日　內司甘結

右甘結爲月前海西所在各宮房秋收穀一一積置修

成冊入

啓事已有發甘而事多難便矣秋收穀自各其宮任

意區處事奉承

下敎矣玆以捧甘爲去乎以此知悉事

戊子十一月十一日　議政府甘結

府　啓辭卽見京畿監司吳俊泳災實分等狀

啓則喬桐等十邑鎭置之尤甚坡州等八邑置之之

次各樣新災三千五百八十九結六十七負一束特爲準下

後錄條幷請令廟堂　稟處矣其一大興臨津長

山等餉穀依已例全數捧留本邑附近民之自願輸

納者依願許施耗條幷以代錢輸送事也其一禁御兩

營江都留餉米太及守摠兩營壯抄牙兵等身米

依已例代錢收捧事也其一各衙門各宮房屯土勿拘

定摠從實收稅事也其一推奴徵債限明秋防塞事也

旱氣酷而日杲沃瘠俱涸雩禱擧而雨降高低

皆洽然則豈無減却幾分還有幸於始料較挈

嶺湖不可同日而語截補原濕猶爲康年之稱今

以分等觀之喬桐等十八邑鎭分置尤甚之次而其餘

諸邑無所區別殊涉違格并以稍實施行旣有

度支頒下則宜其刪減於災摠而亦不擧論田政修

重難免疎忽該道臣推考所謂災摠以今畿補

年形不無稍過之嫌事目外一千五百結特爲劃給使

之精實派分外他條陳援例便民也依施何如

答曰允

戊子十二月初八日　內司甘結

右甘結爲粘連政府甘辭發甘爲去乎相考知悉次

戊子十一月二十七日　內司甘結

右甘結爲卽者戶曹移文內各宮房免稅米結三南

所在者邑號與結數昭詳懸錄卽爲修成冊而

戊子條明春收捧時本色與代錢間隨其便否一體

懸錄則每石葉錢二十五兩式代納也以此修報是矣萬一

遲緩甘罪不辭

龍洞宮書題所前　私通

本宮在囚韓用基自本曹有査問事越送之意已

爲數次仰通而今又伏承本曹　判書大監敎是分

付玆又仰通　諒之越送以爲擧行之地如何敢通

戊子十二月初三日　戶曹等

龍洞宮　書題所前　私通

押來韓龍基依到仍囚耳敢通

戊子十二月初四日　戶曹等

戊子十二月初九日　水刺間甘結

右甘結爲今此

文廟　動駕敎是時先行都薛里大監敎是分

付內各宮房熟手二名式今月初十日待開門等待于水

刺間是矣萬一遲緩甘罪不辭

龍洞宮　二名

1889년(기축)

己丑正月初七日　水刺間甘結

右甘結爲

宗廟　景慕宮　動駕敎是時先行都薛里大

監敎是分付內各其宮熟手二名式今月初八日未明等

待于水刺間是矣萬一遲緩甘罪不辭

己丑二月十五日　內司甘結

右甘結爲今此

幸行敎是時假別監依昨年分排當爲進參與

將爲入　啓故玆以發甘爲去乎假別監姓名成冊

卽爲修正星火來納爲有矣萬一遲緩甘罪不辭

己丑三月三十日　水刺間甘結

右甘結爲今此　宗廟　動駕敎是時都薛里大監

分付內各其宮熟手三名式四月初二日待開門等待于

水刺間是遣萬一遲緩之弊則甘罪不辭

內需司爲相考事節呈龍洞宮手本內

大王大妃殿庚寅年朔　膳價米木錢依例磨鍊而

米一百石代太二百石則待秋捧輸送是遣米木錢則

趁卽上下輸送之意司以移報宣惠廳爲良結手

本是置有亦手本內辭緣相考施行爲只爲合行

牒呈伏請

照驗施行須至牒呈者

右　　牒　　呈

宣　　惠　　廳

光緖十五年四月　日　典需 別坐
相考

龍洞宮手本

右手本爲

大王大妃殿庚寅年朔　膳價米木錢輸送之意報宣

惠廳公事一度成帖爲只爲

行下向敎是事

己丑四月　掌務李重赫着啣

己丑五月初七日　內司甘結

右甘結爲粘連政府甘辭發甘爲去乎相考知悉次

政府甘結

向以工曹事勢之凋弊到極各衙門諸般進排限四月
停止事自本府已有發甘知委而目下矯捄之方方張
講究姑未入量勢不容不更爲緩期然後始可以牽
補策應乙仍于玆以申甘爲去乎限六月特許寬紓切
勿仍督爲有矣萬一違越甘罪不辭

己丑六月二十日　戶曹甘結

右甘結爲湖西所在各　宮房免稅米結道內移送邑名
結數後錄發甘爲去乎相考施行次
龍洞宮　陰城四十五結移送　洪州

己丑八月二十五日　水剌間甘結

右甘結爲今此　動駕敎是時先行都薛里大監
分付各其宮熟手二名式今月二十六日待開門等待于
水剌間是矣萬一遲緩甘罪不辭　四宮二名式

己丑九月初三日　內司甘結

右甘結爲　月廊出各宮房官案修整以入事奉承
分付故玆以發甘爲去乎卽刻修成冊來納爲有矣萬一
遲緩甘罪不辭

己丑九月二十二日　內司甘結
右甘結爲粘連政府文蹟發甘爲去乎以此知悉次

政府
傳曰比歲以來全飭戢盜者屢云不惟不能禁止乃
反翫愒養其惡習馴致於縱恣京外匪類之嘯聚
豪橫者莫此爲甚閭里爲之騷擾道路或多梗塞至
有狼藉於輦轂之下此曷故也矧今年穀登稔民情
稍可舒泰而無賴之徒更異錢塞所駐又非穿踰
之可比肆焉而無所顧忌遭之者必之蕩析豈直爻象
之可駭亦係民生之難支此專在譏訶之責而或驛其
會未熖或慮其嘗與跡面俱其該窩穴可尋而仍置
勿問何故也所以爲國乎其自各司無論掖屬及各營兵
額各宮各司班家徒隷跡亦其跡捉之勿醒如或有該屬
之執頃偖鬧者一幷捉治以治盜之律鄕外則非但討捕
之任爲其官守者亦可何不聞不知乎各其境內其或有盜
不捕及隱匿不發者道帥臣必卽策實論啓以爲勘處
亦惟在從賞不能戢盜者之重罪著爲令飭必遵
無違幷將此意令廟堂爲之嚴明操飭於兩捕廳
及該道

己丑十月二十四日　內司甘結

右甘結爲粘連政府知委玆以捧甘爲去乎限三日內修成冊來納爲有矣萬一違劃甘罪不辭

政府甘結

海西各邑所在本司及各宮房有土免稅結無土免稅結追付結數爻一一詳細謄來次

黃州　海州　延安　瑞興　谷山　平山　豊川　瓮津
長淵　信川　鳳山　金川　載寧　安岳　白川　文化
松禾　殷栗　康翎

己丑十月二十五日

黃州　龍洞宮追付田五十九結五束
豊川　龍洞宮追付田畓十七結四十九負三束
瓮津　龍洞宮免稅起田畓七結五十五負三束
信川　龍洞宮免稅起田畓二結四十二負一束
　　　　　　追付田畓六十六結二十負六束
安岳　龍洞宮免稅起田畓三十四結四十六負

己丑十月二十五日

黃海道觀察使兼巡察使爲謄報事道內各邑民弊之積年成痼者非止一二條件則其所矯革之方固不敢容易擧議是白乎矣第以結政言之各邑所在各宮房及各營屯免稅田畓外時起結爲七萬八千五百三十

二結二十六負六束而其中各宮房各營屯追付田畓結爲

六千五百四十一結二十二負四束是白如乎當初量田執結

必有饒瘠之別而饒沃者盡屬於宮庄瘠薄者盡

歸於民土饒則結少瘠反結多已有多少不均之弊

12 是白在如中宮庄營屯中免稅結應納只是三手粮一

種而已追後買得之田畓結仍在於民結時起摠而諸般

應稅俱爲變通減納且凡係庄屯所屬俱免還布等雜

役則豪民田結假托斥賣於某宮而觸減饒戶煙役冒

稱移屬於某屯而頉免畢竟害歸於民結民戶哀役

殘民其何以支保乎民結原稅不下爲許名目而近年以來

無名雜稅又復多端一結所徵種種爲一百三四十兩則以

其土出較諸稅納每患不足勢將輟耕廢農渙散乃

已是白如乎竊伏念邦本惟民民惟食土十千其耦于

耟于耨出而有僱傭共濟之力入而有同井相恤之樂

而今因結稅戶役之偏困次第渙散則剝床及膚之患

必至於宮庄屯土矣苟如是莫重庄土孰與之彊理耕

播保無陳廢乎脣齒相輔可以無寒琴絃不調合爲

更張各邑所在各宮房各營屯追付田畓結合二千五百四

十一結二十二負四束良中各樣元賦稅及近年以來無

名雜稅依民結一體分排庄屯居民及作人等處還布

煙役一例徵捧俾豪民田結之假托者饒戶煙役之冒

頉者更不得售奸是白乎則各宮房各該營非無如

12 【籤紙】舊中部洞 / 田作人趙錫甫代金慶善差定事

干所換與國同休戚之地似不必膠守舊例而　朝家
如傷若保之澤自然下究環一省仳離將散土民庶
可支保是白乎乃事係重大臣不敢擅便上項各宮房
各營屯田畓折受與追付結數區別修成冊上送于議
政府爲白乎旀緣由馳　啓爲白去乎令廟堂　稟
旨分付事狀　啓謄報爲白乎旀府上成冊一件修正
上送云云

己丑十月二十九日　水剌間甘結

右甘結爲今此
景慕宮　動駕敎是時先行都薛里大監分付內
各其宮熟手二名式今月晦日待開門等待于水剌間
是矣萬一遲緩甘罪不辭

己丑十一月初六日　內司甘結

右甘結爲各宮所任掖屬內司員役所着戰服綾緞外
紬繒及土産亢羅綃紗幷令勿拘爲有矣萬一違越
甘罪不辭

己丑十二月三十日　水剌間甘結

右甘結爲　宗廟　動駕敎是時先行都薛里大監
分付內各其宮熟手二名式來正月初二日待開門等待
于　水剌間是矣萬一遲緩甘罪不辭

1890년(경인)

庚寅正月十三日　水剌間甘結

右甘結爲今此　景慕宮　動駕敎是時先行都

薛里大監分付內各其宮熟手依後錄今月十四日待開

門等待于　水剌間是矣若未及時甘罪不辭

龍洞宮　二名

庚寅正月二十八日　內司甘結

右甘結爲粘連文蹟相考擧行爲有矣儀仗差備下典

女伶各宮婢子一百二十名依例分排後錄捧甘爲去乎相考

擧行次　　　　　　　　　龍洞宮婢子十二名

庚寅正月二十六日

以司謁口傳　下敎內來二月十一日加上　尊號內

庭行禮時儀仗差備下典女伶抄集於閭閻每多

騷擾今番則以各宮婢子使之擧行事　分付

同月二十七日　內司粘甘

右粘甘爲粘連文蹟相考擧行爲有矣數爻則一百二十

名小名成冊預先修送于禮曹二房次

庚寅二月初三日　內司甘結

右甘結爲粘連　上尊號都監甘辭發甘爲去乎

相考擧行爲有矣依分排數爻鮮明服色今初五日
早朝先爲點考于本司次來待爲有矣正月則初十日
也萬一違越甘罪不辭

尊號都監甘結
提調大監敎是分付內下典女伶各宮婢子一百二十名小名成
冊尙不越送是何委折是喩今日內越送爲旀服色
點考今初六日出令亦敎是置鮮明服色當日未明時
一齊等待于禮曹大廳次

庚寅二月二十七日　戶曹甘結
右甘結爲錦伯移文本屯所在各宮房免稅結中因統
禦使文移移送淸州者不得不變通量宜移送釐正收
租案移文相考擧行次
行忠淸道觀察使兼巡察使爲相考事本道所在京畿
移來各宮房免稅結中一千二十二結六十一負七束因統禦
營文移移送于淸州爲乎旀道內　宮結所在邑中或因
邑報有關極弊不得不變通乙仍于量宜移送後幷釐
正於收租案玆以移文後錄爲去乎相考施行向事合行
移關請
龍洞宮　稷山畓六十七結三十五負
　　　　沔川畓二十結
　　　　洪州田五十結　以上移送林川
　　　　　　田五十結　移送魯城

田二十結　移送大興

田八十結　移送陰城

保寧田五十結　移送林川

庚寅閏二月初六日　內司甘結

右甘結爲　月廊出官案修正次玆以發甘爲去乎星

火修成冊來呈爲有矣萬一遲緩甘罪不辭

庚寅三月初八日　水刺間甘結

右甘結爲今此　宗廟　擧動敎是時先行都薛里

大監分付內各其宮熟手二名式初九日待開門等待于　水刺

間是矣萬一遲緩甘罪不辭

內需司爲相考事節呈龍洞宮手本內

大王大妃殿辛卯年朔　膳價米木錢依例磨鍊而米一百石

代太二百石則待秋捧輸送是遣米木錢則趁卽上下輸送之

意司以移報宣惠廳爲良結手本是置有亦手本內辭緣

相考施行爲只爲合行牒呈伏請

照驗施行須至牒呈者

右　牒　呈

宣　惠　廳

光緖十六年四月　日　典需 別坐
相考

龍洞宮手本

右手本爲

大王大妃殿辛卯年朔　膳價米木錢輸送之意報宣惠廳

公事一度成帖爲只爲

行下向敎是事

庚寅四月　日　掌務金天熙着啣

庚寅四月十八日　內司甘結

右甘結爲今此　成服時各宮所任與內司書員依舊規更

着直領之意奉承　月廊聽令玆以捧甘爲去乎相考施行次

庚寅四月　日　漢城府甘結

右甘結爲星火擧行事今此

國恤敎是時轝士軍應出之役萬分時急各　宮員役

及所屬姓名居住某坊某契與率下詳細懸錄修成冊

來月初七日內輸送俾無遲延之地事

庚寅五月初四日　內司甘結

右甘結爲粘連政府甘辭玆以捧甘爲去乎相考知悉次

庚寅五月　日　議政府甘結

右甘結爲昨冬日候過暄莫可鑿氷勢所固然玆以甘飭

爲去乎　祭享與元供上外各司頒氷依已例一幷停

止而如有下屬輩勒侵貢人之弊則斷當照法重繩矣

各別操飭爲有矣萬一違越甘罪不辭

庚寅五月十八日　內司甘結　堂上大監分付內勿爲書送事

右甘結爲　月廊出官案不日內修整以入事奉承

分付玆以捧甘爲去乎卽爲修成冊以來爲有矣萬一遲緩甘罪不辭

庚寅六月　日

全羅道長興都護府使爲牒報事本府丙戌條各　宮納

於義宮米四十石一斗二升　景祐宮米五十八石十三斗八升五合

毓祥宮米四十七石二斗五升　龍洞宮米三十五石六斗五升

淑善翁主房米五斗七升七合七勺合元納米一百八十一石十四

斗八升二合七勺賃得南陽方春根船逢載京船主金成

完處準裝而丙戌十二月二十五日發送矣丁亥二月二十三日到靈

光地致敗之由業已　洞燭敎是乎在如中卽到本府

公兄處所抵　景祐宮圖署公事內本宮納本邑稅米

丙戌條五十結米除船價爲五十八石十四斗也越當未納仍爲

過歲是矣以其移去移來之致第待來納矣尙此愆滯

甚庸訝惑故捉囚其時船主金成完督納則稱托中間致

敗云云而間自本宮移文採探於戶曹則回報與營邑文狀

俱是糢糊也果若致敗豈無營邑狀報乎從中乾沒不

言可想而究闕所習萬萬痛駭玆以牌飭到卽告于汝

矣官家後丙戌條未納稅米依元定數不日備納亦敎是

乎所莫重　宮納是豈虛飭致敗之說而所可稱托者乎京

船主金成完卽本府戊子條各　宮納　於義宮　毓祥宮

福溫公主房朴貴人房趙貴人房壽進宮　龍洞宮上納次發送矣
今以丙戌條　景祐宮致敗未納事被囚於本宮非徒渠
矣之呼冤各宮上納緣此而未免愆滯邑事悶迫故玆以
牒報爲去乎本府丙戌條各宮納米致敗之由　曹敎是轉移
于　景祐宮在囚之金成完卽爲見放以爲戊子條上納速勘
之地處分行下爲只爲合行牒呈伏請
　觀此所報甚爲糢糊此由往復該宮以爲卞析然後可爲
　京鄕妥貼務從措處宜當事
庚寅六月十七日　書目題送

同日粘甘
右甘爲粘連報狀題辭相考擧行次

庚寅六月二十五日　內司甘結
右甘結爲卽者
月廊聽令內
國恤敎是時各宮所用白帽子例自各其宮上下而每立三戔
五分式是去乙宮屬輩恣意橫侵於市民或徵本色或徵代
錢七戔以致市民呼冤之境寧有如許無嚴之習乎濫索
錢段該市民處卽爲還出給是遣從今爲始白帽一款更
無侵責於該廛市民之意奉承聽　令矣聽令內辭意
奉審施行是矣萬一違越甘罪不辭

長興船主金成完白活

右謹陳所志矣段矣身丁亥年分載米長興丙戌條各宮
納稅米是如可到靈光地致敗以經回　啓勘處而有所各
宮之責納自該邑條前論報受題捧甘是乎加尼自各
宮以爲題辭中觀此所報甚爲模糊亦敎是則船主之假稱
致敗從中乾沒推可知也云而各其捉囚害及洞任將至難
保之境玆於仰訴爲白去乎伏乞
參燭敎是後特爲明白　題下以爲往卞各宮之地千萬望良爲白只爲
　題辭內致敗丁寧致敗邑與穀主邑分析未詳所報疑眩豈
　不模糊乎別音成冊來報然後可以暸然以此意往訴各
　宮爲宜向事

　　同日粘甘
右甘爲粘連所志題辭相考擧行次

　　庚寅七月　日
全羅道長興都護府使爲牒報事卽到付　曹關內
節該本邑丙戌條田稅貰一船貰二船貰三船貰三船之
挾船合四隻到靈光郡地方南山面七山下洋致敗而別
音區別成冊尙不修上是喩以各　宮納免稅米言之
具格　啓本中初無各宮宮號與免稅石數而統稱
宮米幾百石云云則本曹與各　宮從何憑據而不爲責
納乎各　宮宮號免稅石數與各項納區別分徵成冊消
詳列錄修正罔夜上送無至生梗亦敎是乎所本府丙
戌條田稅貰船四隻到靈光地方致敗敗船情節自該

郡按例修報矣另定靈岩郡更查出梢而別音分徵
仍無知委自邑擧行尙在悚惘之際今承關辭若是
截嚴故謄關文移靈岩群同別音區別成冊謄來玆
以輸上緣由牒報爲臥乎事合行牒呈伏請

戶曹題辭
憑考次成冊捧上捧甘各該宮向事

同日粘甘
右甘結爲粘連論報與極劣米區別分徵成冊相考擧行次
龍洞宮　三十結丙戌條稅米三十五石六斗五升
情米八石二斗　浮費米二石八斗

庚寅七月初九日　內司甘結
右甘結爲粘連政府文蹟發甘爲去乎相考知悉次
向見黃海監司吳俊泳啓本則道內各邑結稅不均宮
庄營屯所屬俱免還布等雜役故冒托觸頃害歸於
民各宮房各營屯追付田畓合爲六千五百四十一結零各樣
元賦稅及雜稅依民結一體分排於屯庄作人還布煙役
一例徵捧事請令廟堂稟旨分付依宮庄營屯原有卽
結近年追付至此之多則憑藉欺冒勢所易然道臣說
弊旣若是生民受困又如彼發摘橋釐不容不已而其
中若有有土之結此與折受奚異然則揆以事體亦何可混
歸假托與民結同施乎所謂追付結六千五百四十一結內有土之

爲幾許假托之爲幾許反加桀底査櫛消詳區別登
聞後稟處何如
上曰此必憑藉混托而然另飭消詳區別可也

庚寅七月二十六日　內司甘結
右甘結爲今此
因山敎是時侍衛鐵籠差備假別監四十人
大殿侍衛假別監二十人磨鍊事玆以捧甘爲去乎
服色則生布直領王字頭巾布帶而自八月十二日初度
習儀同月十九日再度習儀二十日三度習儀以至于正日
着實擧行爲旀各其日進字擧案修呈于本司
爲旀依後錄額數姓名成冊無滯修納以爲
啓下之地爲有矣萬一遲緩甘罪不辭
龍洞宮五人

庚寅八月初九日　內司甘結
右甘結爲　國葬都監甘結內今十二日初度習儀
時各其宮假監俱服色伊日開東時一齊等待于都監事

庚寅八月十八日　內司甘結
右甘結爲二度三度習儀退定於今二十四日兼行故玆
以發甘爲去乎伊日開東各其宮假別監依例等待是
矣萬一遲緩甘罪不辭　龍洞宮三人

庚寅八月二十五日　內司甘結

右甘結爲各宮房免稅米京江到泊考驗其勘合解入

卽例也而今聞法聖倉漕船大同與田稅裝載者該宮

發送奴子于水下孫乭項等地爲弊多端莫重戶惠

正供稅米因此遲滯云是豈成說乎固當詳查

啓稟決處是在果爲先下去奴子急速知委捉上後這

這回告而萬一遲緩甘罪不辭

庚寅八月二十六日　內司甘結

右甘結爲今此

發引敎是時　大轝侍衛假監四十人與

大殿奉辭返虞敎是時侍衛假監二十人今二十八日申

時量一齊等待于　魂殿近處爲有矣進字擧

案與額數姓名成冊修呈本司爲有矣萬一遲緩甘罪不辭

庚寅九月二十八日　內司甘結

右甘結爲卽者　月郞聽　令內內人成冊初三日內修

整以納事玆以捧甘爲去乎萬一遲緩甘罪不辭

庚寅十月初六日　內司甘結

右甘結爲　綏陵　幸行敎是時假別監例錢以

一日程折半減二十五兩磨鍊後錄發甘爲去乎依數輸

送于別監房爲有矣萬一遲緩甘罪不辭

龍洞宮　二兩五戔

庚寅十月初三日　內司甘結

右甘結爲今此　綏陵　幸行敎是時燭籠差備
假別監二十人分排磨鍊後錄發甘爲去乎修成冊不日
來納于本司爲有矣萬一遲緩甘罪不辭
龍洞宮　二人

庚寅十月初六日　內司甘結

右甘結爲別監房私通內今此　幸行敎是時燭籠
差備假別監更以十人訖擧行爲有矣伊日聚軍時依
後錄等待于別監房是矣萬一遲緩甘罪不辭

庚寅十月初九日　水刺間甘結

右甘結爲今此　綏陵　山陵　幸行敎是時先行
都薛里大監分付內各其宮熟手依例定送是矣
一名送晝停所一名送　陵所而若或稽滯則甘罪不辭
龍洞宮　二人

庚寅十月初十日　內司甘結

右甘結爲卽者　月郎聽　令內罰直特爲分揀而此後
內人成冊時如有懸矣隱女之習則斷當別般嚴處
矣除尋常惕念亦敎是置玆以捧甘爲去乎相考擧行次

庚寅十二月十五日　水刺間甘結

右甘結爲　綏陵　幸行敎是時先行都薛里大監

分付內各其宮熟手今月十九日等待于　水剌間是矣萬一遲緩則甘罪不辭　龍洞宮二名

1891년(신묘)

辛卯正月十五日　內司甘結

右甘結爲今此　山陵　幸行敎是時燭籠差備假別監十人分排磨鍊後錄發甘爲去乎修成冊不日來納于本司爲有矣萬一遲緩甘罪不辭　龍洞宮一人

辛卯正月十五日　內司甘結

右甘結爲今此　山陵　幸行敎是時假別監例錢伍兩式磨鍊後錄發甘爲去乎依數輸送于別監房爲有矣萬一遲緩甘罪不辭

辛卯二月十二日[13]

龍珠寺諸僧處

無他日前專隷便答書與謄錄下送矣未知接見否第摠攝望報已過旬餘日而尙未差出必有委折而然矣元望記勿施更以瑞長爲首望而副望末望更以他僧擬望元望記三僧姑勿擬入爲可爲可餘不具

---

13 【追記】堂上大監分付內因壽進宮堂上所請牌 / 旨下送

辛卯正月二十三日　內司甘結

右甘結爲今此　山陵　幸行敎是時燭籠差備假別

監十人分排磨鍊後錄發甘爲去乎修成冊不日來納

于本司爲有矣萬一遲緩甘罪不辭

龍洞宮　一人

王世子受賀節目

一受賀節目謹依　聖敎謹稽

世宗朝故事且據　皇明儀式磨鍊爲白齊

一生辰正至受賀時　王世子具冕服慶賀時具絳紗

袍以出爲白齊

一受賀時坐向南向大殿閤門內殿閣西向爲白齊

一宗親文武百官正至生辰慶賀時服朝服四品以上朝服 五品以下黑團領　爲白齊

一宗親文武百官再拜庭下爲白齊

一進箋時大君王子君嫡王孫君王孫君大臣國舅陞堂

宣箋訖降服拜禮爲白齊

一箋文留守觀察使節度使二品守令以上封進爲白齊

一未盡條件追後磨鍊爲白齊

王世孫受賀節目

一受賀節目謹依　聖敎謹稽我朝故事且據　皇明

儀式參酌磨鍊爲白齊

一生辰正至受賀時　王世孫具冕服慶賀時具絳紗袍

以出爲白齊

一受賀時坐向南向大殿 世子宮閤門內殿閣西向爲白齊

一宗親文武百官正至生辰慶賀時服朝服四品以上朝服 五品以下黑團領爲白齊

一宗親文武百官再拜庭下爲白齊

一進箋時大君王子君嫡王孫君王孫君大臣國舅陞堂宣

箋訖降服拜禮爲白齊

一箋文留守觀察使節度使以上封進爲白齊

一未盡條件追後磨鍊爲白齊

啓曰　王世子　王世孫受賀儀式謹具節目以入意

14 敢　啓

答曰知道

辛卯三月初十日　內司甘結

右甘結爲

王世子受賀節目儀式入　啓敎是如乎各該宮房以是

一一知委事

辛卯二月二十四日

忠淸道觀察使兼巡察使爲相考事道內各邑所

在各　宮房免稅結中大關邑弊合有調停者

量宜移送後釐正於收租案玆以移文後錄爲去乎

相考施行向事合行移關請

三月十三日　憑考次到付

14 【欄外】辛卯三月 / 二十二日 / 掌務李 / 章一除 / 下代車 / 奎貞 / 掌務差 / 下事

同日粘甘

右甘結爲粘連移文相考次

龍洞宮　德山一百結移送稷山　米秩

陰城八十結移送稷山　錢秩

辛卯四月十五日　內司甘結

右甘結爲今此

山陵　幸行敎是時燈籠差備假別監二十人內十人淺淡服是如分排後錄發甘爲於假別監例錢五十兩段置一體磨鍊爲去乎甘捧卽時修成冊來納本司爲於例錢則斯速入送于

大殿別監房爲有矣萬一遲緩甘罪不辭

龍洞宮　三人內二人淺淡服

辛卯五月初一日　內司甘結

右甘結爲今此十三日瑞蔥臺敎是時

大殿隨　駕假監十人服色以素服待令是遣

世子宮隨　輿假監十人服色以華服待令之意依前磨鍊後錄發甘爲去乎爲先修成冊報來爲有矣萬一遲緩甘罪不辭

龍洞宮　素服一人華服二人

辛卯五月初三日　內司甘結

右甘結爲各其宮黃海道所在田沓之自宮秋收與導掌

所納及自宮上納等某某邑結摠昭詳臚列修成冊限初
七日內來納本司以爲入
啓之地爲有矣毋或錯誤生梗是遣萬一違越甘罪不辭

辛卯五月初十日　內司甘結
右甘結爲今此瑞蔥臺日子更爲限定於今十七日乙仍于
玆以發甘爲去乎以此日依例等待爲有矣萬一遲緩甘罪不辭

辛卯五月二十日　戶曹甘結
爲相考事卽接龍洞宮報狀則以以爲本宮免稅米結德
山一百結向已移送於稷山是白如乎此邑稅米自來難捧
宮納將不知至於何時畢勘同稷山一百結自辛卯條爲
始移定於忠州後輪回定限以前不得移送他邑之意
發關本道監營事所志是置有亦本邑免稅米結
稷山一百結自辛卯條爲始移定於忠州後收租案中亦
爲釐正爲旀輪回定限以前更不得擅移宜當向事

辛卯八月初八日　內司甘結
右甘結爲今此
山陵　幸行敎是時燭籠差備假別監十人分排磨
鍊後錄發甘爲去乎修成冊不日來納于本司爲有
矣萬一遲緩甘罪不辭　龍洞宮一人

辛卯八月十二日　內司甘結

右甘結爲今此十三日　瑞葱臺敎是時
世子宮隨輿假別監十人具華服伊日待開門待令
之意依前磨鍊後錄發甘爲去乎爲先修成冊報
來爲有矣萬一遲緩甘罪不辭

辛卯九月初三日　內司甘結
右甘結爲今此
山陵　幸行敎是時燭籠假別監十人分排磨鍊後
錄發甘爲去乎修成冊不日來納于本司爲有矣萬
一遲緩甘罪不辭　龍洞宮一人

辛卯九月十五日　內司甘結
右甘結爲今此十七日
世子宮　瑞葱臺頒賞敎是時隨輿假監十人服
色以華服待令之意依前磨鍊後錄發甘爲去乎
爲先修成冊報來爲有矣萬一遲緩甘罪不辭
龍洞宮二人

辛卯十月十三日　內司甘結
右甘結爲今此　議政府
啓曰卽見平安監司閔丙奭外等狀啓則稍實各邑不
爲擧論平壤二十一邑置之之次三和二十三邑置之
尤甚後錄諸條幷請令　廟堂稟　旨分付矣其一
各邑鎭帳外火田四分一權減鎭堡給代不足條戶結分

排修便區劃事也其一陳火田還加報執摠依近例停退
事也其一各宮房各衙門屯田從實執摠其中內閣屯
土別遣摘奸不至寃徵事也其一道內城餉今秋監捧
條爲五萬石而如數當納民情可悶尤甚邑中分數
停退待明秋收捧事也其一尤甚邑限明年勿定
配所事其一推收徵債限明秋防塞事也水旱隔
并之攸憂峽野臍遜之稍異一省年形二等分劑道
啓必有裁量并與恤民諸條依狀請深施而城餉分留
實數條成冊報府事分付何如
允節啓　下敎內辭意奉審施行事玆以捧甘爲
去乎萬一遲緩甘罪不辭

辛卯十一月十三日　內司甘結
右甘結爲卽者本司　堂上大監敎是分付內各宮房
肉種擧行時
三闕王廟饌肉懸房毋得侵責亦敎是置玆以發甘
爲去乎嗣後段毋或横侵三懸房是如乎萬一違
越甘罪不辭　六宮

辛卯十二月十九日
堂上大監分付內　守宮內人二料米依大內人例上下事

辛卯十二月　日　內司甘結
右甘結爲今二十一日雲峴宮　生辰敎是時各宮　問

安幷除禮事奉承　分付故玆以甘結爲去乎以
此知悉是矣萬一違越甘罪不辭

1892년(임진)

壬辰四月十九日
孝慕殿祥　祭敎是後　山陵熟手韓鳳龍加出熟手
差定事有　分付

15 壬辰四月二十一日　水剌間甘結
右甘結爲今此
宗廟　動駕經宿敎是時先行都薛里大監分付內
各其宮熟手二名式今二十四日等待于　水剌間是矣
若有未及之弊是去等甘罪不辭

壬辰四月初四日　內司甘結
右甘結爲今此
幸行敎是時隨　駕燭籠假別監十人依前磨鍊後
錄發甘爲去乎爲先修成冊報來爲有矣萬一遲緩甘罪不辭
龍洞宮　一人

15 【籤紙】壬辰四月　日 / 孝慕殿祥祭後易服 / 小祥別單 / 大祥別單 / 賞格

壬辰五月十八日　內司甘結

右甘結爲卽者

月廊　聽令內各宮房官案改修整以入事爲

敎亦敎是置玆以發甘爲去乎斯速修成冊來納

本司是矣萬一違越甘罪不辭

壬辰六月初四日　內司甘結

右甘結爲今此　宗廟　動駕敎是時先行都薛

里大監敎是分付內各其宮熟手二名式明日待開

門等待　水刺間是矣萬一遲緩之弊則甘罪不辭

壬辰六月二十三日　內司甘結

16 右甘結爲卽者　月廊聽　令內內人成冊今日內

修正以納事玆以捧甘爲去乎成冊中年歲各其昭

詳懸錄以納是矣萬一遲緩甘罪不辭

壬辰閏六月初七日　內司甘結

右甘結爲卽者　月廊聽　令內各　殿宮員役及

各宮所任闕內出入時依前着戰服而若直領着之

則難免重罪事奉承

處分矣玆以發甘爲去乎以此擧行爲有矣萬一遲緩甘罪不辭

---

16 【欄外】六月三十日 / 月廊 / 聽　令內 / 李仁淳 / 掌務 / 差下

壬辰閏六月二十三日　內司甘結

右甘結爲今此儀仗差備下典女伶成冊今日內修整
以納是矣萬一遲緩甘罪不辭　龍洞宮十二人

續通

通意謹悉而習儀仗日子初度七月十一日再度十二日
三度十三日　內庭習儀亦十三日
啓下爲有置以此日擧行爲有旀女伶服色點考自
本監更通矣　下諒如何敢通

壬辰閏六月二十三日　上號都監等

壬辰閏六月二十六日　內司甘結

右甘結爲卽因
上號都監私通內習儀日子初度七月十一日再度
同月十二日三度同月十三日　內庭習儀亦十三日
啓下爲有置以此日知悉擧行而來月初四日各該
宮房女伶服色等待于本司爲乎旀女伶數爻
更爲分排後錄發甘爲去乎萬一遲緩甘罪不辭

內司　十四名　六宮各十三名

壬辰閏六月二十七日　水剌間甘結

宗廟秋享大祭　經宿敎是時先行都薛里大監
　敎是分付內各其宮熟手二名式今月二十九日等待于
　水剌間是矣萬一遲緩甘罪不辭

此亦中今番擧行浩多也自各其宮另飭于當
次熟手處毋一人未及之弊事

壬辰七月十九日　水剌間甘結

右甘結爲今此
宗廟　動駕敎是時先行都薛里大監分付內各
其宮熟手二名式今月二十一日未明等待于　水剌
間是矣若未及則甘罪不辭　龍洞宮二人

壬辰七月二十一日　內司甘結

右甘結爲卽者　議政府甘結內忠淸道暗行御史
別單其一上納之弊不一而各邑之最急者卽各宮房免
稅也各軍門移屬也田賦責納自有定規結摠磨
鍊本無加數而宮屬營隷不知法意濫索無節
斛上加斛情外添情該邑蕩敗兩稅欠縮免稅則依
舊規自戶曹捧上分送于各宮房移屬則自惠廳
捧上移送于該營事也此弊到極曾所稔悉而今
玆繡衣臚陳益知外邑難支之端矣免稅之自度
支捧送各宮房移劃之自惠廳捧送該營卽舊
規式也非新創也從今依此恪遵事分付戶惠
廳及該營事玆以發甘爲去乎以此遵行之意知
悉擧行爲有矣萬一稽忽甘罪不辭

金海府新島釐弊完文　八月初一日

右完文爲成給事金海府新島以彈丸之地僻在海
隅居民鮮少無以聊生故曾已屬之本宮各項弊端一一
矯捄使之奠接無弊遵行厥惟久矣挽近以來人
心不古法綱解弛官屬之侵漁也上納之愆滯也諸弊俱
生不可尋常置之乙仍于以本府居金晩壽差出鄕
監更成節目以給爲去乎以此遵行無至違越之端
是遣若有頑拒作梗者一一馳告本宮以爲別般嚴處之
地宜當向事

節目

一官屬及無賴輩出入島中侵漁作弊是去等一幷告官捉
上以爲嚴處事
一醢釜之陳廢者移作他人無使稅納愆期是矣若有
頑拒者則　一幷捉上以爲懲勵事
一蘆田之放牛陳荒尤極駭然日後則各別嚴禁是矣
若有犯禁者牛主則懲治牛隻則屬公以杜後弊事
一牟田之收稅多有不均處更爲打量公平執稅無至
呼冤之地事
一上納段當年收納事體當然自今爲始更以十月定
限是矣若有頑拒者指名捉上自本宮嚴處事
一牟稅與蘆稅自是當年之稅也每年與鹽稅一體收納俾無鬧端事
一未盡條件追後磨鍊事

壬辰八月初一日　水刺間甘結

右甘結爲今此

景慕宮　動駕敎是時先行都薛里大監分付內各其宮

　熟手二名式今月初四日等待于　水剌間萬一遲緩甘罪

　不辭　龍洞宮二名因　眞殿茶禮造果相値不爲送之

壬辰八月初三日　內司甘結

右甘結爲今此

幸行敎是時燈籠差備假別監二十人依例磨鍊後

　錄發甘爲去乎爲先修成冊報來爲有矣萬一遲

　緩甘罪不辭　龍洞宮三人

壬辰八月十一日　內司甘結

右甘結爲卽到議政府甘結內其一上納之弊不一而各

邑之最患者卽各宮房免稅也各軍門移屬也田賦責

納自有定規結摠磨鍊本無加數而宮屬營隷不知

法意濫索無節斛上加斛情外添情該邑蕩敗

兩稅欠縮免稅則依舊規自戶曹捧上分送各宮移屬

則自惠廳捧上移送于該營事也此弊到極曾所稔

悉而今玆繡衣臚陳益知外邑難支之端矣免稅

之自度支捧送各宮移屬之自惠局送于該營卽雖

是舊規兩條直納亦旣多年且夫彼此變更效竟

無實弊固自如則反不若仍置之爲愈容竢爛確

處之而爲先嚴飭於內司及該宮科外侵索一切痛禁

隨現重繩事玆以發甘爲去乎惕念擧行爲有矣萬

一違越甘罪不辭

壬辰八月十四日　內司甘結

右甘結爲知悉擧行事今月十六日

福溫公主祠宇淸州統禦營行次敎是時各宮侍陪

依例等待事　月廊聽　令敎是置玆以後錄發

甘爲去乎十六日預先等待于該宮爲有矣萬一遲緩

甘罪不辭　龍洞宮　所任二人　奴子五名

壬辰八月十六日　水剌間甘結

右甘結爲今此

綏陵　幸行敎是時先行都薛里大監分付內

各其宮熟手二名式今月十九日未明等待于

水剌間是矣萬一遲緩甘罪不辭　龍洞宮二人

壬辰八月二十三日　水剌間甘結

右甘結爲今此

永禧殿　世子宮動輿敎是時先行都薛里大

監分付內各其宮熟手一名式今月二十七日未明時

等待于　水剌間是矣萬一遲緩甘罪不辭

四宮各一名

壬辰八月二十七日　內司甘結

右甘結爲卽因　進饌所私通內

內進饌敎是時儀仗差備下典女伶以爲其宮婢子擧

行事下令敎是置婢子八十六名另爲抄選鮮其

服着自來月初二日初度習儀爲始待令于貳極門

近處次以此知悉擧行而來月初一日各該宮房女伶

服色等待于本司爲乎旀女伶數爻玆以後錄發甘

爲去乎萬一遲緩甘罪不辭　六宮各十名

壬辰九月初一日　內司甘結

右甘結爲今此　進饌所甘結內下典女伶以一百五

十九名更爲磨鍊故玆以分排發甘爲去乎依後

錄明日初度習儀時待令于　貳極門近處是矣

若有遲緩甘罪不辭　龍洞宮十六名

壬辰九月初六日　水剌間甘結

右甘結爲今此

北廟動

駕敎是時先行都薛里大監敎是　分付內各其

宮熟手二名式初九日未明等待于水剌間是矣若

有未及之弊則甘罪不辭

壬辰九月初八日　內司甘結

右甘結爲今此

北廟

擧動敎是時

大殿燈籠差備假別監十人
世子宮燈籠差備假別監十人具服色待令于別
監房之意依前磨鍊後錄發甘爲去乎爲先修
冊報來爲有矣萬一遲緩甘罪不辭

同日　內司甘結
右甘結爲今此十三日瑞蔥臺敎是時
大殿燈籠差備假別監十人
世子宮燈籠差備假別監十人具服色待令于
別監房之意依前磨鍊後錄發甘爲去乎爲先
修成冊報來爲有矣萬一遲緩甘罪不辭

壬辰九月十四日　水剌間甘結
右甘結爲今此
文廟動
駕敎是時先行都薛里大監敎是　分付內各
其宮熟手二名式今十五日等待于水剌間是矣若
有未及之弊則甘罪不辭

壬辰九月二十日
熟手奴子鳳龍自退代吳振永差定事

壬辰九月二十三日　內司甘結
右甘結爲卽者　議政府甘結內粘連所志及題

辭相考施行爲㫌米廛民之空石進排曾無
甘飭而挽此弊年加月增公用不滿幾立勒
責殆無限節杖囚威脅莫可支保專由於下
屬輩憑藉侵索而然也法綱所在寧容若是
而況今時價日踊較前愈甚者乎此不可無變通
之道乙仍于玆以捧甘爲去乎從今以往四宮應用
各營地排外諸般帖紙一遵前飭幷以勿論是
遣空石價則參酌時勢有網九戔無網七戔
式爲定無至有更肆誅求之弊是矣如或依
舊橫侵則下屬斷當照法重繩失飭之責亦
有歸除尋常十分操制事玆以發甘爲去
乎以此遵行之意知悉擧行爲有矣萬一稽忽
甘罪不辭

| 연구진 소개 |

고민정(高旻廷, Ko, Min-Jung)
태동고전연구소 한학연수과정을 수료하였으며, 강원대학교 사학과를 졸업하고 동대학원에서 「조선 후기 가계계승 연구」로 박사학위를 받았다. 주요 논저로 「『계후등록』의 기술방식과 법외계후에 대한 재검토」, 「17~18세기 적손승중에 관한 일고찰」, 「남양홍씨 익산군파의 춘천이거와 정착」 등이 있다. 현재 강원대학교 사학과 강사로 있다.

안혜경(安惠敬, Ahn, Hye-Gyeong)
서울대학교 윤리교육과를 졸업하고 안동대학교 민속학과에서 석사를, 한국학중앙연구원에서 「경기남부지방의 가신신앙 연구」로 박사학위를 받았다. 주요 논저로 「가정신앙에서 남·여성의 의례적 위치」, 「현몽계시 꿈의 양상과 의의」, 「'택길(擇吉)' 관련 서를 통해 본 가정신앙의 역사성」 등이 있다. 현재 지역문화연구소 연구위원으로 있다.

양선아(梁善雅, Yang, Son-A)
서울대학교 국어교육과를 졸업하고 인류학과 대학원에서 「조선 후기 간척의 전개와 개간의 정치」로 박사학위를 받았다. 주요 논저로 「18·19세기 도장 경영지에서 궁방과 도장의 관계」, 「조선 후기 대규모 간척지 조성과정과 기술적 특징」, 「갯논의 관리와 전통기술」 등이 있다. 현재 한신대학교 학술원 연구원으로 있다.

조영준(趙映俊, Cho, Young-Jun)
서울대학교 경제학부를 졸업하고 동대학원에서 「19세기 왕실재정의 운영실태와 변화양상」으로 박사학위를 받았다. 주요 논저로 『시폐(市弊)』(역해), 「조선시대 문헌의 신장 정보와 척도 문제」, 「『부역실총』의 잡세 통계에 대한 비판적 고찰」 등이 있다. 현재 한국학중앙연구원 한국학대학원 사회과학부 조교수로 있다.

| 규장각 학술총서 간행에 부쳐 |

18세기 후반 조선의 지식인 연암 박지원은 "법고(法古)하면서도 변통할 줄 알고 창신(創新)하면서도 능히 전아(典雅)할 수 있는" 경지를 추구했다. 옛 것에만 얽매이거나 새로운 것만 추종하는 세태를 경계했기 때문이다. 박지원이 거론한 "법고창신"의 정신은, 오늘날의 우리 학문이 처한 현실에서도 소중한 지침이 될 수 있을 것이다. 규장각한국학연구원은 이로부터 우리 학문이 나아갈 방향을 찾고자 하며, 이에 걸맞은 연구 성과를 모아 "규장각 학술총서"라는 이름으로 간행하고자 한다.

우리 연구원은 전근대로부터 근대에 이르기까지의 귀중한 기록문화 유산을 소장하고 있다. 우리 연구원에서는 이들 유산을 원형대로 보존하고 적절하게 관리하는 데 최선을 다하고 있지만, 한편으로는 이들에 대한 정밀한 연구로 우리 시대의 학문을 개척하는 것이 또한 중요한 보존이며 관리라고 판단하고 있다. 우리 연구원이 소장한 기록문화 유산은 국가의 운영, 인간의 삶과 의식 그리고 세계와의 만남에 대한 생생한 기록을 담고 있으므로, 무궁무진한 연구의 원천이 될 수 있을 것이다. 기왕의 한국학 연구가 이러한 사실을 입증하고 있는 바이거니와, "법고창신"의 학문적 전통을 만들어가고자 하는 "규장각 학술총서"는 보다 큰 학문적 성과를 통해 이를 다시 입증할 수 있으리라 기대한다.

"규장각 학술총서"에는 다양한 방식, 그리고 다양한 형태의 학술서적이 포함될 것이다. 개인 명의가 있는가 하면 공동의 명의로 간행되는 것도 있을 것이다. 전문적인 연구서가 있는가 하면 일반 독자까지 고려한 단행본도 있을 것이며, 고전의 주석을 포함한 각종 번역서나 자료집도 포함될 것이다. 또 연구 대상으로서의 자료의 범위와 주제 또한 다양할 것이다. 이는 한국학을 선도하고자 하는 우리 연구원의 포부와 기대를 반영하는 것이다. 우리 연구원에서 추구하는 "법고창신의 학문"이 깊어질수록, 우리 총서는 더욱 다양한 모습을 지닐 수 있을 것이다. 우리 총서의 성과물 하나 하나가 한국 인문학의 성장에 기여하는 디딤돌이 될 수 있기를 기대한다.

2014년 규장각한국학연구원장 김인걸